So kommen Sie zu Ihrem Geld

Michael Krampf

So kommen Sie zu Ihrem Geld

Fordern, betreiben, klagen –
wie Gläubiger richtig vorgehen

Ein Ratgeber aus der Beobachter-Praxis

Der Autor Michael Krampf ist Rechtsanwalt und spezialisiert auf Konkursfälle. Er war mehrere Jahre am Bezirksgericht Zürich tätig. Nach Engagements beim Bund, beim Schweizerischen Beobachter und beim Datenschutzbeauftragten der Stadt Zürich arbeitet er heute bei einem grossen Schweizer Wirtschaftsprüfungsunternehmen und unterrichtet an der HWZ Hochschule für Wirtschaft Zürich sowie am Unternehmer Forum Zürich.

Für die fachliche Unterstützung und die kritische Durchsicht des Manuskripts dankt der Autor Ruth Siegrist, Klaus Krohmann, Maurus Meier, Jean-Michael Kunz, Andreas Ott, Peter Krause, Felix Rajower, Christoph Küng, Thomas und Claudia Krampf-Kropf, Peter Künzli, Peter Pellegrini, Raoul Egeli, Heinrich Eichenberger, David Winteler, Jürg von Flüe, Nina Parker, Jürg Trepp und vielen anderen.
Maurus Meier ist leider im Oktober 2005 verstorben.

Beobachter-Buchverlag
© 2006 Jean Frey AG, Zürich
Alle Rechte vorbehalten
www.beobachter.ch

Herausgeber: Der Schweizerische Beobachter, Zürich
Lektorat: Käthi Zeugin, Zürich
Umschlaggestaltung: artimedia.ch (Grafik), Tres Camenzind (Bild)
Satz: Focus Grafik, Zürich

ISBN 3 85569 338 2
ISBN 978 3 85569 338 2

Dieses Buch wurde auf chlor- und säurefreiem Papier gedruckt.

Inhalt

Vorwort 11

1. Neue Kunden prüfen 13

Wie umfangreich soll die Bonitätsprüfung sein? 14
Basisinformationen über Ihren Kunden 15
So erkennen Sie einen Betrüger 18
Klarheit über die Bonität 20

Betreibungsauskunft: günstig und aussagekräftig 21
Wer erhält einen Betreibungsregisterauszug? 21
Diese Informationen finden Sie im Auszug 23
Den Betreibungsregisterauszug richtig interpretieren 26

Handelsregisterauskunft: öffentlich zugänglich 28
So beschaffen Sie sich einen Handelsregisterauszug 30
Den Handelsregisterauszug richtig interpretieren 31

Weitere Informationsquellen 33
Steuerauskunft: nicht in allen Kantonen 33
Konkursauskunft 34
Verbandsauskunft und Branchengerüchte 35
Banken: nachfragen schadet nicht 36
Wirtschaftsauskunfteien und Business Investigators 37
Presse und Internet 39
Auskunft über Eigentumsvorbehalte 40

2. Das neue Geschäft sicher abwickeln 43

Korrekte Verträge 44
Schriftlich ist besser 45

Vertragsinhalt: kurz und klar 48
Vertragsklauseln zur Absicherung 51
AGB: das verflixte Kleingedruckte 52
Gibt es gute Mustervorlagen? 53
Hilfe von einer Fachperson 54
Verträge mit Kindern und Jugendlichen 55
Achtung bei Geschäften mit Freunden, Bekannten
und Verwandten 58

Vertragliche Ansprüche absichern 59
Art der Bezahlung 60
Zusätzliche Sicherungsmittel 61
Vorsicht bei Exportgeschäften 67
Lohnt sich eine Kreditversicherung? 68

Vertragsabwicklung: So lernen Sie Ihre Kunden kennen 69
Schriftlich bleiben 69
Regelmässig Rechnung stellen 71
Die Kunden beobachten 73
Taktische Mängelrüge: ein schlechtes Zeichen 73

3. Wenn die Zahlungen ausbleiben 77

Das Mahnwesen 78
Wozu überhaupt eine Mahnung? 78
Mahnungen geschickt abfassen 79
Effizient organisiertes Mahnwesen 81

Mit dem Kunden reden 83
Die Vorbereitung aufs Gespräch 84
Teilzahlung, Stundung, Nachlassvertrag:
Was muss der Kunde bieten? 85
Achtung: paulianische Anfechtung! 92

Wie geht es nach dem Gespräch weiter? 95
Nicht vergessen: Verjährung 96

4. Nichts mehr zu holen – was nun? ... 101

Ruhig bleiben und abklären ... 102
Wie zahlungsfähig ist der Kunde noch? ... 102
Wie steht es um die Beweismittel? ... 103
Wie gross ist der zeitliche Aufwand? ... 105

Die Kosten abschätzen ... 107
Betreibungskosten ... 108
Gerichtskosten ... 110
Parteikosten und Parteientschädigung ... 112
Die gesamten Kosten an einem Beispiel ... 115

Abklärungen abgeschlossen:
Was sind die nächsten Schritte? ... 117
Klagen oder gleich betreiben? ... 119

5. Der Forderungsprozess ... 121

Vor den Schranken des Gerichts ... 122
Prozessieren: das Wichtigste in Kürze ... 122
Selber klagen oder einen Anwalt beiziehen? ... 125
Zuerst geht's zum Sühnebeamten ... 127
Wie sieht eine Klageschrift aus? ... 128
Vergleich: oft eine sinnvolle Alternative ... 129
Das Gerichtsverfahren an einem Beispiel ... 131

Wenn Sie einen Anwalt beiziehen. ... 124
Das erste Gespräch mit dem Anwalt ... 136
Die weitere Zusammenarbeit ... 139
Nicht zufrieden mit dem Anwalt:
So gehen Sie vor ... 141

Prozess- und Anwaltskosten abwälzen ... 143
Rechtsschutzversicherung ... 143
Prozessfinanzierung ... 144
Unentgeltliche Prozessführung und Rechtsvertretung ... 145

6. Die Betreibung einleiten ... 149

Ein Gesetz für die ganze Schweiz ... 150
Betreiben: das Wichtigste in Kürze ... 151
Die vier Stadien des Einleitungsverfahrens ... 157

Das Betreibungsbegehren ... 158
Was muss im Betreibungsbegehren stehen? ... 158
Welches Betreibungsamt ist zuständig? ... 161
Lohnt sich der Beizug eines Inkassobüros? ... 162

Der Zahlungsbefehl ... 165
Wie wird der Zahlungsbefehl zugestellt? ... 165
Reaktionsmöglichkeiten des Schuldners ... 166
Der Eintrag im Betreibungsregister ... 168

Der Rechtsvorschlag ... 170
Ist der Rechtsvorschlag korrekt erhoben? ... 171

Den Rechtsvorschlag beseitigen ... 172
Definitive Rechtsöffnung ... 173
Provisorische Rechtsöffnung ... 176
So läuft das Rechtsöffnungsverfahren ab ... 180
Wenn der Schuldner eine Aberkennungsklage anstrengt ... 181
Anerkennungsklage: Ihre letzte Möglichkeit ... 183
Der Schuldner zieht den Rechtsvorschlag selbst zurück ... 184

Nicht einverstanden mit der Behörde ... 185
Die betreibungsrechtliche Beschwerde ... 185
So formulieren Sie die Beschwerde ... 186

7. Die Betreibung fortsetzen ... 189

Drei mögliche Fortsetzungen ... 190
Selten: Betreibung auf Pfandverwertung ... 190
Für Pfändung und Konkurs: das Fortsetzungsbegehren ... 191

Die Betreibung auf Pfändung 194
Was kann gepfändet werden? 194
Der Lohn wird am häufigsten gepfändet 196
Das Widerspruchsverfahren oder: Wem gehört was? 197
Wie geht es nach der Pfändung weiter? 199

Die ordentliche Konkursbetreibung 201
Nur für Kaufleute, Unternehmen und andere Gesellschaften 202
Die Konkursandrohung 203
Das Gesuch um ein Güterverzeichnis 205
Sie stellen das Konkursbegehren 207
Rückzug des Konkursbegehrens 209
Wie entscheidet der Konkursrichter? 211
Der Schuldner setzt das Nachlassverfahren in Gang 212

**Sonderfall: Konkursbegehren ohne
vorgängige Betreibung** 217
Wie läuft das Verfahren? 219
Was bringt diese Art des Konkursbegehrens? 221

8. Konkurs eröffnet – wie geht es weiter? 223

Das Konkursverfahren 224
Welches Konkursamt ist zuständig? 224
Reichen die Aktiven für ein Verfahren? 226
Das Verfahren findet statt 228
Vorrechte und Klassen im Konkurs: die Rangordnung 233

So nehmen Sie am Konkursverfahren teil 236
Was muss in der Forderungseingabe stehen? 237
Ihre Rechte im Konkursverfahren 238
Klagen gegen den Kollokationsplan 242
Geld oder Verlustschein: das Resultat des Konkursverfahrens . . . 246

Zu guter Letzt 249

Anhang 251
Muster für Verträge, Klagen und die einzelnen
Betreibungsschritte 252
Tarife 282
Betreibungs-, Konkurs- und Gerichtsbehörden 286
Glossar 313
Nützliche Adressen und Links 320
Literatur 321
Stichwortverzeichnis 322

Vorwort

4751 Unternehmen gerieten im Jahr 2005 in Konkurs. Mit jedem dieser Konkurse verloren Lieferanten und andere Geschäftspartner der betroffenen Firmen viel Geld. Manchmal so viel, dass sie selber Gefahr liefen, insolvent zu werden. Für Unternehmerinnen und Geschäftsinhaber ist es also zentral zu wissen, wie sie sich vor Verlusten schützen können.

Vorbeugen ist wichtig und billiger als heilen: Am besten lesen Sie diesen Ratgeber, wenn Sie noch keinem Schuldner nacheilen müssen. Er orientiert sich an einer Geschäftsbeziehung, wie sie über die Jahre verlaufen kann: Zuerst erfahren Sie, wie Sie das Verlustrisiko eindämmen und die Bonität eines neuen Kunden prüfen. Ist dieser kreditwürdig, zeigt Ihnen das zweite Kapitel, wie Sie den Vertrag mit ihm abschliessen und sich vor bösen Überraschungen schützen. Bezahlt eine Geschäftspartnerin trotz aller Vorsicht die Rechnungen nicht mehr, finden Sie in Kapitel 3 und 4 Hinweise, wie Sie reagieren können und wie Sie den Aufwand und die Chancen eines Gerichts- oder Betreibungsverfahrens abklären.

Haben Sie sich entschieden, Ihre Forderung durchzusetzen, finden Sie im fünften Kapitel Antwort auf alle Fragen rund ums Prozessieren. Kapitel 6 und 7 führen Sie Schritt für Schritt durch die Betreibung – vom Einreichen des Begehrens bis zur Pfändung oder Konkurseröffnung. Das letzte Kapitel schliesslich hilft Ihnen bei der Anmeldung Ihrer Forderung im Konkurs und klärt Sie über Ihre Rechte im Insolvenzverfahren auf. Und im ausführlichen Anhang finden Sie konkrete Muster für Verträge, Klagen und die einzelnen Betreibungsschritte.

Mit einem Ratgeber lassen sich Konkurse nicht vermeiden. Sie gehören zum Wirtschaftsalltag wie das Amen zur Kirche. Dieses Buch soll Sie aber davor bewahren, selber als Gläubiger in ein Konkursverfahren hineingezogen zu werden, oder – wenn es doch passiert – Ihnen helfen, Ihre Rechte wahrzunehmen.

Michael Krampf
Zürich, im März 2006

1. Neue Kunden prüfen

Wenn ein lukrativer Grossauftrag winkt, vergessen viele Lieferanten, Handwerker und Dienstleisterinnen die elementarsten Sicherheitsvorkehrungen – und fallen aus allen Wolken, wenn die Rechnungen später nicht bezahlt werden. Nehmen Sie sich die Zeit, die Bonität Ihres neuen Geschäftspartners abzuklären.

Wie umfangreich soll die Bonitätsprüfung sein?

Es lohnt sich bei jeder neuen Geschäftsbeziehung, die Bonität des Gegenübers abzuklären. Wie viel Aufwand Sie dabei betreiben sollten, hängt von der Grösse des in Aussicht stehenden Auftrags und von der Art der Bezahlung ab, aber auch davon, was machbar ist. Je grösser der Auftrag, desto grösser ist das finanzielle Risiko und desto umfassender müssen die Abklärungen sein. Bei einem Grossauftrag, der viele Geldmittel und Arbeitskräfte über eine längere Zeit bindet, werden Sie die Bestellfirma genauer unter die Lupe nehmen, als wenn es bloss um den Verkauf eines einzelnen, relativ günstigen Produkts geht.

Beispiele *Peter H. führt ein kleines Papeteriegeschäft in Uster. Anfangs Mai 2006 kommt Bettina R. in sein Geschäft und bestellt für die Neustart AG in Zürich Büromaterial für 800 Franken auf Rechnung. Herr H. nimmt den Auftrag entgegen, vor der Lieferung konsultiert er aber via Internet kurz den Handelsregistereintrag der Neustart AG. Er stellt fest, dass die Firma erst am 1. Februar 2006 ins Handelsregister eingetragen wurde und dass Frau R. nur Kollektivunterschrift hat, also allein zum Kauf gar nicht berechtigt war. Peter H. verlangt daher von der Neustart AG Barzahlung bei Lieferung.*

Die Glasermeisterin Claudia K. erhält von Eugen P. den Auftrag, in seinem Gasthof sämtliche Fenster zu ersetzen. Kostenpunkt: 50 000 Franken. Im Betreibungsregisterauszug über Herrn P., den die Glasermeisterin einholt, sind nur zwei Betreibungen eingetragen. Der Handelsregisterauszug seiner Einzelfirma ist in Ordnung und der schweizerische Flachglasverband weiss nichts Negatives zu berichten. Da auch der Gasthof einen ordentlichen Eindruck macht, wie Frau K. bei einer Besichtigung feststellt, nimmt sie den Auftrag an.

Die auf den folgenden Seiten beschriebenen Informationsquellen gelten grundsätzlich für Geschäftsfirmen und Privatpersonen – mit Ausnahme des Handelsregisters, das nur Informationen über Geschäftsfirmen enthält, die eingetragen sind. Damit Ihr neuer Geschäftspartner nicht merkt, dass sie ihm nicht so recht trauen, sollten Sie sich die gewünschten Informationen – wo immer möglich – selber beschaffen.

Basisinformationen über Ihren Kunden

Einige Basisinformationen über Ihren neuen Kunden haben Sie bereits oder können Sie rasch und direkt einholen, ohne dass er oder sie etwas davon merkt:

- Kontrollieren Sie die Adresse. Bei c/o- oder Briefkastenadressen sollten Sie vorsichtig sein.
- Schauen Sie im Telefonbuch oder TwixTel nach, ob überhaupt ein Anschluss auf den Namen oder die Firma der Kundin vorhanden ist.
- Rufen Sie den neuen Geschäftspartner an. Wird der Anruf nicht entgegengenommen oder ertönt: «Dieser Anschluss ist vorübergehend nicht in Betrieb», spricht das nicht für seine Bonität.
- Schauen Sie sich die Briefe Ihrer zukünftigen Vertragspartnerin an, sofern Sie schon mit ihr korrespondiert haben. Wie sehen diese Schreiben aus? Schludrig und voller Fehler?
- Schauen Sie sich den Briefkopf an. Ist die Bankverbindung darauf aufgeführt, hilft Ihnen das später, falls Ihre Forderung sichergestellt werden müsste.
- Schmückt sich Ihre neue Kundin mit einem Gütesiegel, fragen Sie beim Verleiher nach, ob die Zertifizierung tatsächlich durchgeführt wurde.
- Gehen Sie ins Internet und sehen Sie sich die Homepage des Unternehmens an, sofern es eine hat. Ist diese professionell gestaltet und gibt sie Ihnen Einblick in die Tätigkeit Ihres zukünftigen Geschäftspartners? Lassen Sie sich aber nicht blenden. Schauen Sie unter «Über uns» oder «Firmengeschichte» nach, seit wann die Firma besteht, wie sie sich über die Jahre entwickelt hat und wer bei ihr arbeitet.
- Bei grossen Aufträgen kann es auch nicht schaden, wenn sie sich das Geschäft oder den Betrieb Ihres potenziellen Auftraggebers vor Vertragsabschluss einmal selber anschauen.

Die Rechtsform Ihres Geschäftspartners

Ihre Kunden können Privatpersonen (so genannte natürliche Personen) oder Unternehmen sein. Zu letzteren gehören Einzelfirmen sowie

Gesellschaften, die ihrerseits in Personengesellschaften und juristische Personen unterteilt werden (siehe Kasten). Das sind Unterscheidungen, die von Juristen erfunden wurden, die Sie aber nicht weiter zu kümmern brauchen. Wichtig ist hingegen, dass Sie wissen, was hinter welcher Rechtsform steht und wer in welchem Umfang für Verbindlichkeiten haftet.

- **Privatperson und Einzelfirma:** Privatleute haften mit ihrem ganzen Privatvermögen. Dasselbe gilt für die Inhaberin einer Einzelfirma, beispielsweise der «Gärtnerei Simone Suter». Frau Suter haftet nicht nur mit ihrem Geschäftsvermögen, sondern auch mit ihrem Privatvermögen für ihre Gärtnerei.
- **Einfache Gesellschaft:** In einer einfachen Gesellschaft finden sich Unternehmen oder Personen für eine beschränkte Zeit zusammen, um gemeinsam ein bestimmtes Ziel zu erreichen. Als blosse Interessengemeinschaft besitzt sie keinen eigenen Namen. Für die Schulden der Gesellschaft haftet jeder einzelne Gesellschafter unbeschränkt und solidarisch. Am bekanntesten ist die einfache Gesellschaft in der Baubranche als Konsortium verschiedener Betriebe, die gemeinsam ein Bauwerk erstellen. Nach der Fertigstellung löst sich das Konsortium automatisch wieder auf.
- **Kollektivgesellschaft:** In einer Kollektivgesellschaft schliessen sich zwei oder mehr Privatpersonen mit der Absicht zusammen, gemeinsam ein nach kaufmännischen Regeln geführtes Gewerbe zu betreiben. Im Gegensatz zur einfachen Gesellschaft ist der Zusammenschluss auf längere Dauer ausgerichtet und die Kollektivgesellschaft besitzt auch einen Firmennamen (Beispiel: «Hans Weber & Co.»). Für die Gesellschaftsschulden haftet zunächst das Gesellschaftsvermögen. Reicht es nicht aus, haften alle Gesellschafter mit ihrem eigenen Vermögen unbeschränkt und solidarisch.
- **Kommanditgesellschaft:** Bei dieser Unterart der Kollektivgesellschaft gibt es neben dem oder den unbeschränkt haftenden Gesellschafter(n) – den Komplementären – auch einen oder mehrere Kommanditäre, die nur bis zu einer bestimmten Vermögenseinlage (Kommanditsumme) haften. Im Namen der Kommanditgesellschaft darf nur der Name des Komplementärs stehen. Erschiene auch der Name eines Kommanditärs, würde dieser ebenfalls voll haften.

- **Aktiengesellschaft:** In einer AG schliessen sich mehrere natürliche oder juristische Personen zusammen, die ein bestimmtes Kapital (Aktienkapital) von insgesamt mindestens 100 000 Franken einbringen und dadurch zu Aktionären werden. Anders als bei Personengesellschaften haften die Aktionäre nicht persönlich. Für die Verbindlichkeiten des Unternehmens haftet allein das Gesellschaftsvermögen. Der Firmenname einer Aktiengesellschaft kann auch aus einer Fantasiebezeichnung bestehen, sogar ohne den Zusatz «AG» (Beispiel: «Sturzflug»).
- **Gesellschaft mit beschränkter Haftung:** Die GmbH ist eine AG im kleinen Rahmen, da ein Mindestkapital von 20 000 Franken (Stammkapital) für die Gründung genügt. Trotz ihrer Bezeichnung haftet die GmbH für Gesellschaftsschulden unbeschränkt; die Gesellschafter jedoch nur im Umfang ihres einbezahlten Stammkapitals. Ist das Stammkapital nicht voll einbezahlt, haften alle Gesellschafter unbeschränkt und solidarisch für den nicht einbezahlten Teil. Auch bei einer GmbH sind Fantasiebezeichnungen als Firmenname zugelassen, jedoch immer mit dem Zusatz «GmbH» (Beispiel: «Taitänik GmbH»).
- **Genossenschaft:** In einer Genossenschaft schliessen sich mehrere (mindestens sieben) Personen zusammen, um die wirtschaftlichen Interessen

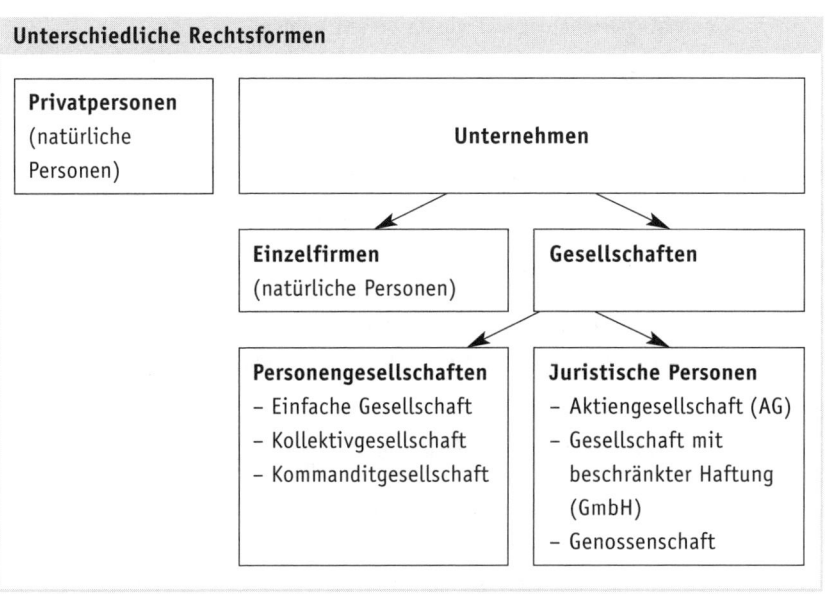

Unterschiedliche Rechtsformen

der Mitglieder zu fördern. Vor allem in der Landwirtschaft sind kleinere Genossenschaften – zum Beispiel Milchgenossenschaften – häufig reine Selbsthilfeorganisationen. Für die Verbindlichkeiten haftet grundsätzlich nur das Genossenschaftsvermögen. Die Statuten können aber eine persönliche, beschränkte oder sogar unbeschränkte Haftung der Genossenschafter vorsehen. Wie bei der AG genügt eine Fantasiebezeichnung ohne den Zusatz «Genossenschaft» als Firmenname.

Jahresrechnung und Bericht der Revisionsstelle

Ist Ihre zukünftige Kundin eine Aktiengesellschaft, muss sie auf das Ende jedes Geschäftsjahrs eine Bilanz und Erfolgsrechnung erstellen und diese von ihrer Revisionsstelle prüfen lassen. Tut sie dies nicht – was immer wieder vorkommt –, spricht das gegen ihre Bonität. Zudem können Sie sich mit Hilfe dieser Unterlagen ein besseres Bild von den finanziellen Verhältnissen einer Gesellschaft machen.

Mögliche Vermerke und was sie bedeuten

- Auflösung von stillen Reserven: Möglicherweise beseitigte das Unternehmen damit einen Kapitalverlust oder gar eine Überschuldung.
- Rangrücktrittserklärungen und Forderungsverzichte: Die Firma war bereits einmal überschuldet und musste saniert werden.
- Hinweis der Revisionsstelle auf Artikel 725 OR: Die Gesellschaft ist überschuldet und müsste die Bilanz deponieren.

Hinweis *Jahresrechnung und Revisionsstellenbericht sind – ausser bei börsenkotierten Gesellschaften – nicht allgemein zugänglich. Sie müssen diese Unterlagen also von Ihrer neuen Kundin verlangen. Bei grossen Aufträgen sollten Sie dies im Zweifelsfall tun, auch wenn Ihre Kundin dann merkt, dass Sie ihr nicht ganz trauen. Besser Sie bekommen den Auftrag nicht, als dass Sie viel Geld verlieren.*

So erkennen Sie einen Betrüger

Leider gibt es auch Leute, die von vornherein nicht beabsichtigen, ein seriöses Geschäft abzuschliessen, sondern Sie im Gegenteil hereinlegen wollen. Ein bekanntes Beispiel sind die Anlagebetrüger. Diese sind häufig professionell organisiert und treten überzeugend auf. Ihre wahren Absichten lassen sich aber leicht an den unrealistisch hohen Renditeversprechen von 20 Prozent und mehr erkennen. Auch wenn Sie keine Anlagegeschäfte tätigen, kann es Ihnen passieren, dass ein neuer Geschäftspartner von Anfang an keine Leistung erbringen will. Die kriminelle Absicht von solchen Betrügern lässt sich allerdings weniger einfach feststellen. Bei folgenden Anzeichen sollten Sie auf der Hut sein:

- **Verschachtelte Strukturen:** Ein Indiz für unseriöse Unternehmen sind komplexe und verschachtelte Strukturen und mehrere Firmen, die sich an einem Geschäft beteiligen: Zum Beispiel tritt der eigentliche Auftraggeber nicht selber in Erscheinung, sondern lässt sich durch einen Vermittler vertreten.
- **Stundenbüros:** Firmen, die betrügerisch vorgehen, besitzen keine eigenen Büroräumlichkeiten. Für Treffen benutzen sie Büros, die sie stunden- oder tageweise mieten, wenn möglich an renommierter Adresse oder in Luxushotels.
- **Falsche Referenzen:** Die neue Geschäftspartnerin gibt Ihnen als Referenzkunden aus früheren Geschäften oder als Muttergesellschaft die Namen bekannter Firmen an. Selbstverständlich überprüfen Sie diese Referenzen. Ist Ihre Kundin dort unbekannt, können Sie sie als Betrügerin betrachten.
- **Komplizierter Vertrag:** Ein betrügerischer Kunde setzt Ihnen oft einen Vertrag vor, der voll von zweideutigen Klauseln, langatmig und in schwer verständlichem Juristendeutsch oder Englisch abgefasst ist, damit Sie ihn möglichst nicht richtig verstehen.
- **Zeitdruck:** Das «äusserst lukrative» Angebot gilt häufig nur für kurze Zeit. Wenn eine Kundin Sie unter Druck setzt, den Auftrag sofort anzunehmen, will sie Ihnen keine Zeit lassen, Firma und Angebot zu überprüfen.
- **Keine Vorleistung:** Betrüger erbringen ihre Leistung nie als Erste oder im Austausch mit dem Geschäftspartner. Sie fordern immer eine Vorleistung von Ihnen.
- **Geldfluss:** Zahlungen wünschen Betrüger häufig auf ein Konto, das nicht ihnen gehört, sondern das ein Dritter, eine Treuhänderin oder ein Anwalt, für sie unterhält. So können sie den Geldfluss zwischen sich und dem Betrogenen verschleiern.

Neben diesen Anzeichen gibt es eine einfache Grundregel, die Ihnen hilft, eine potenzielle Betrügerin zu erkennen. Überlegen Sie sich, ob Sie die Angaben der Geschäftspartnerin überhaupt überprüfen können. Wenn nicht, lassen Sie die Finger vom Geschäft.

Beispiel *Ihre neue Kundin hat ihren Sitz auf den Bahamas und gibt an, sie sei eine Tochtergesellschaft der Lloyd's in London. Zahlungen sollten gemäss dem Vertragsentwurf über die Société Générale de Banque in Jordanien laufen. Sie können nicht überprüfen, ob Ihre Kundin allenfalls auf den Bahamas betrieben wurde oder wird, weil Sie kein Register einsehen können. Ob die Firma tatsächlich Lloyd's gehört, wird auch schwierig festzustellen sein, denn Lloyd's ist zu gross, als dass Sie dort jemanden finden könnten, der Ihnen erschöpfend Auskunft erteilt. Und eine Anfrage bei der Bank in Jordanien scheitert an Ihren fehlenden Arabischkenntnissen. Hände weg!*

Klarheit über die Bonität

Das Ziel Ihrer Abklärungen ist es, einigermassen im Bild zu sein über die Bonität Ihres zukünftigen Kunden, Ihrer neuen Geschäftspartnerin. Vielleicht genügt dazu bereits ein Blick ins Betreibungs- und Handelsregister. Eventuell müssen Sie zusätzlich einen Steuerausweis beschaffen oder gar die Hilfe einer Wirtschaftsauskunftei beanspruchen. Welche der auf den nächsten Seiten beschriebenen Informationsquellen Sie auch auswerten, am Schluss Ihrer Abklärungen sollten Sie sich nochmals folgende Fragen stellen:

- Weiss ich genug über die Bonität meiner Vertragspartnerin oder muss ich noch weitere Erkundigungen einziehen?
- Bestehen keine Zweifel mehr an der Zahlungsfähigkeit meines angehenden Kunden?
- Bestehen keine Ungewissheiten mehr punkto Zahlungswillen meiner künftigen Kundin?

Können Sie alle drei Fragen mit Ja beantworten, steht dem Vertrag und der neuen Geschäftsbeziehung nichts mehr im Weg.

Betreibungsauskunft: günstig und aussagekräftig

Das Betreibungsamt ist eine kostengünstige und wertvolle Informationsquelle. Aufgrund der gewonnenen Informationen lässt sich die Zahlungsfähigkeit und Zahlungsmoral einer Person auf einfache Art und Weise beurteilen.

Wer erhält einen Betreibungsregisterauszug?

Jedermann kann ohne Einschränkung über sich selber eine Betreibungsauskunft beantragen. Sie könnten nun versucht sein, von Ihrem zukünftigen Geschäftspartner zu verlangen, dass er Ihnen einen Betreibungsregisterauszug vorlegt – wie dies etwa bei der Vermietung einer Wohnung üblich ist. Doch damit würden Sie ihm Ihr Misstrauen kundtun, was das beabsichtigte Geschäft zum Scheitern bringen könnte. Sie sollten sich die Auskunft daher selber beschaffen.

Das ist möglich, denn das Gesetz erlaubt jeder Person, die ein Interesse glaubhaft macht, die Protokolle und Register der Betreibungsämter einzusehen und sich Auszüge daraus geben zu lassen. Allerdings: Blosse Neugier genügt nicht und auch einer Wirtschaftsauskunftei, die Informationen auf Vorrat will, darf keine Auskunft erteilt werden. Sie müssen ein spezielles Interesse nachweisen. Was damit gemeint ist, sagt wiederum das Gesetz: «Ein solches Interesse ist insbesondere dann glaubhaft gemacht, wenn das Auskunftsgesuch in unmittelbarem Zusammenhang mit dem Abschluss oder der Abwicklung eines Vertrages erfolgt.»

Es genügt also, wenn Sie dem Betreibungsamt darlegen, dass Sie mit der Person, über die Sie Auskunft verlangen, in Vertragsverhandlungen stehen, und dies mit schriftlichen Unterlagen belegen. Das kann zum Beispiel die Bestellung Ihrer Kundin sein oder auch ein Schreiben, mit dem Sie aufgefordert wurden, eine Offerte zu erstellen. Ohne solche schriftlichen Dokumente werden Sie die gewünschte Auskunft nicht bekommen.

So kommen Sie zum Auszug

Die Auskunft erteilt das für den Wohnort bzw. den Sitz der Person oder Firma zuständige Betreibungsamt. Sie müssen also wissen, wo Ihr zukünftiger Vertragspartner wohnt oder seinen Geschäftssitz hat. Betreibungsämter erteilen keine telefonischen Auskünfte. Sie müssen das Auskunftsgesuch daher schriftlich stellen oder persönlich auf dem Amt vorsprechen und die Auskunft verlangen. Nebst dem Interessennachweis müssen Sie genaue Angaben zur betroffenen Person machen, also Name, Vorname und Wohnadresse bei Privatpersonen und Inhabern von Einzelfirmen oder Firmenname und -domizil bei Gesellschaften.

Welches Betreibungsamt ist zuständig?

- Privatperson: Betreibungsamt am Wohnort
- Einzelfirma: Betreibungsamt am Wohnort des Inhabers
- Im Handelsregister eingetragene juristische Person und Gesellschaft: Betreibungsamt am Sitz
- Nicht im Handelsregister eingetragene juristische Person und Gesellschaft: Betreibungsamt am Hauptsitz der Verwaltung

Eine Zusammenstellung der in Ihrem Kanton zuständigen Behörden und Instanzen finden Sie im Anhang (Seite 286).

Tipp *Im Anhang finden Sie ein Muster für ein schriftliches Gesuch (siehe Seite 252). Verschiedene Betreibungsämter bieten auf ihrer Website auch Formulare für die Bestellung eines Betreibungsregisterauszugs zum Herunterladen an – zum Beispiel im Kanton Basel-Land (www.basselland.ch → Formulare → Betreibungen). Fragen Sie beim zuständigen Betreibungsamt danach.*

Was kostet ein Auszug?

Eine einfache summarische Auskunft kostet 17 Franken zuzüglich Porto, wenn der Auszug nicht länger als eine Seite ist (siehe Tarifliste im Anhang, Seite 282). Sind weitere Aufwendungen nötig – beispielsweise Nachfragen beim Handelsregisteramt, telefonische Rückfragen oder detaillierte Auskünfte –, stellen die Betreibungsämter diese zusätzlich in Rechnung.

Diese Informationen finden Sie im Auszug

Die Betreibungsämter sind verpflichtet, über ihre Amtstätigkeit sowie über die bei ihnen eingehenden Begehren und Erklärungen Protokoll und Register zu führen. Einfacher gesagt: Das Betreibungsregister ist wie ein Tagebuch, in dem diese Vorgänge chronologisch vermerkt werden. Der Auszug daraus enthält also sämtliche Handlungen, die im Zusammenhang mit einer oder mehreren Betreibungen gegen eine Person oder Firma vom Betreibungsamt vorgenommen wurden.

Was wird vom Betreibungsamt registriert?

- Name des Gläubigers
- Höhe der Forderung
- Art der Betreibung
- Stadium der Betreibung: Betreibungsbegehren, Zustellung des Zahlungsbefehls, Rechtsvorschlag, provisorische oder definitive Rechtsöffnung, Fortsetzungsbegehren, Konkursandrohung
- Erledigung der Betreibung: Durchführung mit voller Befriedigung oder Verlust, Erlöschen durch Zahlung oder aus anderen Gründen, Konkurs

Über all diese Punkte muss Ihnen das Betreibungsamt Auskunft geben. In der Praxis erhalten Sie jedoch in der Regel nur eine **summarische Betreibungsauskunft** (siehe Abbildung auf der nächsten Seite). Diese beschränkt sich auf das laufende und die vorangehenden zwei Jahre und enthält lediglich Angaben über die Anzahl der Betreibungen, die gesamte Forderungssumme, den Stand des Verfahrens und über die Anzahl und Forderungssumme der Verlustscheine.

Brauchen Sie eine **detaillierte Auskunft**, die mehr Informationen enthält und einen längeren Zeitraum betrifft, müssen Sie diese ausdrücklich verlangen. Eine solche Auskunft kostet zwar in der Regel mehr als 17 Franken, doch diese Ausgabe lohnt sich, wenn Sie die Bonität Ihres zukünftigen Vertragspartners verlässlich prüfen wollen (siehe Abbildung Seite 27).

Das Betreibungsamt erteilt Ihnen mit der Betreibungsauskunft keine allgemeinen Informationen über die Zahlungsmoral und die finanziellen Verhältnisse ihres zukünftigen Geschäftspartners. Diese müssen

Sie selber aus den Auskünften des Auszugs herauslesen. Im Betreibungsregisterauszug über Ihren Kunden erscheinen:
- die offenen Betreibungen
- Betreibungen, die vom Gläubiger nach erhobenem Rechtsvorschlag nicht weiterverfolgt wurden

---

Betreibungsamt XXXXXXXXX
XXXXXXXXXXXXXXXXXXXXXXXX
8023 Zürich

043 XXXXXXXXXXXXX
80-XXXXXXXXXX

Auskunft Nr. 543
Unser Zeichen: ws
Ihre Anfrage vom: 24.3.2006
Ihre Referenz:

Auszug aus dem Betreibungsregister
Summarische Auskunft über XXXXXXXXXXXXXXXXXX

Kosten
Ihr Vorschuss   Fr.   0.00
Gebühr und Porto Fr. 17.00
Rechnung   Fr. 17.00

	2004		2005		2006	
Betreibungen	Anzahl	Forderungen Fr.	Anzahl	Forderungen Fr.	Anzahl	Forderungen Fr.
Eingeleitet Total	20	110 894.40	25	280 933.20	5	24 693.65
Davon						
Rechtsvorschläge	4	3 719.90	7	246 594.00	0	0.00
Unzustellbar/Wegzug	0	0.00	0	0.00	0	0.00
Erloschen	0	0.00	0	0.00	0	0.00
Zahlungen	0	0.00	9	11 489.95	2	807.00
Konkursandrohungen	0	0.00	3	8 738.05	1	21 102.80
Pfändungsvollzüge	11	97 733.75	13	30 866.55	2	1 742.30
Verlustscheine	14	67 346.55	11	97 453.15	5	9 933.35

Zürich, 24.3.2006   Betreibungsamt XXXXXXX

- Betreibungen, bei denen die betriebene Forderung bezahlt wurde, bleiben im Register vermerkt.
- Forderungen, für die Verlustscheine ausgestellt wurden, erscheinen so lange im Auszug, bis sie bezahlt sind. Erst wenn sie verjährt sind – was nach 20 Jahren der Fall ist –, werden Verlustscheine nicht mehr aufgeführt.

Hinweis *Was die verschiedenen Fachausdrücke im Betreibungsregisterauszug genau bedeuten, erfahren Sie in den Kapiteln 6 bis 8, die den Ablauf einer Betreibung bis zum Konkurs beschreiben.*

Was steht nicht im Betreibungsregisterauszug?

Selbst der detaillierte Registerauszug enthält nicht alle Betreibungshandlungen, die über eine Person oder Firma erfasst wurden. Es werden nur Handlungen registriert, die im Betreibungskreis vorgenommen wurden, für den das Betreibungsamt zuständig ist. Hatte Ihre zukünftige Kundin früher in einem anderen Betreibungskreis ihren Wohnsitz bzw. Firmensitz, sind die dortigen Betreibungsverfahren aus dem aktuellen Auszug nicht ersichtlich. Diese Informationen müssten Sie am alten Domizil der Kundin mit einem separaten Auskunftsbegehren beschaffen.

Beispiel *Gerda S. wohnte bis im Frühling 2006 im Kreis 4 der Stadt Zürich. Während dieser Zeit wurde ihr Lohn mehrmals gepfändet. Im Register des Betreibungsamts 4 ist Frau S. mit insgesamt 22 Betreibungen verzeichnet. Im April 2006 zog sie in den Kreis 6 der Stadt Zürich. Ihr aktueller Registerauszug beim Betreibungsamt 6 enthält keine Betreibungen.*

Im Auszug aus dem Register werden auch keine Betreibungen aufgeführt, die fünf Jahre vor Ihrer Anfrage abgeschlossen wurden oder die der Gläubiger – aus welchen Gründen auch immer – zurückgezogen hat. Daneben zählt das Gesetz noch weitere Gründe auf, die es dem Amt verbieten, Auskünfte über gewisse Betreibungen zu geben. Der Gesetzgeber wollte damit Auskünfte verhindern, die keinen genügenden Rückschluss auf die Kredit(un)würdigkeit einer Person zulassen.

Diese Informationen werden Dritten nicht bekannt gegeben

- Nichtige Betreibungen
- Betreibungen, die durch Urteil oder Beschwerde aufgehoben wurden
- Betreibungen, bei denen durch Urteil festgestellt wurde, dass die Forderung nicht berechtigt ist
- Betreibungen, bei denen das Rechtsöffnungsgesuch abgewiesen wurde
- Betreibungen, bei denen die betriebene Person mit der Rückforderungsklage obsiegt hat
- Verlustscheinsforderungen, die bezahlt wurden

Den Betreibungsregisterauszug richtig interpretieren

Wie interpretieren Sie nun die im Auszug enthaltenen Angaben? Als Erstes müssen Sie beachten, dass nach schweizerischem Recht jeder gegen jeden eine Betreibung einreichen kann, ohne dass vorher in einem Gerichtsverfahren verbindlich festgestellt werden muss, ob die Forderung berechtigt ist. So werden manche Betreibungen nur eingeleitet, um andere zu schikanieren oder um eine Verjährungsfrist zu unterbrechen. Solche Betreibungen sind daher nicht ausschlaggebend bei der Beurteilung, ob eine zukünftige Geschäftspartnerin kreditwürdig ist.

Weiter müssen Sie beachten, dass Betreibungen zum Geschäftsleben von grösseren Gesellschaften gehören: Je grösser ein Unternehmen ist, desto häufiger wird es Probleme mit Kundinnen und Lieferanten haben und desto häufiger wird es auch betrieben werden. Die Betreibungsregisterauszüge etwa der UBS AG oder der Credit Suisse enthalten denn auch dutzende Betreibungen, die in den letzten drei Jahren gegen sie eingeleitet wurden. Trotzdem käme wohl niemand auf die Idee, dass diese Banken kurz vor dem Ruin stehen. Bloss aus der Zahl der Betreibungen lässt sich daher noch nichts über die Zahlungsfähigkeit eines grösseren Unternehmens ableiten. Anders sieht dies bei Privatpersonen und kleinen Firmen aus. Da können unter Umständen bereits wenige Betreibungen einen Hinweis auf mangelhafte Zahlungsmoral oder Zahlungsfähigkeit geben.

Die Interpretation eines Betreibungsregisterauszugs ist also mit vielen Vorbehalten behaftet. Trotzdem gelten einige allgemeine Aussagen:

Betreibungsamt des Kantons Basel-Stadt
Bäumleingasse 1/3, 4001 Basel
Telefon: 061 267 83 35/36
Postkonto 40-125-6

Betreibungsregister
Auszug

betreffend eingeleitete Betreibung vom 1.1.04 bis 26.3.06
gegen XXXXXXXXXXXXXXXXX geb. XX.XX.XX.

Betr. Nr.	Gläubiger	Eingang	Forder.-Betrag Stand
04/056620	XXXXXXXXXXXXXXXXXXXXX 3050 Bern	26.11.04	986.30 Rechtsvorschl.
04/056928	XXXXXXXXXX XXXXXXXXXXXXXX 3000 Bern	29.11.04	8 100.00 Pfänd.vollzug
04/058234	XXXXXXXXXXXXX 4104 Oberwil	06.12.04	944.50 Rechtsvorschl.
04/106126	XXXXXXXXXX 4051 Basel	24.07.04	7 925.90 Pfänd.vollzug
04/106127	XXXXXXXXXX 4051 Basel	24.07.04 bezahlt:	34 380.50 28 000.00 Pfänd.vollzug
05/014492	XXXXXXXXXXXXXXXXX 8153 Rümlang	07.02.05	390.00 Konk.-Androh.
05/015034	XXXXXXXXXXXXXXXXXXXXXX XXXXXXXXXXXXXXXXXXX 4051 Basel	05.02.05	930.00 Pfänd.vollzug
05/043689	XXXXXXXXXXXX XXXXXXXX 4001 Basel	04.09.05	2 295.60 Rechtsvorschl.
06/013128	XXXXXXXXXXXX 8604 Volketswil	26.01.06 bezahlt:	417.80 225.00 Konk.-Androh.
06/018987	XXXXXXXXXXXXX 3063 Ittigen	15.02.06	413.95 Rechtsvorschl.

Diese Urkunde ist mit einem Wasserzeichen (Baselstab) versehen.

- Betreibungsregisterauszüge, die viele Einträge von verschiedenen Gläubigern mit kleinen Beträgen enthalten, sind verdächtiger als ein Auszug mit einer einzigen Betreibung für eine grössere Summe.
- Enthält der Auszug nur Betreibungen, aber keine Verlustscheine, konnte die Firma oder Person offenbar die Forderungen jeweils doch noch bezahlen. Mit der Zahlungsmoral allerdings steht es wohl nicht zum besten. Möglicherweise wird auch nur die Buchhaltung nachlässig geführt.
- Ist im Auszug vermerkt, dass bei einer Betreibung der Zahlungsbefehl nicht zugestellt werden konnte, kann dies bedeuten, dass sich der Betroffene jeweils aus dem Staub macht, sobald es ums Zahlen geht.
- Geht aus dem Auszug hervor, dass für Betreibungen das Pfändungsbegehren gestellt oder der Konkurs angedroht wurde, beweist dies, dass die Forderung zu Recht betrieben worden war. Dasselbe gilt, wenn vermerkt ist, dass die Forderung bezahlt wurde.
- Enthält der Betreibungsregisterauszug einer im Handelsregister eingetragenen Gesellschaft Verlustscheine für Forderungen aus dem öffentlichen Recht – also für Steuern, Mehrwertsteuer, Sozialversicherungsbeiträge –, bedeutet dies, dass die Firma eigentlich zahlungsunfähig ist, es aber gerade noch schafft, ihre sonstigen Gläubiger zu bezahlen.

Tipp *Finden Sie im Betreibungsregisterauszug ihres künftigen Geschäftspartners einen oder mehrere der oben genannten Einträge vor oder ähnelt er dem Beispiel auf Seite 27, sollten Sie vorsichtig sein.*

Handelsregisterauskunft: öffentlich zugänglich

Das Handelsregister ist eine vom Staat verwaltete Datenbank, die wichtige Angaben über sämtliche in der Schweiz eingetragenen Einzelfirmen und Unternehmen enthält. Es dient der Sicherheit im Geschäftsverkehr und soll in erster Linie zeigen, wer oder was für die Verbindlichkeiten einer bestimmten Firma haftet und wer sie rechtsgültig vertreten kann. Wenn Sie mit einem Unternehmen eine neue Geschäftsbeziehung aufnehmen wollen, können Sie sich also schnell Klarheit darüber verschaffen, ob diese Firma überhaupt existiert und ob Ihr Verhandlungspartner zum Vertragsabschluss berechtigt ist (siehe Abbildung Seite 31).

Diese Angaben finden Sie im Handelsregister

- Rechtsform: Einzelfirma, Kollektivgesellschaft, Kommanditgesellschaft, Aktiengesellschaft, GmbH, Genossenschaft, Verein oder Stiftung (siehe Seite 15)
- Datum der ersten Eintragung: Alter des Unternehmens
- Firma, das heisst der Name des Unternehmens
- Sitz
- Zweck: Branche und Art der Tätigkeit
- Zeichnungsberechtigte Personen und Art der Zeichnungsberechtigung: Prokurist, Verwaltungsrat, Einzel- oder Kollektivunterschrift
- Höhe des Kapitals bei der Aktiengesellschaft und der GmbH
- Revisionsstelle bei der Aktiengesellschaft

AGs, GmbHs, Kollektiv- und Kommanditgesellschaften sowie Genossenschaften müssen im Handelsregister eingetragen sein. Für die Einzelfirma gilt eine Spezialregelung: Beträgt der jährliche Umsatz mehr als 100 000 Franken, muss grundsätzlich auch die Einzelfirma im Handelsregister eingetragen werden. Wird dieser Betrag nicht erreicht, kann sie sich freiwillig eintragen lassen. Davon gibt es Ausnahmen. Gewisse Dienstleistungsbetriebe wie Agenten und Makler müssen sich in jedem Fall im Handelsregister eintragen lassen. Dagegen sind grössere Handwerksbetriebe auch bei einem Umsatz von über 100 000 Franken nur eintragungspflichtig, wenn die Art und der Umfang des Betriebs eine geordnete Buchführung erfordert.

Hinweis *Ist eine Einzelfirma im Handelsregister eingetragen, hat dies verschiedene Folgen. Unter anderem wird die Firma buchführungspflichtig und der Inhaber unterliegt der Konkursbetreibung. Das bedeutet für Sie im Geschäftsverkehr zweierlei: Die Vorschriften über die Buchführung bürgen für eine gewisse Ordnung und Übersicht im Betrieb. Und sollte die Firma in Konkurs fallen, wird das ganze Vermögen des Inhabers verwertet und unter die Gläubiger verteilt.*

So beschaffen Sie sich einen Handelsregisterauszug

Das eidgenössische Amt für das Handelsregister verfügt über ein zentrales Firmenregister; das Führen der Handelsregister ist jedoch Sache der Kantone. Die meisten Kantone haben ein Handelsregister; in den Kantonen Bern und Wallis werden die Register bezirksweise geführt. Zuständig ist jeweils das Handelsregisteramt des Kantons (oder Bezirks), in dem die Firma, über die Sie eine Auskunft wünschen, ihren Sitz hat.

Das Handelsregister ist öffentlich. Anders als beim Betreibungsregister müssen Sie kein besonderes Interesse nachweisen, um es einzusehen oder sich einen Auszug ausstellen zu lassen. Der Handelsregisterführer muss Ihnen Einsicht gewähren, schriftliche oder mündliche Auskünfte erteilen sowie Registerauszüge und Bescheinigungen ausstellen. Dies gegen eine Gebühr, die zwischen 6 Franken für eine einfache telefonische Auskunft und 120 Franken für einen Registerauszug liegt.

Rascher Zugang über den zentralen Firmenindex

Handelsregisterauszüge können Sie schriftlich bestellen. Zum Teil bieten Handelsregisterämter auf ihrer Website Bestellformulare an – zum Beispiel im Kanton Zürich (www.hrazh.ch). Wesentlich einfacher geht es jedoch über den zentralen Firmenindex Zefix, den das Bundesamt für Justiz auf dem Internet zur Verfügung stellt und der die aktuellen Firmeninformationen der kantonalen Handelsregister enthält (www.zefix.admin.ch). Aus dem Zefix können Sie für die meisten Kantone direkt einen kostenlosen Handelsregister-Teilauszug abrufen, der die Basisangaben wie Rechtsform und Adresse des für Sie interessanten Unternehmens enthält. Ein Vollauszug aus dem Internet, in dem sämtliche Eintragungen aufgeführt sind, kostet in der Regel 15 bis 20 Franken; fortschrittliche Kantone wie Neuenburg oder Zug bieten auch den Internet-Vollauszug schon gratis an.

Hinweis *Die im Internet abrufbaren Auszüge aus dem Handelsregister sind «ohne Gewähr» – was Sie aber nicht zu kümmern braucht, denn für die Abklärung der Bonität eines zukünftigen Geschäftspartners genügen sie völlig. Benötigen Sie verbindliche Angaben über eine Firma, müssen Sie beim Handelsregisteramt einen beglaubigten Auszug bestellen. Dieser kostet in der Regel zwischen 40 und 50 Franken.*

Registernummer	Rechtsnatur			Eintragung	Löschung	Übertrag von	Übertrag auf	Seite
CH-170.4.XXXXXX	GmbH			17.01.2006				1

Handelsregisteramt des Kantons Zug - Hauptregister

Internet Information: Alle Eintragungen

Ei	Lö	Firma		Ei	Sitz
1		XXXXXXXXXXXXXX		1	Zug

Ei	Lö	Domizil - Adresse	Domizilhalter	PLZ	Ort
1		XXXXXXXXXXX		6300	Zug

Ei	Währ	Stammkapital	Ei	Währ	Stammkapital	Ei	Währ	Stammkapital
1	CHF	20'000.00						

Ei	Lö	Art	Qualifizierte Tatbestände (Sacheinlage, -übernahme, Vorteile usw.)

Ei	Lö	Zweck
1		Führung und Betrieb eines Pizza-Restaurants sowie eines Take-Away; kann sich an Firmen der gleichen oder ähnlichen Art beteiligen sowie solche übernehmen

Ei	Lö	Art	Bemerkungen

Ei	Statutendatum	Ei	Statutendatum	Ei	Statutendatum	Ei	Statutendatum
1	09.01.2006						

Ei	Lö	Publikationsorgane		Ei	Lö	Publikationsorgane
1		SHAB				

Ei	Lö	Zweigniederlassungen	Ei	Lö	Zweigniederlassungen	Ei	Lö	Zweigniederlassungen

Ei	TB-Nr	TB-Datum	SHAB	Datum	Seite / Id.	Ei	TB-Nr	TB-Datum	SHAB	Datum	Seite / Id.
1	644	17.01.2006	15	23.01.2006	17 / 3206762						

Ei	Er	E.d	Lö	Personenangaben	Eigenschaften	Stammanteil	Zeichnungsart
1				XXXXXXXXXXXXXXXXXXXXXXX	GS	10'000.00	EU
					GF		EU
1				XXXXXXXXXXXXXXXXXXXXXXXXXXXXX	GS	10'000.00	EU
					GF		EU

Den Handelsregisterauszug richtig interpretieren

Das Handelsregisteramt erteilt Ihnen – wie das Betreibungsamt – keine direkte Auskunft über die finanziellen Verhältnisse Ihres zukünftigen Geschäftspartners. Die im Handelsregisterauszug enthaltenen Informationen erlauben es Ihnen aber zusammen mit gewissen Erfahrungswerten, Rückschlüsse auf die Bonität oder gar das Insolvenzrisiko eines Unternehmens zu ziehen:

- **Rechtsform:** Laut Statistik sind gewisse Unternehmensformen insolvenzgefährdeter als andere. An der Spitze steht die GmbH.

- **Alter:** Junge Unternehmen geraten in den ersten fünf Jahren ihres Bestehens weit häufiger in Konkurs als Firmen, die schon länger bestehen. Ab dem zehnten Jahr nimmt das Konkursrisiko hingegen wieder zu.
- **Zweck (Branche):** Je nach Konjunkturlage ist das Insolvenzrisiko in gewissen Branchen höher. Spitzenreiterinnen im Jahr 2005 waren die Dienstleistungsbetriebe vor dem Gross- und Detailhandel und der Baubranche.
- **Kapital:** Bei Kapitalgesellschaften – also bei der AG und der GmbH – ist das Grundkapital nicht nur Massstab für die wirtschaftliche Grösse, sondern auch für die Bonität, denn statistisch werden mehr kleine Gesellschaften insolvent als grosse.
- **Sacheinlage:** Bei einer Aktiengesellschaft beispielsweise kann das Kapital nach Gesetz statt bar einbezahlt als Sacheinlage geleistet werden. Diese Kapitalstruktur erhöht jedoch das Konkursrisiko.

Das Insolvenzrisiko eines Unternehmens ist bei normaler Konjunkturlage gering. Es liegt laut Statistik bei rund 1,2 Prozent pro Jahr. Sind jedoch mehrere der oben genannten Kriterien erfüllt, steigt das Risiko auf ein Mehrfaches.

Beispiel *Die Dienstleistungen GmbH wurde im Dezember 2004 gegründet. Sie verfügt lediglich über das minimale Stammkapital von 20 000 Franken, das von den Gesellschaftern nicht einbezahlt, sondern als Sacheinlage geleistet wurde. Bei einer solchen Firma sollten Sie ein grösseres Geschäft nicht ohne Sicherheiten abschliessen.*

Eingetragene Revisionsstelle: wichtig bei der AG

Eine Aktiengesellschaft muss von Gesetzes wegen eine Revisionsstelle haben, die im Handelsregister eingetragen ist. Aus diesem Eintrag lassen sich je nachdem weitere Rückschlüsse auf die Bonität des Unternehmens gewinnen:

- **Wechsel:** Die Revisionsstelle muss den Jahresabschluss prüfen. Geht es einer Gesellschaft finanziell schlecht, entstehen zwischen ihr und den Revisoren häufig Meinungsverschiedenheiten über die Bewertung einzelner Bilanzpositionen. Bei offensichtlicher Überschuldung muss die Revisionsstelle gar mit dem Gang zum Konkursrichter drohen. In beiden Situationen kommt es vor, dass die Revisionsstelle abgewählt und durch eine «angenehmere» ersetzt wird. Sehen Sie also im Handelsregisterauszug, dass die Revisionsstelle kürzlich ausgewechselt wurde, müssen Sie auf der Hut sein.

- **Bekanntheitsgrad:** Wird Ihr zukünftiger Geschäftspartner von einer im Wirtschaftsleben bekannten Revisionsfirma wie Deloitte, Ernst & Young, KPMG oder PWC geprüft, kann dies grundsätzlich als gutes Zeichen für die Finanzlage der Gesellschaft gewertet werden. Doch aufgepasst! Auch bekannte Wirtschaftsunternehmen wie Enron oder Swissair, die in den letzten Jahren zusammengebrochen sind, wurden von namhaften Revisionsgesellschaften geprüft.

Weitere Informationsquellen

Hat Sie die Lektüre des Betreibungsregisterauszugs leicht stutzig gemacht? Ist Ihre potenzielle Kundin gar nicht im Handelsregister eingetragen, weil es sich um eine Einzelfirma handelt? Wenn Sie sich über die Bonität des zukünftigen Vertragspartners noch nicht im Klaren sind, können Sie versuchen, sich auf einem der folgenden Wege besser abzusichern.

Steuerauskunft: nicht in allen Kantonen

Ihr zukünftiger Geschäftspartner muss Steuern bezahlen, sofern er in der Schweiz tätig ist. Das durch das Steueramt veranlagte Einkommen und Vermögen – bzw. der Reingewinn und das Kapital bei Firmen – können Hinweise auf die finanziellen Verhältnisse einer Person und auf ihre Kreditwürdigkeit geben. Eine Auskunft vom Steueramt wäre für Sie vor Abschluss eines neuen Vertrags also durchaus interessant.

In den meisten Kantonen gilt jedoch das Steuergeheimnis. Die Steuerbehörden dürfen Dritten keine Einsicht in die Steuerakten geben. Einige Kantone weichen von dieser Regel ab: In Zürich beispielsweise stellen die Gemeindesteuerämter Steuerausweise über die veranlagten Einkommens- und Vermögensverhältnisse aus. Befindet sich der Wohnsitz bzw. Firmensitz Ihres neuen Geschäftspartners in einem Kanton ohne Steuergeheimnis, können Sie seine finanzielle Lage auch auf diesem Weg abklären.

Unterschiedliche Auskunftsbereitschaft je nach Kanton

- **Einsicht für Dritte ohne Einschränkungen** bzw. mit nur geringfügigen Auflagen: Neuenburg, Schwyz, Waadt und Zürich
- **Einsicht für Dritte mit Einschränkungen:** Appenzell Ausserrhoden, Bern, Freiburg, Luzern, St. Gallen, Schaffhausen, Uri und Wallis
- **Grundsätzlich keine Einsicht für Dritte:** Aargau, Appenzell Innerrhoden, Basel-Landschaft, Basel-Stadt, Genf, Glarus, Graubünden, Jura, Nidwalden, Obwalden, Solothurn, Tessin, Thurgau und Zug

So kommen Sie zu einem Steuerausweis

Im Kanton Zürich können Sie Ihr Gesuch um Ausstellung eines Steuerausweises mündlich oder schriftlich beim Steueramt am Wohn- bzw. Firmensitz des Steuerpflichtigen stellen. Ihr Gesuch müssen Sie nicht begründen, es ist also – anders als beim Betreibungsregisterauszug – kein besonderes Interesse erforderlich. Die Kosten eines solchen Steuerausweises sind je nach Gemeinde unterschiedlich; in Regensdorf betragen sie zum Beispiel 40 Franken.

Hinweis *Nach Datenschutzgesetz kann im Kanton Zürich jede Person die Bekanntgabe ihrer Daten an Private sperren lassen. Das gilt auch für die Daten des Steuerregisters. Hat Ihr zukünftiger Geschäftspartner eine solche Sperre veranlasst, wird Ihnen kein Steuerausweis ausgestellt – es sei denn, Sie können dem Steueramt glaubhaft machen, dass die Sperrung Sie an der Verfolgung Ihrer Rechte gegenüber dem Steuerpflichtigen hindert. Der Wunsch, die Bonität eines potenziellen Kunden abzuklären, genügt jedoch nicht zur Aufhebung einer Datensperre.*

Konkursauskunft

Selten, aber doch ab und zu kommt es vor, dass eine Firma, mit der man ein Geschäft abschliessen möchte, bereits in Konkurs ist. Diese Gefahr können Sie ausschliessen, indem Sie im Schweizerischen Handelsamtsblatt (SHAB) prüfen, ob Ihr möglicher Geschäftspartner darin aufgeführt ist. Alle Konkurseröffnungen müssen nach Gesetz in diesem amtlichen Publikationsorgan veröffentlicht werden. Auf das SHAB haben Sie auch im Internet Zugriff (www.shab.ch). Dieselbe Information erhalten Sie über den Firmenindex Zefix (www.zefix.admin.ch). Nun wäre es für Sie natürlich in erster Linie interessant zu wissen, ob Ihre neue Kundin kurz *vor* der Konkurseröffnung steht. Hier könnte das zuständige Konkursgericht eine wertvolle Informationsquelle sein. Doch dieses darf Ihnen von Gesetzes wegen nur die bereits eröffneten Konkurse mitteilen. Weitere interessante Informationen – zum Beispiel, dass gegen Ihre zukünftige Geschäftspartnerin bereits mehrmals die Konkurseröffnung beantragt wurde, was diese jeweils mittels Zahlung noch abwenden konnte, oder dass eine Konkurseröffnung im Rechtsmittelverfahren wieder aufgehoben wurde – sind unzulässig.

Tipp *Solche Dauerkunden gehen den Ämtern auf die Nerven. Daher kann es sein, dass Sie mit ein wenig Glück dem einen oder anderen Gerichtsbeamten zusätzliche Informationen zur finanziellen Situation einer zukünftigen Geschäftspartnerin entlocken können. Eine schnelle Antwort lässt zumindest den Schluss zu, dass das Unternehmen auf dem Amt nicht unbekannt ist. Dann müssen Sie vorsichtig sein.*

Verbandsauskunft und Branchengerüchte

Vom Baumeisterverband bis zum Verband der Klavierbauer und -stimmer – in der Schweiz gibt es für die meisten Berufe und Branchen einen Verband. Nebst weiteren Dienstleistungen bieten solche Verbände ihren Mitgliedern manchmal auch Auskünfte über die Bonität von Privatpersonen und Firmen an. Dies zum Beispiel in Form einer so genannten Barzahler-Liste. Auf dieser sind Personen und Firmen eingetragen, die Rechnungen von Verbandsmitgliedern gar nicht oder nur unter dem Druck der Betreibung bezahlt haben.

Tipp *Führt Ihr Verband eine Barzahler- oder eine andere schwarze Liste und ist Ihr zukünftiger Geschäftspartner darauf vermerkt, lassen Sie entweder die Finger vom Auftrag oder erbringen Ihre Leistung nur* *gegen Bar- oder Vorauszahlung. Auf keinen Fall sollten Sie etwas auf Rechnung liefern. Den Link zu vielen Verbänden in der Schweiz finden Sie im Internet unter www.verbaende.ch.*

Viele Firmen sind Mitglied eines Verbands. In gewissen Branchen bürgt die Mitgliedschaft für ein seriöses Verhalten auf dem Markt. Sollte Ihr zukünftiger Geschäftspartner nicht Mitglied seines Verbands sein, müssen Sie vorsichtig sein. Erkundigen Sie sich beim Verband, ob Ihr Kunde allenfalls ausgeschlossen wurde. Ist dies der Fall, sollten Sie noch mehr aufpassen oder besser das Geschäft gar nicht erst abschliessen.

Manchmal pfeifen es bereits die Spatzen von den Dächern, dass eine Firma in finanzielle Schieflage geraten ist oder sich auf direktem Weg dorthin befindet. Es empfiehlt sich, Gerüchten nachzugehen, die in der Branche kursieren. Unter Umständen erhalten Sie auch von der Konkurrenz wertvolle Tipps über die finanziellen Verhältnisse Ihrer neuen Kundin.

Banken: nachfragen schadet nicht

Ihre Hausbank hat viele Informationen über das Zahlungsverhalten und die finanziellen Verhältnisse von Firmen und Privatpersonen. Entweder weil bereits eine andere Kundin der Bank schlechte Erfahrungen mit einem bestimmten Unternehmen gemacht hat oder weil dieses selbst Kunde der Bank ist. Vor allem die lokal gut vernetzten Kantonalbanken kommen leicht zu Informationen, weil bei ihnen von fast jeder Firma im Kanton jemand bekannt ist, der über das Finanzgebaren Auskunft geben kann.

Beispiel *Die Malermeisterin Ruth T. erhält von Werner B. den Auftrag, die Fassade seiner 10-Zimmer-Villa in Zumikon neu zu streichen. Frau T. bittet ihre Hausbank, die Zürcher Kantonalbank (ZKB), um einen kurzfristigen Kredit von 20 000 Franken für den Kauf des Materials. Die ZKB weiss von anderen Handwerkern, die bei ihr Kunde sind, dass Herr B. Rechnungen immer erst im allerletzten Moment bezahlt und wohl kurz vor dem Konkurs steht.*

Ihre Hausbank wird Ihnen wegen des Bankgeheimnisses keine Angaben über einen zukünftigen Geschäftspartner machen, wenn dieser selber bei ihr Kunde ist. Anders sieht es aus, wenn eine Firma – oder Person – nicht Kundin ist, die Bank aber von anderen Kreditnehmern weiss, dass sie nicht kreditwürdig ist. Solche Informationen fallen nicht unter das Bankgeheimnis. Im Sinn des Datenschutzes werden die Vertreter der Bank dennoch sehr zurückhaltend mit konkreten Informationen sein. Vor allem wollen sie vermeiden, dass ihre Aussagen – womöglich falsch wiedergegeben – zum betroffenen Unternehmen zurückgelangen.

Trotzdem kann eine Anfrage bei der Hausbank nicht schaden. Weiss man dort von einer sehr schlechten Bonität Ihres zukünftigen Vertragspartners, hat die Bank selber ein Interesse daran, dass Sie mit diesem kein Geschäft abschliessen. Sie werden entsprechende Hinweise erhalten, wenn auch in verklausulierter Form.

Wirtschaftsauskunfteien und Business Investigators

Bei Creditreform, Dun & Bradstreet, Infoscore, Teledata und anderen Wirtschaftsauskunfteien können Sie Auskünfte über Ihren neuen Geschäftspartner einholen. Neben allgemeinen Informationen, die Sie auch selber einem Handelsregister- oder Betreibungsregisterauszug entnehmen könnten, erhalten Sie Angaben über Beteiligungsverhältnisse, Steuerzahlen und Eckdaten von Erfolgsrechnung und Bilanz. Zudem erhalten Sie eine Bonitätsbeurteilung Ihres möglichen zukünftigen Kunden – beispielsweise «Zahlungsweise schleppend» – und eine Kreditempfehlung wie «Vorauszahlung wird empfohlen». Die Qualität der Informationen ist allerdings sehr unterschiedlich und manchmal sind sie auch überholt.

Speziell ist die Informationsbeschaffung bei der genossenschaftlich organisierten Creditreform. Ihre Mitglieder und Kunden – rund 12 000 – melden dem Verband, welche Erfahrungen sie mit Kunden und Lieferantinnen gemacht haben. Diese Informationen werden von der Creditreform systematisch verarbeitet und fliessen so in die Bonitätsbeurteilung ein. Daneben führt Creditreform bei Unternehmen Direktbefragungen über deren finanzielle Verhältnisse durch.

Solche Dienstleistungen haben ihren Preis. Bei Creditreform beispielsweise kostet eine einzelne Kreditrisikoauskunft für Nichtmitglieder je nach Dringlichkeit zwischen 250 und 530 Franken. Mitglieder erhalten diese Auskunft zu einem stark reduzierten Preis; die Mitgliedschaft kostet aber 480 Franken pro Jahr. Noch teurer ist die Konkurrenz. Bei Teledata müssen pro Jahr mindestens 3000 so genannte Informationseinheiten eingekauft werden, mit denen dann eine gewisse Anzahl von Informationen bezogen werden kann – Kostenpunkt: 1950 Franken pro Jahr.

Tipp *Solvenzauskünfte von Wirtschaftsauskunfteien haben den Vorteil, dass Sie kein besonderes Interesse – wie etwa beim Betreibungsregisterauszug – nachweisen müssen und selber auch keine Zeit mit der Informationsbeschaffung verlieren. Der Nachteil ist der hohe Preis, weshalb es sich nur bei grossen Aufträgen lohnt, solche Auskünfte einzuholen.*

Private Auskundschafter

Informationen erhalten Sie nicht nur von Wirtschaftsauskunfteien, sondern auch von so genannten Business Investigators, die im Auftrag ihrer Kunden andere Firmen unter die Lupe nehmen. Diese Auskundschafter werten vor allem Zeitungen, Zeitschriften, Fachliteratur und das Internet aus und versuchen, via Vertreter der zu untersuchenden Firma an weitere Informationen zu gelangen. Diese Art von Informationsbeschaffung ist gesetzlich zulässig. Sie hat aber ihren Preis: Unter 50 000 Franken werden Sie keine Informationen bekommen. Einen Auskundschafter einzuschalten lohnt sich daher nur bei Grossaufträgen.

Beispiel *Die Werk AG erhält von der Chemiebau AG den Auftrag, sechs Rührwerke zum Preis von je 800 000 Franken herzustellen. Bevor die Werk AG den Auftrag annimmt, wendet sie sich an den Business Investigator Heinrich E. Er soll in Erfahrung bringen, ob die Chemiebau AG in der Lage sein wird, die hohen Kosten zu bestreiten. Herr E. versucht, über einen Vertreter der Firma an Informationen zu gelangen. Er sagt, wer er ist und was er will, aber nicht, in wessen Auftrag er han-*

delt. *Nach mehreren Gesprächen findet Heinrich E. heraus, dass die Chemiebau AG finanziell am Ende ist. Er verfasst einen entsprechenden Bericht an die Werk AG, die daraufhin den Auftrag ablehnt.*

Presse und Internet

Die Wirtschaftspresse berichtet regelmässig über die Aktivitäten von grossen Firmen; vielleicht wurde auch über Ihre potenzielle Kundin bereits einmal etwas geschrieben. Eine Recherche in den für die Deutschschweiz bedeutendsten Wirtschaftszeitungen – NZZ, Finanz und Wirtschaft, Cash oder Handelszeitung – kann Ihnen daher wichtige Hinweise geben. Dasselbe gilt für Konsumentenzeitschriften wie den Beobachter, K-Tipp oder Saldo. Diese wenden sich zwar grundsätzlich an Konsumenten, doch sie warnen in ihren Artikeln regelmässig vor Firmen, die sich unlauterer Methoden bedienen.

Beispiel *Die im Juni 2001 gegründete Art Car bot Gratis-Autos der Marke Smart zu Werbezwecken an. Interessierte mussten im Voraus 1800 Franken für Kaution und Prämien bezahlen. Aufgrund diverser Anfragen im Beratungszentrum wies der Beobachter im Dezember 2001 unter dem Titel «Smarte schauen sich den Vertrag genau an» auf kritische Punkte bei der Art Car hin. Die rund 2000 Kunden haben den versprochenen Smart nie erhalten. Dafür machte sich der Verwaltungsrat der Firma im Januar 2002 mitsamt dem Geld – rund drei Millionen Franken – aus dem Staub.*

Weiter gehen bei diesen Zeitschriften viele Anfragen und Rückmeldungen der Leserschaft ein, beispielsweise über 100 000 im Beobachter-Beratungszentrum. Die Berater erfahren daher meist sehr früh, wenn sich eine Firma unlauterer Methoden bedient oder schlicht vor dem Ende steht, und geben dieses Wissen telefonisch an die Abonnentinnen und Abonnenten weiter. Eine Nachfrage kann sich also lohnen.

Internet

Über das Internet haben Sie Zugang zu unbegrenzt vielen Informationen. Vielleicht finden Sie auch über Ihren zukünftigen Geschäftspartner etwas, was Sie besser vor Abschluss des Vertrags wissen sollten. Geben Sie den Firmenname in die Suchmaschine www.google.ch ein und schauen Sie, was an interessanten Informationen auf Ihren Bildschirm kommt. Zwar haben Sie keine Garantie, dass die so erhaltenen Angaben über Ihren neuen Kunden – ob positiv oder negativ – tatsächlich zutreffen, denn im Internet steht auch viel Mist. Dennoch: Wenn die angezeigten Seiten schlecht über Ihren zukünftigen Geschäftspartner berichten, sollten Sie vorsichtig sein.

Hinweis *Die Google-Suchmaschine hat den Vorteil, dass sie Ihnen den Zugang zu Beiträgen eröffnet, die auf der Original-Website bereits gelöscht sind (über den Link «Im Cache»).*

Auskunft über Eigentumsvorbehalte

Aus der Tatsache, dass jemand eine Sache besitzt – in seiner «Gewalt» hat –, leitet das Gesetz die Vermutung ab, er sei deren Eigentümer. Befinden sich also in den Lokalitäten Ihres neuen Geschäftspartners zum Beispiel Büromöbel, Computer oder wertvolle Bilder, können Sie in der Regel davon ausgehen, dass diese Gegenstände ihm gehören und dass Sie sie, sollte er später Ihre Rechnungen nicht zahlen, auf dem Betreibungsweg verwerten lassen könnten.

Doch nicht immer ist der Besitzer einer Sache auch ihr Eigentümer. Klar ist dies bei gemieteten und geleasten Gegenständen. Doch Eigentum und Besitz kann auch bei gekauften Sachen auseinander fallen. Der Käufer einer beweglichen Sache wird zwar grundsätzlich Eigentümer, sobald er sie in Händen hat – sogar wenn er die Rechnung später nie bezahlt. Mit einem Eigentumsvorbehalt kann ein solcher automatischer Eigentumsübergang aber verhindert werden. Wenn Verkäuferin und Käufer einen solchen Vorbehalt vereinbaren und ins Eigentumsvorbehaltsregister am Wohnort des Käufers eintragen lassen, geht das Eigentum erst auf diesen über, wenn er den Kaufpreis vollständig bezahlt hat. Bis dahin bleibt die Verkäuferin Eigentümerin der Sache. Einträge ins Eigentumsvorbehaltsregister werden heute vor allem im Investitionsgüterbereich vorgenommen, etwa bei Kaffeemaschinen, Zapfhahnen oder Baumaschinen.

Beispiel *Sie gewähren der Hochbau AG einen Kredit, weil sie glauben, ein Parkplatz voller Bagger, Kranen etc. stehe in deren Eigentum. Ein Blick ins Eigentumsvorbehaltsregister hätte Ihnen jedoch gezeigt, dass die Baumaschinen anderen Personen gehören. Damit fehlt die Absicherung Ihres Kredits.*

Um besser beurteilen zu können, welche Gegenstände sich später wegen einer offenen Forderung verwerten liessen, lohnt sich ein Blick in das Eigentumsvorbehaltsregister. Dieses wird vom Betreibungsamt am Sitz oder Wohnsitz Ihres zukünftigen Geschäftspartners geführt und ist öffentlich. Das Betreibungsamt muss Ihnen also Einsicht gewähren, ohne dass Sie ein besonderes Interesse nachweisen. Die Kosten betragen 9 Franken, wenn das Register lediglich vorgelegt oder wenn darüber nur mündlich Auskunft gegeben wird. Ein beglaubigter Auszug kostet 17 Franken, sofern er nicht länger als eine Seite ist (siehe Tarifliste im Anhang, Seite 282).

Achtung *Der Eigentumsvorbehalt ist nur bei Verträgen möglich, die einen Eigentümerwechsel zum Ziel haben – also bei einem Kauf, einem Tausch oder einer Schenkung. Leasing-, Miet-, Kommissions- und Konsignationsverträge dagegen können nicht im Eigentumsvorbehaltsregister eingetragen werden, weil diese Verträge keinen Eigentumswechsel beinhalten. Gerade Firmenwagen aber werden oft geleast. Lassen Sie sich nicht blenden.*

Wann ist der Blick ins Eigentumsvorbehaltsregister wichtig?

Nach Gesetz sind Sie nicht verpflichtet, bei jedem grösseren Kauf im Register nachzuschauen und sich davon zu überzeugen, dass kein Eigentumsvorbehalt besteht. Angenommen, Sie erwerben von Ihrem Bekannten ein Klavier und später stellt sich heraus, dass er selber das Instrument nur auf Kredit gekauft hat und das Musikgeschäft einen Eigentumsvorbehalt eintragen liess. Wenn Sie davon nichts wissen – also gutgläubig sind –, können Sie Eigentümer des Klaviers werden, obwohl Ihr Bekannter darüber noch gar nicht verfügen durfte.

Eine allgemeine Pflicht zur Einsichtnahme gibt es nicht. Davon macht die Rechtsprechung jedoch eine Ausnahme bei Geschäftszweigen, deren Waren häufig unter Eigentumsvorbehalt verkauft werden. Das ist zum Beispiel im Handel mit Occasionsfahrzeugen der Fall – vor allem dann, wenn der Preis ungewöhnlich tief ist.

Beispiel *Der Autohändler Max M. kauft von Regula O. für 13 000 Franken einen Personenwagen, dessen Verkehrswert bei 19 200 Franken liegt. Der verdächtig tiefe Preis – 32 Prozent unter dem Verkehrswert, 20 Prozent unter dem mittleren Händlerpreis und 16 Prozent unter dem absoluten Minimalpreis – hätte Händler M. veranlassen müssen, das Eigentumsvorbehaltsregister einzusehen. Dann hätte er festgestellt, dass Frau O. das Fahrzeug von der Autocenter AG unter Eigentumsvorbehalt gekauft hatte und es ihr also gar nicht gehörte. Da er es unterlassen hat, Einsicht zu nehmen, kann er sich nicht auf den guten Glauben berufen und muss den Wagen der Autocenter T. AG, welche immer noch Eigentümerin ist, herausgeben.*

2. Das neue Geschäft sicher abwickeln

Viele scheuen den Aufwand für einen schriftlichen Vertrag. Oder sie vergessen wichtige Punkte, vereinbaren keine oder nutzlose Sicherheiten und akzeptieren Allgemeine Geschäftsbedingungen, ohne sie je gesehen zu haben. Doch ein korrekter Vertrag ist das A und O jeder gesunden Geschäftsbeziehung.

Korrekte Verträge

Nach Gesetz kommt ein Vertrag zustande, wenn sich die Parteien über die wesentlichen Punkte geeinigt haben. Welche Punkte wesentlich sind, ist von Vertragstyp zu Vertragstyp verschieden. Bei einem Kaufvertrag genügt es bereits, dass sich Käufer und Verkäufer über den Kaufgegenstand und den Preis einig sind. Nebenpunkte – zum Beispiel wer die Transportkosten zu tragen hat – müssen nicht ausdrücklich geregelt werden. Führt diese Frage später zu Meinungsverschiedenheiten, ist der Konflikt mit Hilfe der Regel im Gesetz zu lösen.

Beispiel *Die Buchhandlung A. liefert Andrea H. per Post das von ihr telefonisch bestellte Buch und stellt ihr für Porto und Verpackung zusätzlich 7 Franken in Rechnung. Frau H. ist der Meinung, diese Spesen gingen zulasten der Buchhandlung. Sie irrt sich, denn nach Gesetz trägt die Käuferin die Verpackungs- und Transportkosten, sofern nichts anderes vereinbart wurde.*

Weit verbreitet ist die Annahme, von Verträgen könne man zurücktreten – etwa dann, wenn man nachträglich ein besseres Angebot erhält oder wenn man wegen einer unerwarteten Entwicklung nicht mehr am Vertrag festhalten will. Einmal abgeschlossene Verträge müssen jedoch eingehalten werden. Davon ausgenommen sind nur wenige, beispiels-

E-Mail und elektronische Signatur

Geschäftliche Abmachungen werden heute immer öfter per E-Mail abgeschlossen. Besteht keine Formvorschrift, ist ein Vertrag auch auf elektronischem Weg gültig. Verträge hingegen, für die das Gesetz ausdrücklich die Schriftform vorsieht, konnten bisher nicht über E-Mail abgeschlossen werden, weil schriftliche Verträge eigenhändig unterzeichnet werden müssen. Abhilfe schafft hier die elektronische Signatur, die seit dem 1. Januar 2005 der eigenhändigen gleichgestellt ist. Sofern Sie bei einem anerkannten Schweizer Zertifizierungsdienst ein Zertifikat erworben haben, können Sie elektronisch auch Verträge abschliessen, die von Gesetzes wegen schriftlich sein müssen. In der Schweiz bietet bisher einzig die Swisscom Solutions AG anerkannte Zertifikate an.

weise der Konsumkreditvertrag und das so genannte Haustürgeschäft, bei dem die Kunden in Wohnräumen, am Arbeitsplatz oder auf einer Werbefahrt Ware zum Kauf angeboten erhalten.

Beispiel *Felix K. kauft auf einer Werbefahrt der Textilwaren AG im Berner Oberland drei Wärmedecken für insgesamt 900 Franken. Zu Hause gefallen sie ihm nicht mehr, weshalb er von seinem gesetzlichen Rücktrittsrecht für Haustürgeschäfte Gebrauch macht und die Decken rechtzeitig innert sieben Tagen zurückschickt.*

Schriftlich ist besser

Im Vertragsrecht gilt der Grundsatz der Formfreiheit. Bis auf wenige Ausnahmen – zum Beispiel beim Grundstückkauf – müssen Verträge nicht schriftlich abgeschlossen werden. Mündliche Vereinbarungen sind zulässig und herrschen im Alltag vor. Rechtlich ist der Handschlag unter Viehhändlern verbindlich und auch beim Bestellen eines Kaffees im Restaurant gehen Gast und Wirt einen gültigen mündlichen Vertrag ein.

Auch am Telefon werden Verträge abgeschlossen. Neuerdings dürfen Bestellungen sogar ohne vorgängige Ankündigung aufgezeichnet werden. Dadurch lässt sich zum Beispiel eine telefonische Abmachung zwischen dem Versandhaus und seiner Kundin später problemlos vor Gericht belegen. Bereits bieten Firmen das Aufzeichnen von Gesprächen als Dienstleistung an.

Mündliche Verträge beherrschen auch das Geschäftsleben. Kaum ein Garagist verlangt von seinen Kunden eine schriftliche Auftragsbestätigung. Rechtlich ist gegen mündliche Abmachungen nichts einzuwenden. Doch das gesprochene Wort ist vergänglich. Bestreitet zum Beispiel ein Darlehensnehmer nach Jahren, je Geld erhalten zu haben, kommt die Darlehensgeberin in arge Beweisnot, wenn sie nichts Schriftliches in der Hand hat. Es gibt drei gute Gründe, alle Verträge schriftlich abzufassen.

Grund 1: Schutz vor Übereilung

Ein schriftlicher Vertrag kann Sie vor unüberlegtem Handeln schützen. Der Zwang zur schriftlichen Formulierung hilft Ihnen auch, an alle

Punkte zu denken und sich selber die Regelung mit sämtlichen Konsequenzen wirklich klar zu machen. Mündlich sind die Dinge oft zu schnell gesagt.

Grund 2: Beweissicherung

Das Gesetz sagt: «Derjenige hat das Vorhandensein einer behaupteten Tatsache zu beweisen, der aus ihr Rechte ableitet.» Haben Sie zum Beispiel jemandem Ersatzteile verkauft, müssen Sie als Verkäufer den Inhalt der Abmachung beweisen, ebenso, dass Sie die Gegenstände tatsächlich geliefert haben. Das gelingt Ihnen problemlos, wenn Sie einen schriftlichen Vertrag vorlegen können und sich auch den Empfang der Waren schriftlich haben bestätigen lassen. Besteht nur eine mündliche Vereinbarung, müssen Sie im Streitfall Abmachung und Lieferung mit Hilfe von Zeugen beweisen. Gelingt Ihnen das nicht, verlieren Sie den Prozess – auch wenn Sie im Recht sind.

Unter Kaufleuten können Sie, falls Sie den Vertrag nicht schriftlich abgeschlossen haben, das Versäumte mit dem so genannten **kaufmännischen Bestätigungsschreiben** nachholen. In diesem bestätigen Sie den mündlich abgeschlossenen Vertrag schriftlich. Wenn der Empfänger nicht sofort widerspricht und der Inhalt mit dem mündlich Vereinbarten übereinstimmt, gilt das Bestätigungsschreiben als Beweis für den Abschluss des Vertrags. In einem Prozess müsste der Empfänger beweisen, dass der Vertrag nicht oder zu anderen Bedingungen abgeschlossen wurde.

Beispiel *Petra M., die Inhaberin des Gasthofs «Sonne», bestellt am 6. Februar 2006 telefonisch bei Erwin T. von der Fischmarkt AG 100 Stück Hummer für 4000 Franken. Am 7. Februar schickt die Fischmarkt AG folgendes Schreiben: «Sehr geehrte Frau M., wir beziehen uns auf Ihren Telefonanruf vom 6. Februar 2006 und bestätigen Ihnen Ihre Bestellung von 100 Stück Hummer zu total 4000 Franken.»*

Grund 3: Schuldanerkennung

Wie rasch und kostengünstig ein geschuldeter Geldbetrag später notfalls eingetrieben werden kann, hängt davon ab, ob Sie eine schriftliche Schuldanerkennung – einen so genannten Rechtsöffnungstitel –

in den Händen haben. In einer solchen Schuldanerkennung bestätigt der Schuldner, dass er der Gläubigerin einen bestimmten Geldbetrag schuldet.

Die Schuldanerkennung kann als abstraktes Schuldversprechen ausgestaltet sein, in dem jemand erklärt, es bestehe eine bestimmte Schuld, ohne den Schuldgrund zu nennen. Der Text lautet schlicht: «Ich, Fritz F., schulde Rita H. 1000 Franken.» Natürlich gehören Unterschrift und Datum dazu. Von einer kausalen Schuldanerkennung spricht man, wenn der Grund für die Verpflichtung erwähnt wird (siehe Muster).

In den meisten Fällen ist die Schuldanerkennung Teil eines zweiseitigen Vertrags, beispielsweise eines Kauf-, Miet-, Werk- oder Darlehensvertrags. Indem Sie etwa einen Mietvertrag unterzeichnen, anerkennen Sie grundsätzlich, monatlich den Mietzins zu schulden.

Muster: kausale Schuldanerkennung

Anton J.
Dorfstrasse 15
8180 Bülach

Ich, Anton J., anerkenne in dieser Urkunde, dass ich der XXL Bau AG aus dem Werkvertrag vom 3. Oktober 2005 (Werkvertragssumme 60 000 Franken zuzüglich Mehrwertsteuer, Überbauung Seemattstrasse 17, 8180 Bülach) die noch nicht bezahlte Restsumme von 15 000 Franken schulde. Ich verpflichte mich, diesen Betrag monatlich in Raten von 1000 Franken zu bezahlen. Wenn ich mit einer Rate länger als zehn Tage in Verzug komme, ist der gesamte noch offene Betrag zur Zahlung fällig.

Bülach, 15. Januar 2006   Anton J.

Sollte Ihr Schuldner später die Forderung bestreiten und die gegen ihn eingeleitete Betreibung mit einem Rechtsvorschlag stoppen, hat die Schuldanerkennung für Sie als Gläubiger einen bedeutenden Vorteil: Sie können damit in einem einfachen, raschen und günstigen Verfahren – dem so genannten Rechtsöffnungsverfahren – den Rechtsvor-

Das braucht es für eine schriftliche Schuldanerkennung

- Name des Gläubigers
- Name der Schuldnerin
- Verpflichtung zur Bezahlung einer bestimmten oder bestimmbaren Forderung
- Bestimmter oder bestimmbarer Fälligkeitstag
- Unterschrift der Schuldnerin oder elektronische Signatur (E-Mail genügt nicht)

schlag beseitigen lassen. Besitzen Sie keine Schuldanerkennung, sind Sie gezwungen, den betriebenen Betrag im ordentlichen Prozess einzufordern, was länger dauert und teurer ist (mehr dazu auf Seite 121).

Haben Sie es versäumt, den Vertrag schriftlich abzuschliessen, und fehlt Ihnen daher eine Schuldanerkennung, gibt es weitere Möglichkeiten, das Verpasste nachzuholen. Ausser Verträgen gelten noch andere, nach Vertragsabschluss unterschriebene Erklärungen als Schuldanerkennung, zum Beispiel:

- **Lieferschein**, wenn darauf zum Beispiel der bestellte Tisch mit Angabe des Preises und der Fälligkeit – «zahlbar innert 30 Tagen netto» – aufgeführt ist und die Empfängerin ihn unterschrieben hat
- **Arbeitsrapport** der Handwerkerin, auf dem die geleisteten Stunden und der dafür geschuldete Geldbetrag aufgeführt sind und den der Kunde unterschrieben hat

Vertragsinhalt: kurz und klar

In der Kürze liegt die Würze; dieses Sprichwort gilt ganz besonders für Verträge. Leider besteht die Tendenz, Verträge zu verlängern, indem teilweise einfach das Gesetz abgeschrieben wird. Lange Verträge sind jedoch meist unübersichtlich und enthalten oft widersprüchliche Bestimmungen. Die Kunst der Vertragsredaktion liegt darin, die für den konkreten Fall ideale Auswahl an Regelungen zu treffen. Verwenden Sie keine Fremdwörter und Fachausdrücke, deren Bedeutung Sie nicht ganz genau kennen. Formulieren Sie die vertragliche Abmachung klar und präzis.

Das Gesetz hält für die meisten Vertragstypen Regeln bereit, die dann gelten, wenn die Parteien keine abweichende Vereinbarung getroffen haben. Oder anders gesagt: Bis auf wenige Ausnahmen können die Parteien den Inhalt des Vertrags selber gestalten. Dann gilt das, was im Vertrag steht.

Beispiel *Brigitte A. kauft im Computergeschäft einen Flachbildschirm für 1500 Franken. Fünf Tage später funktioniert dieser bereits nicht mehr. Sie will das Gerät umtauschen, der Computerladen stellt sich jedoch auf den Standpunkt, er schulde bloss eine Reparatur. Wer hat Recht? Nach Gesetz hat die Käuferin einer mangelhaften Sache Anspruch auf Ersatzlieferung. Im schriftlichen Kaufvertrag aber steht, dass der Verkäufer bei Defekt nur ein Recht auf Reparatur gewährt und Umtausch ausschliesst. Die vertragliche Regelung geht vor. Frau A. erhält kein neues Gerät, sondern muss sich mit der Reparatur begnügen.*

Der konkrete Inhalt eines Vertrags ist je nach Typ unterschiedlich. Als Merkformel kann die Frage dienen: «Wer will was wo von wem bis wann?» Folgende Punkte sollten daher in allen Verträgen grundsätzlich festgehalten werden:

- **Vertragsparteien:** Die Beteiligten müssen genau bezeichnet sein – mit Name, Vorname bzw. Firma und der Anschrift. Je nach Vertrag fügen Sie die Präzisierungen Käuferin / Verkäuferin, Auftraggeber / Beauftragter oder Ähnliches hinzu.
- **Leistung und Gegenleistung:** Beschreiben Sie die zu erbringende Leistung und Gegenleistung – zum Beispiel beim Kaufvertrag das Kaufobjekt und den Kaufpreis oder beim Werkvertrag das zu erstellende Werk und das Honorar.
- **Erfüllungsort:** Wo muss die Leistung erbracht werden? Muss zum Beispiel der Käufer die Sache abholen oder wird sie ihm geliefert?
- **Zeit der Erfüllung:** Halten Sie genau fest, wann oder innerhalb welcher Zeitspanne eine Sache geliefert, eine Dienstleistung erbracht werden soll.
- **Zahlungsmodalitäten:** Im Vertrag können Sie Zahlungsziele festhalten, beispielsweise: «Zahlbar innert 30 Tagen ab Rechnungsstellung».

Besser ist jedoch ein genaues Datum: «Zahlbar bis 15. September 2005.» Halten Sie zudem für den Fall eines Zahlungsverzugs die Höhe des Verzugszinses fest. Wollen Sie eine Mahngebühr erheben, muss auch dies im Vertrag stehen.

- **Folgen bei Mängeln:** Hier regeln Sie, was bei einer verspäteten oder mangelhaften Erfüllung gelten soll.
- **Gerichtsstand:** Welches Gericht soll zuständig sein? Für Sie ist es von Vorteil, nicht reisen zu müssen, wenn die andere Vertragspartei ihren Wohn- oder Firmensitz woanders hat. Wählen Sie deshalb das Gericht an Ihrem Geschäftsort.
- **Datum und Unterzeichnung:** Der Vertrag muss von Personen unterzeichnet werden, die dazu berechtigt sind – beispielsweise von der Geschäftsinhaberin, vom Prokuristen etc. Damit Sie dies später beweisen können, muss der Name der Unterzeichnenden am Ende des Vertrags erkennbar sei.

Wollen Sie sich gegen den Ausfall der Zahlung absichern, müssen Sie Sicherheiten – zum Beispiel einen Eigentumsvorbehalt oder ein Pfandrecht – in den Vertrag aufnehmen (mehr dazu auf Seite 61). Handelt es sich beim Vertragspartner um eine Person oder Firma mit Sitz im Ausland, stellt sich immer auch die Frage, ob schweizerisches oder ausländisches Recht zur Anwendung kommt. Mit dem eigenen Recht sind Sie besser vertraut, weshalb Sie schweizerisches Recht vereinbaren und dies im Vertrag festhalten sollten.

Einzelvertrag oder Standardvertrag?

Ist in Ihrer Unternehmung jeder Geschäftsabschluss ein Einzelfall mit unterschiedlichem Vertragsgegenstand, speziellen Lieferfristen, Zahlungsmodalitäten und Absicherungsmechanismen? Dann müssen Sie für jeden Kunden einen individuellen Vertrag ausarbeiten, der die spezifischen Modalitäten des betreffenden Geschäfts regelt. Die meisten Betriebe bieten aber immer die gleichen Produkte und Dienstleistungen an, sodass ein Standardvertrag verwendet werden kann. In der Hauptsache bleibt sich dieser bei jedem Geschäft gleich, nur Einzelheiten wie Personalien, Preis, Lieferfristen etc. müssen individuell angepasst werden.

Vertragsklauseln zur Absicherung

Selbst wenn Sie alle wichtigen Punkte im Vertrag nach bestem Wissen klar und präzise formuliert und schriftlich festgehalten haben, ganz können Sie nicht ausschliessen, dass das Schriftstück Unklarheiten aufweist oder lückenhaft ist. Es kann Ihnen auch passieren, dass die Vertragspartnerin später einwendet, es sei etwas anderes verhandelt worden als das, was jetzt im Vertrag stehe. Oder dass sie behauptet, der schriftliche Vertrag sei später mündlich abgeändert worden. Solche Einwände und Unklarheiten können Sie von vornherein vermeiden, indem Sie zusätzlich folgende Absicherungsklauseln in Ihre Verträge aufnehmen.

- **Verhandlungsausschlussklausel:** «Dieser Vertrag regelt das Rechtsgeschäft zwischen den Parteien abschliessend und ersetzt die vor Vertragsschluss geführten Verhandlungen und schriftlich, namentlich in E-Mails und Briefen, geäusserten Meinungen und abgegebenen Erklärungen.» So stellen Sie sicher, dass nur das gilt, was im schriftlichen Vertrag festgehalten wurde.
- **Schriftlichkeitsvorbehaltsklausel:** Damit im Streitfall später nicht eingewendet werden kann, der schriftliche Vertrag sei mündlich abgeändert worden, verwenden Sie folgende Formulierung: «Änderungen, Ergänzungen und Aufhebungen des Vertrags bedürfen zu ihrer Gültigkeit der Schriftform. Diese Klausel selber kann nur schriftlich aufgehoben, abgeändert oder ergänzt werden. Mündliche Nebenabreden wurden keine getroffen.»
- Ist ein Vertrag unklar oder lückenhaft, wird er im Streitfall vom Gericht ausgelegt bzw. ergänzt. Damit dann nicht lange nach dem vermeintlichen Willen der Parteien geforscht werden muss, die sich in der Regel sowieso widersprechen, nehmen Sie von Anfang an die **Auslegungsklausel** und **Vertragsergänzungsklausel** in Ihren Vertrag auf: «Bei der Auslegung dieses Vertrags ist ausschliesslich zu prüfen, wie ein objektiver Dritter bei vernünftiger Beurteilung der ihm bekannten oder erkennbaren Umstände eine Willenserklärung hätte verstehen können und müssen. Beide Parteien erklären, dass sie keinen vom Wortlaut abweichenden inneren Willen gebildet haben.» Und: «Der Vertrag ist bei Lücken durch den Richter so zu ergänzen, wie ein vernünftiger Dritter den Vertrag unter Berücksichtigung der Interessen beider Parteien er-

gänzt hätte. Der hypothetische subjektive Wille der Parteien ist ohne Belang.»

Hinweis *Solche zusätzlichen Klauseln braucht es natürlich nicht bei jedem Kleinauftrag. Ähnlich wie die ausführliche Bonitätsprüfung (siehe Seite 14) drängen sich solche Klauseln nur bei Geschäften ab einem gewissen Volumen auf. Als Faustregel gelten 20 000 Franken.*

AGB: das verflixte Kleingedruckte

Von Allgemeinen Geschäfts- oder Vertragsbedingungen – kurz AGB genannt – spricht man, wenn Vertragsbestimmungen für eine Vielzahl von Verträgen vorformuliert werden. Man findet sie in allen Bereichen des Wirtschaftslebens. Sie haben den Vorteil, dass Sie sich nicht bei jedem neuen Geschäft überlegen müssen, was alles in den Vertrag gehört. Aber aufgepasst: AGB sind keine Rechtsnormen. Sie gelten nur, wenn sie von den Parteien bei Vertragsschluss übernommen, also in den konkreten Vertrag einbezogen wurden.

Bei Verträgen mit privaten Endverbrauchern (Konsumentenverträgen) werden AGB nur dann Vertragsbestandteil, wenn die Konsumentin darauf hingewiesen wurde und die Möglichkeit hatte, vom Inhalt Kenntnis zu nehmen. Es genügt also, wenn die AGB auf der Rückseite des Vertrags abgedruckt sind und sich auf der Vorderseite ein Hinweis befindet. Ein Hinweis erst nach Vertragsabschluss – beispielsweise auf der Rechnung oder dem Lieferschein – reicht hingegen nicht. Zudem müssen die AGB verständlich formuliert sein. Ist dies bei einer AGB-Klausel nicht der Fall, muss sie im Streitfall vom Gericht ausgelegt werden. Führt diese Auslegung nicht zu einem eindeutigen Ergebnis, gilt die für den Verfasser ungünstigere Variante (Unklarheitsregel).

Schliessen Sie einen Vertrag mit einer Firma ab, kann es auch geschehen, dass sich beide Parteien je auf die eigenen AGB beziehen: zum Beispiel die Verkäuferin auf ihre Lieferbedingungen, der Käufer auf seine Einkaufsbedingungen. Wessen AGB sollen gelten, wenn sich diese in gewissen Punkten widersprechen?

Und schliesslich findet man bisweilen AGB, die viel Unnötiges oder sogar Unmögliches enthalten, wie das folgende Beispiel zeigt.

Beispiel *In den AGB der Konditorei L. steht, dass der Besteller einer Hochzeitstorte vor der Abreise in die Flitterwochen eine Person beauftragen soll, die den Tortenständer zurückbringt. Und weiter: «Auf Produkten, die wir hergestellt, geliefert bzw. übergeben haben, besteht unser Eigentumsvorbehalt bis zum Begleichen der offenen Rechnung.» Man kann sich fragen, woran denn das Eigentum geltend gemacht werden müsste, wenn die aufgegessene Hochzeitstorte nie bezahlt wird. An den Gästen oder am Verdauten?*

Sie sehen, die vermeintlich sicheren AGB haben ihre Fussangeln. Damit Sie nicht darin hängen bleiben, verzichten Sie am besten auf das «Kleingedruckte» und übernehmen diejenigen Regeln, die für ein Geschäft absolut nötig sind, direkt in den Vertrag. So gehen Sie sicher, dass Ihr Vertragspartner davon Kenntnis hat.

Tipp *Können oder wollen Sie auf AGB nicht verzichten, sollten Sie diese unbedingt von einer Fachperson überprüfen lassen (siehe Seite 54). Stellen Sie auch sicher, dass die AGB Ihren Kunden und Vertragspartnerinnen immer vor Abschluss des Vertrags ausgehändigt werden.*

Gibt es gute Mustervorlagen?

Soll ein Vertrag schriftlich verfasst werden, fällt der Einstieg nicht immer leicht. Deshalb suchen viele Firmeninhaber und Unternehmerinnen nach Vorlagen. Das Abstellen auf solche Beispiele ist aber nicht ohne Gefahr. Keine Vertragsvorlage kann alle möglichen Situationen und Kombinationen berücksichtigen. Schnell werden Muster für Fälle angewendet, auf die sie nicht ganz passen, oder es werden Klauseln weggelassen, die im konkreten Fall hätten stehen bleiben sollen. Nicht selten wird auch das falsche Muster gewählt, denn juristischen Laien ist – um ein Beispiel zu geben – der Unterschied zwischen Arbeitsvertrag, Auftrag und Werkvertrag nicht immer klar.

Mustersammlungen werden in Buchform oder auf CD-ROM angeboten. Bekannt sind die Vertragsvorlagen von Streiff / Pellegrini / von Kaenel (siehe Literaturliste im Anhang) und die WEKA-Musterverträge, die für 298 Franken pro Halbjahr auch im Internet abrufbar sind (www.weka-mustervertraege.ch). Ebenfalls gegen Entgelt können Vertragsvorlagen auf www.mapool.com bezogen werden. Ansonsten ist das Internet zurzeit keine nützliche Quelle für Musterverträge. Entweder handelt es sich um ausländische Sammlungen, die in der Schweiz nicht brauchbar sind, oder die Qualität ist dürftig.

Tipp *Gute, kostenlose Vertragssammlungen findet man kaum, es sei denn, ein Verband – wie zum Beispiel der Schweizerische Ingenieur- und Architektenverband – bietet branchenspezifische Vorlagen an. Unter Umständen sind Vorlagen auch in Papierform erhältlich. Fragen Sie bei Ihrem Verband nach.*

Hilfe von einer Fachperson

Geht es um ein Geschäft, das für Ihr Unternehmen eine grössere wirtschaftliche Bedeutung hat, lohnt es sich, mit der Gestaltung des Vertrags eine Fachperson zu beauftragen, am besten eine im Vertragsrecht erfahrene Rechtsanwältin. Die Kosten einer rechtlichen Beratung vor und bei Vertragsabschluss sind gering im Verhältnis zum Aufwand eines Prozesses, der wegen eines unklaren Vertrags nötig wird – und den Sie womöglich verlieren.

Aber auch die Standardverträge, die täglich in Ihrem Geschäft Verwendung finden, sollten Sie von einem Anwalt daraufhin überprüfen lassen, ob sie inhaltlich korrekt sind und ob sie nicht zweckmässiger gestaltet werden könnten. Das kostet zwar Geld, aber nicht allzu viel, denn in der Regel genügen ein paar wenige Standardverträge für die von einem Betrieb angebotenen Leistungen oder Produkte: So benötigt eine Handelsfirma, die Gegenstände aller Art kauft und verkauft, einen Standardkaufvertrag für ihre Verkäufe. Für die Waren, die sie einkauft, verwenden die Verkäufer eigene Verträge. Sind Sie Möbelschreiner und lassen Kunden bei Ihnen Möbel anfertigen, schliessen Sie mit diesen jeweils einen Werkvertrag ab. Ihnen genügt daher ein standardisierter Werkvertrag, den Sie für sämtliche Bestellungen verwenden können. Dasselbe gilt für Garagisten, die Autos reparieren. Auch diese Tätigkeit wird vom Werkvertrag erfasst. Daneben wird eine Garagistin Fahrzeuge verkaufen, wofür sie einen Standardkaufvertrag verwendet.

Verträge mit Kindern und Jugendlichen

Beispiel *Ein Skateboardgeschäft verkauft dem 14-jährigen Samuel W. ein Rollbrett für 185 Franken. Annina R., zehn Jahre alt, kauft mit dem Taschengeld am Kiosk Süssigkeiten für 12 Franken. Während eines Jahres hat der 16-jährige Raffael T. jeden Monat 200 Franken seines Lehrlingslohns gespart und erwirbt nun im Hi-Fi-Geschäft eine Stereoanlage für 2300 Franken. Sind alle diese Geschäfte gültig?*

Natürliche Personen müssen handlungsfähig sein, um selber Verträge abschliessen zu können. Handlungsfähig ist, wer urteilsfähig und mündig ist.

Urteilsfähigkeit

Urteilsfähig ist, wer – wie das Gesetz sagt – vernunftgemäss handelt, wer also fähig ist, mit dem Verstand einen Sachverhalt richtig zu erkennen und entsprechend dieser Einsicht zu handeln. Bei Kindern hängt die Urteilsfähigkeit stark vom Alter ab. Das Gesetz nennt keine starre Altersgrenze. Bei Alltagsgeschäften ist die Urteilsfähigkeit in der Regel schon in jungen Jahren gegeben.

Beispiel *Die zehnjährige Annina R. ist sicher urteilsfähig, wenn es um den Kauf eines Kaugummis geht, nicht aber beim Erwerb einer Waschmaschine.*

Fehlt einem Kind die Urteilsfähigkeit, ist es handlungsunfähig. Seine Vertragshandlungen bleiben ohne Wirkung. Der Vertrag ist nichtig. Dabei spielt es keine Rolle, ob der Vertragspartner die Urteilsunfähigkeit erkennen kann. So ist ein Kaufvertrag über die Waschmaschine auch dann unverbindlich, wenn die zehnjährige Annina R. wie sechzehn wirkt.

Mündigkeit

Auch wenn das Kind aufgrund seines Alters für ein bestimmtes Geschäft urteilsfähig wäre, muss es, um selbständig Verträge abschliessen zu können, zusätzlich mündig, also 18 Jahre alt sein. Unmündige, aber urteilsfähige Kinder können Verträge dann abschliessen, wenn die Eltern dem Vertrag zustimmen oder wenn das Rechtsgeschäft Vermögen des Kindes betrifft, über das dieses frei verfügen darf (so genanntes freies Kindesvermögen). Stimmen die Eltern beispielsweise dem Rollbrettkauf des 14-jährigen Samuel W. zu, ist der Kaufvertrag gültig.

Beispiel *Bevor Samuel W. das Rollbrett kauft, bittet er seine Eltern um Erlaubnis. Diese stimmen dem Kauf zu. Oder die Mutter begleitet den Sohn ins Skateboardgeschäft und ist beim Kauf dabei. Wenn die Eltern am Abend wortlos zur Kenntnis nehmen, dass ihr Sohn ein Rollbrett gekauft hat, haben sie den Kauf stillschweigend genehmigt.*

Die Zustimmung ist also an keine besondere Form gebunden. Sie kann ausdrücklich – mündlich oder schriftlich – erfolgen oder sich aus den Umständen ergeben. Es kommt auch nicht darauf an, ob die Zustimmung vor, während oder nach dem Kauf gegeben wird.

Tipp *Auch wenn Ihnen ein Kind versichert, es handle mit der Einwilligung seiner Eltern, haben Sie nicht die Gewissheit, dass dies tatsächlich stimmt. Im Zweifelsfall lohnt sich eine Rückfrage. Verlangen Sie eine schriftliche Zustimmung, wenn es um mehr als ein paar hundert Franken geht.*

Ohne die Zustimmung der Eltern fällt der Vertrag dahin. Bereits erbrachte Leistungen müssen zurückerstattet werden. Das Kind kann schadenersatzpflichtig werden, wenn es Sie über sein Alter getäuscht hat und Ihnen ein Schaden entstanden ist.

Beispiel *Die 16-jährige Naomi C. kauft ohne Wissen der Eltern bei der Zweirad AG ein Moped für 2500 Franken. Die Rechnung will sie später bezahlen. Da die Eltern dem Kauf nicht zustimmen, ist der Kaufvertrag ungültig. Naomi C. muss das Moped zurückgeben. Da sie bereits damit herumgefahren ist, kann die Zweirad AG das Moped nur noch zum Gebrauchswert weiterverkaufen. Den entstandenen Schaden – das heisst die Differenz zwischen dem Neu- und dem Occasionspreis – muss Naomi C. ersetzen, wenn der Verkäufer beweisen kann, dass sie ihm weisgemacht hat, sie sei schon volljährig.*

Keine Zustimmung brauchen unmündige Kinder und Jugendliche für Geschäfte im Rahmen des Kindesvermögen, über das sie frei verfügen dürfen. Hierzu gehören vor allem das Taschengeld und andere Beträge, die dem Kind von den Eltern oder von Dritten zur freien Verfügung überlassen wurden, sowie Geld, das es durch eigene Arbeit verdient hat.

Beispiele *Die Kioskinhaberin kann der zehnjährigen Annina R. die Süssigkeiten problemlos verkaufen, falls diese von den Eltern ohne Auflage Taschengeld erhalten hat, also frei darüber verfügen darf. Anders sähe die Sache aus, wenn Annina das Geld zum Kauf von Schulheften erhalten hätte und es für Süssigkeiten verwendet. Dazu bräuchte sie die Zustimmung der Eltern.*

Ähnlich sieht es bei Raffael T. aus. Die gesparten 2300 Franken stammen aus seinem Lehrlingslohn. Darüber kann er frei verfügen. Der Verkäufer im Hi-Fi-Geschäft kann also die Stereoanlage problemlos verkaufen, sogar wenn die Eltern dagegen wären. Anders verhielte es sich, wenn Raffael T. eine Musikanlage für 8000 Franken kaufen wollte. Dieser Preis übersteigt seinen Lehrlingslohn und der Kaufvertrag wäre nur mit der Zustimmung der Eltern gültig.

Kauf im Internet

Bieten Sie Ihre Dienstleistung im Internet an und kauft ein Kind online, gilt dasselbe, wie wenn Sie das Geschäft mit dem Kind persönlich abgeschlossen hätten. Die Eltern müssen dem Kauf zustimmen – im Voraus oder im Nachhinein, ausdrücklich oder stillschweigend – oder das Kind finanziert das Geschäft mit Geld, das ihm überlassen wurde bzw. das es selber verdient hat. Ist beides nicht der Fall, fällt der Vertrag dahin.

Beispiel *Die Buchhandlung O. vertreibt ihr Angebot auch über das Internet. Der 13-jährige Dan S. bestellt online sämtliche bisher erschienenen Harry-Potter-Bücher zum Gesamtpreis von 235 Franken. Die Bücher werden geliefert, die Rechnung bezahlt er jedoch nie, weil seine Eltern mit dem Kauf nicht einverstanden sind.*

Verschiedene Anbieter geben Kreditkarten auch an Minderjährige ab – in der Regel ab 16 Jahren. Kauft eine Jugendliche online Waren und bezahlt mit ihrer Kreditkarte, ist der Vertrag gültig. Warum? Die Eltern haben in den Bezug der Kreditkarte eingewilligt und mit dem Aussteller eine Kreditlimite vereinbart – in der Regel nicht über 1000 Franken. Damit haben sie ihrer Tochter die generelle Zustimmung erteilt, Verträge innerhalb dieser Kreditlimite abzuschliessen.

Beispiel *Die 17-jährige Nina V. bestellt via Internet den neusten MP3-Player für 499 Franken und bezahlt ihn mit ihrer eigenen Kreditkarte, die eine Limite von 1000 Franken aufweist. Obwohl Ninas Eltern mit dem Kauf nicht einverstanden sind, ist der Kaufvertrag gültig, weil sich der Preis innerhalb der Kreditlimite bewegt, welche die Eltern beim Bezug der Kreditkarte mit dem Aussteller abgemacht hatten.*

Achtung bei Geschäften mit Freunden, Bekannten und Verwandten

Häufig hält man es weniger streng mit dem Formellen, wenn es um einen Auftrag geht, den man von einem Freund, einer Bekannten oder Verwandten erhalten hat.

Beispiel *Die Psychiaterin Sanela U. lernt auf einer Party Günter A. kennen, der ein Malergeschäft besitzt. Sie packt die Gelegenheit und fragt den neuen Bekannten, ob er ihre Eigentumswohnung streichen würde. Abgemacht wird nichts Konkretes, die Arbeit soll einfach zu einem Freundschaftspreis verrechnet werden. Als der Malermeister zwei Monate später nach getaner Arbeit seine Rechnung präsentiert – er verlangt 80 Franken pro Stunde oder total 15 600 Franken für 195 Stunden –, fällt Frau U. aus allen Wolken und mit der Freundschaft ist es vorbei.*

Damit Ihnen nicht etwas Ähnliches widerfährt, wäre es eigentlich besser, von vornherein die Finger von Geschäften mit Leuten aus dem Freundes-, Bekannten-, und Verwandtenkreis zu lassen. Denn neben all dem Ärger, der wie bei jedem Geschäft auf Sie zukommen kann, riskieren Sie immer, dass eine Beziehung am Schluss in Brüche geht oder Sie sich mit einem Familienmitglied verkrachen. In der Regel müssen Sie aber auch solche Arbeiten annehmen, weil Sie darauf angewiesen sind und – wie so häufig bei Kleinbetrieben – ein Grossteil Ihrer Aufträge aus diesen Kreisen stammt.

Falsch ist das nicht, es empfiehlt sich aber, vorsichtig zu sein. Achten Sie ganz speziell darauf, dass sämtliche Punkte der zu erledigenden Arbeit vor Beginn im Detail besprochen werden und dass alles schriftlich festgehalten wird. Wenn Sie diese Vorsichtsmassnahmen beachten, werden Sie auch Aufträge aus Ihrem näheren Umfeld korrekt und zur beidseitigen Zufriedenheit abwickeln können.

Darlehen an Privatpersonen

Bekannte oder Verwandte um ein Darlehen zu bitten ist die einfachste und günstigste Art, Geld aufzutreiben. Die Einzelheiten werden meist formlos, also mündlich, abgemacht, denn die Hilfe unter Freunden und Verwandten verträgt sich scheinbar schlecht mit Papier und Unterschrift. Streitet jedoch der Bruder nach Jahren ab, Geld erhalten zu haben, oder geht die ewige Freundschaft in die Brüche, haben Sie keine Beweise für das gewährte Darlehen. Auch können Sie nie ganz ausschliessen, dass der Darlehensnehmer stirbt und seine Erben vom geliehenen Geld keine Ahnung haben.

Vermeiden Sie also den Beweisnotstand. Setzen Sie einen Darlehensvertrag auf (ein Muster finden Sie im Anhang, Seite 254) oder lassen Sie sich das Darlehen mindestens schriftlich quittieren: «Hiermit bestätige ich, heute von Urs G. ein Darlehen von 20 000 Franken erhalten zu haben. Ich verpflichte mich, dieses samt 2 Prozent Zins [max. 15 Prozent] am 31. Oktober 2007 zurückzuzahlen. Luzern, 5. April 2005, Anette N.»

Vertragliche Ansprüche absichern

Ausgangspunkt für die Absicherung eines Anspruchs ist ein klarer, verständlicher, schriftlich abgefasster Vertrag. Je nach Grösse des Auftrags haben Sie aber vielleicht das Bedürfnis, sich zusätzlich abzusichern. Dazu gibt es verschiedene Möglichkeiten.

Art der Bezahlung

Viele Geschäfte, die Sie abwickeln, sind eigentlich Kreditgeschäfte. Etwa dann, wenn eine Kundin telefonisch eine Lampe bestellt und Sie diese gegen Rechnung liefern. Bezahlt die Kundin die Rechnung nicht, haben Sie keine Möglichkeit mehr, Ihre Leistung – die Lampe – zu verweigern.

Obwohl nach Gesetz keine Pflicht besteht, auf Kredit zu liefern, lassen sich solche Geschäfte nicht ganz vermeiden. Bei Aufträgen von geringem Volumen ist nichts dagegen einzuwenden, weil der potenzielle Schaden ebenfalls gering ist. Mit kleineren Lieferungen können Sie beispielsweise die Zahlungsfähigkeit und den Zahlungswillen eines Kunden testen, bevor Sie grössere Aufträge ausführen. Geht es um höhere Summen, sollten Sie sich wenn möglich mit der Vereinbarung einer sichereren Zahlungsart gegen Verluste schützen.

Bar- und Vorauszahlung

Sicher sind Sie bei Barzahlung; die Juristen nennen dies «Zug um Zug». Dabei hat die eine Vertragspartei das Recht, die eigene Leistung zurückzubehalten, bis die andere Partei ihre Leistung – in der Regel die Zahlung – anbietet, denn sie ist nicht verpflichtet, den Vertrag einseitig zu erfüllen.

Beispiel *Horst G. will bei der Garage A. einen neuen Saab kaufen. Da die Garagistin den Kunden nicht kennt, bestellt sie zwar den Wagen, vereinbart aber mit ihm, dass er das Auto bei der Übergabe gleich bezahlen muss. So kann sie sich die Bonitätsabklärungen sparen. Will Herr G. das Auto dann doch nicht bezahlen, muss es die Garagistin nicht herausgeben. Zahlt er auch später nicht, hat sie zwar ein Inkassoproblem, bleibt aber im Besitz des Fahrzeugs.*

Noch besser fahren Sie, wenn Sie sich Ihre Leistung im Voraus zahlen lassen. Das ist dann notwendig, wenn Sie an der Bonität und am Zahlungswillen Ihres Kunden zweifeln, weil Sie seine Unzuverlässigkeit von früheren Geschäften kennen und er damals schon Zahlungsschwierigkeiten hatte. Die Garagistin wartet also mit der Bestellung des Autos, bis der Kunde den Kaufpreis bezahlt hat.

Lieferung gegen Nachnahme

Müssen Sie einem Käufer die Sache zustellen und möchten sich absichern, können Sie, statt eine Vorauszahlung zu verlangen, auch gegen Nachnahme liefern. Bei solchen Sendungen händigt der Postbote dem Kunden den Gegenstand nur gegen Barbezahlung des Nachnahmebetrags aus. Sie kennzeichnen die Sendung mit dem dreieckigen Nachnahmezettel der Post und schreiben den Nachnahmebetrag auf den Umschlag – mehr als 10 000 Franken dürfen es allerdings nicht sein. Je nachdem, ob Sie Ihr Geld bar ausbezahlt oder Ihrem Postcheckkonto gutgeschrieben haben wollen, befestigen Sie auf der Sendung eine Nachnahme-Anweisung oder einen Nachnahme-Einzahlungsschein. Der Aufpreis für eine Nachnahmesendung beträgt pauschal 15 Franken. Wurde nichts anderes vereinbart, muss ihn der Käufer bezahlen.

Gestaffelte Zahlung

Bei gewissen Geschäften müssen Sie Vorleistungen erbringen, die Ihnen – wenn Sie nichts anderes vereinbart haben – erst bei Ablieferung des Gegenstands bezahlt werden. Bei grösseren Aufträgen sind die Kosten solcher Vorleistungen hoch, weshalb es sich lohnt, sowohl die Arbeit als auch die Zahlungen zu staffeln, zum Beispiel nach der «Drittels-Regel».

Beispiel *Elsbeth K. lässt von Schreinermeister Erich N. ein Bücherregal nach ihren eigenen Plänen herstellen. Die Materialkosten betragen rund 2500 Franken, das fertige Regal kommt auf 7500 Franken zu stehen. Der Handwerker verlangt ein Drittel der Kosten bei der Unterzeichnung des Vertrags, ein Drittel nach zwei Wochen Arbeit und das letzte Drittel bei der Übergabe des Bücherregals.*

Zusätzliche Sicherungsmittel

Das Gesetz enthält eine Fülle von weiteren Sicherungsmitteln. Dabei wird zwischen Personalsicherheiten und Realsicherheiten unterschieden. Bei den Personalsicherheiten haftet eine Person mit ihrem Vermögen, bei Realsicherheiten haftet eine Sache oder Geldsumme (siehe Kasten auf der nächsten Seite).

Sicherungsmittel

Personalsicherheiten	Realsicherheiten
• Garantie • Bürgschaft • Abtretung (Zession) • Reuegeld • Konventionalstrafe	• Kaution • Eigentumsvorbehalt • Faustpfand • Retentionsrecht • Grundpfand • Bauhandwerkerpfand

Diese Sicherheiten dienen verschiedenen Zwecken. Die einen sichern die Zahlung, andere die richtige Erfüllung des Vertrags, wiederum andere helfen, Verluste zu vermeiden. Welches sind die Vor- und Nachteile dieser Sicherungsmittel? Worauf müssen Sie achten, wenn Sie solche bestellen?

Garantie

Bei der Garantie verspricht die Garantin dem Begünstigten unwiderruflich, für die Leistung eines Dritten einzustehen, und zwar unabhängig davon, ob diese Leistung geschuldet oder erzwingbar ist. Ein solcher Garantievertrag ist – im Gegensatz zur Bürgschaft – bereits in mündlicher Form gültig. Gleichwohl wird er zu Beweiszwecken mit Vorteil immer schriftlich abgefasst.

Verbreitet ist die Bankgarantie: Darin wird beispielsweise festgelegt, dass die Bank maximal den garantierten Betrag zahlt, wenn Sie als Verkäufer ihr gegenüber schriftlich erklären, dass Sie die bestellte Ware geliefert und die Rechnung gestellt haben, diese aber vom Käufer innert Frist nicht bezahlt worden ist. Eine Bankgarantie dient also als Zahlungsgarantie. Sie kann aber auch andere Verpflichtungen sicherstellen zum Beispiel, dass ein bestimmtes Ersatzteil über einen bestimmten Zeitraum geliefert werden kann (so genannte Erfüllungsgarantie). Bankgarantien werden vor allem im Exportgeschäft eingesetzt.

Tipp *Wenn Sie eine Bankgarantie verlangen, müssen Sie darauf achten, dass diese von einer schweizerischen Bank oder von der schweizerischen Niederlassung einer ausländischen Bank ausgestellt wird. Nur so können Sie die versprochene Leistung im Notfall in der Schweiz einfordern.*

Bürgschaft

Auch der Bürge verspricht, für die Erfüllung einer Verbindlichkeit einer anderen Person einzustehen. Anders als bei der Garantie müssen bei der Bürgschaft je nach Art des Bürgen unterschiedliche Formvorschriften beachtet werden. Tritt eine juristische Person, wie zum Beispiel eine Bank, oder eine Kollektivgesellschaft als Bürgin auf, muss die Bürgschaft schriftlich abgefasst und der Höchstbetrag der Haftung genau beziffert werden.

Gewährt eine natürliche Person eine Bürgschaft, muss die Erklärung öffentlich beurkundet werden. Ist die Bürgin verheiratet, braucht es zudem die schriftliche Zustimmung des Ehepartners. Von diesen verschärften Vorschriften macht das Gesetz eine Ausnahme: Ist die Bürgschaftssumme kleiner als 2000 Franken, genügt es, wenn die Bürgin den maximalen Haftungsbetrag eigenhändig in der Urkunde einsetzt. Eine elektronische Signatur (siehe Seite 44) reicht aber nicht aus.

Mit einer Bürgschaft werden vor allem Kredite gesichert. Die Bank etwa, die einer AG einen Kredit gewähren soll, verlangt vom Alleinaktionär eine Bürgschaft. Verbreitet ist aber auch die Bankbürgschaft, durch die Verpflichtungen verschiedenster Art garantiert werden. Zum Beispiel die Bauhandwerkerbürgschaft, mit der die korrekte Ausführung von Arbeiten und die Qualität des gelieferten Materials sichergestellt wird, gewöhnlich für die Dauer der von den Fabrikanten, Handwerkern und Lieferanten im Werk- oder Kaufvertrag übernommenen Garantie. Bankbürgschaften werden vor allem im Inland verwendet.

Sicherungszession

Mit der Sicherungsabtretung, auch Sicherungszession genannt, tritt der Gläubiger eine Forderung an einen neuen Gläubiger zur Sicherung eines Darlehens ab. Die Erklärung der Abtretung bedarf der Schriftform. Wird dieselbe Forderung an verschiedene Personen abgetreten, ist nur die erste Abtretung gültig, denn es gilt der Grundsatz der zeitlichen Priorität (siehe auch Seite 91).

Beispiel *Die Einzelfirma «Steinmetz Ruth S.» hat am 1. März 2006 sämtliche Kundenguthaben an die Hausbank Z. abgetreten. Am 15. März 2006 will Frau S. dasselbe bei der Regionalbank R. tun, um von dieser* *einen Betriebskredit zu erhalten. Da sie mit der ersten Abtretung ihre Gläubigerstellung verloren hat, ist die zweite Zession nicht mehr möglich.*

Die Sicherungszession dient vor allem als Mittel der Kreditbeschaffung für Bauunternehmen und andere Gewerbebetriebe, die über ein bescheidenes Betriebskapital verfügen und in der Regel Löhne und Material bezahlen müssen, bevor dem Auftraggeber Rechnung gestellt werden kann. Daneben dient die Sicherungszession als Absicherung einer bereits bestehenden Forderung. In der Regel wird sie aber nicht zur Sicherung einer neu eingegangenen Verpflichtung verwendet.

Reuegeld und Konventionalstrafe

Reuegeld und Konventionalstrafe schützen nicht vor der Zahlungsunfähigkeit des Vertragspartners, sondern sollen sicherstellen, dass der Vertrag erfüllt wird. Ist ein Reuegeld vereinbart, kann die Käuferin gegen die Bezahlung der Summe vom Vertrag zurücktreten, was zum Beispiel im Möbelfach- oder Autohandel häufig vorkommt. Auch in der Reisebranche ist ein solches Reuegeld üblich: Die Kunden können etwa bis vier Wochen vor Reiseantritt ohne Grundangabe, aber gegen Bezahlung einer Bearbeitungsgebühr die gebuchte Reise annullieren.

Ist eine Konventionalstrafe vereinbart, muss diese – unabhängig vom tatsächlichen Schaden – bezahlt werden, wenn der Vertrag gebrochen wird. Ein Bauunternehmer, der das Gebäude verspätet übergibt, muss beispielsweise für jeden Tag Verspätung 5000 Franken bezahlen. Die Konventionalstrafe kann in beliebiger Höhe vereinbart werden und zwischen grossen Unternehmen bis zu Millionenbeträge ausmachen. Übermässig hohe Strafen können vom Gericht herabgesetzt werden, wenn ein krasses Missverhältnis zwischen der Höhe der Konventionalstrafe und dem Interesse des Gläubigers besteht.

Hinweis *Eine Konventionalstrafe kann auch für Sie nützlich sein, etwa wenn Sie Druck ausüben wollen auf einen Lieferanten, bei dem Sie Material bestellt haben, das Sie dringend für die Herstellung einer Maschine benötigen. Häufig wird die Konventionalstrafe auch zur Absicherung eines Konkurrenzverbots im Arbeitsvertrag angewendet.*

Kaution

Die Kaution – also eine bestimmte Geldsumme – wird bei einer neutralen Stelle, beispielsweise einer Bank, hinterlegt und soll bei Vertragsverletzung den entstandenen Schaden ganz oder teilweise decken. Bekanntestes Beispiel ist die Kaution des Mieters und des Arbeitnehmers. Ausser diesen beiden ist die Kaution im Gesetz nicht allgemein geregelt und zur Absicherung von allfälligen Schäden bei der Vertragsabwicklung auch nicht üblich.

Eigentumsvorbehalt

Der Eigentumsvorbehalt bewirkt, dass das Eigentum an einem Kaufgegenstand erst mit vollständiger Bezahlung des Kaufpreises auf die Käuferin übergeht (siehe Seite 40). Sie als Verkäufer können Verluste vermeiden, indem Sie den Gegenstand wieder zurückverlangen, wenn Ihre Vertragspartnerin nicht bezahlt oder gar Konkurs geht.

Damit ein Eigentumsvorbehalt gültig ist, brauchen Sie die schriftliche Zustimmung der Käuferin und der Eintrag muss spätestens bei der Übergabe des Gegenstands an deren Wohnsitz bzw. Firmensitz im Eigentumsvorbehaltsregister beim Betreibungsamt eingetragen werden. Wechselt die Käuferin ihr Domizil, muss der Vorbehalt innert drei Monaten ins Register am neuen Ort eingetragen werden, weil dann der frühere Eintrag seine Wirkung verliert. Bei einem Kaufpreis von 1000 Franken kostet ein solcher Eintrag 25 Franken (siehe Tarifliste im Anhang, Seite 282).

Tipp *Bei den meisten Betreibungsämtern – zum Beispiel im Kanton Thurgau – können Sie für die Eintragung eines Eigentumsvorbehalts ein Anmeldeformular beziehen. In einigen Kantonen wird das Formular auf dem Internet zur Verfügung gestellt (Beispiel Basel-Land: www.baselland.ch → Formulare → Betreibungen).*

Faustpfand

Bei einem Faustpfand haftet eine bewegliche Sache für die Schuld. Der Pfandvertrag ist formlos gültig, kann also auch mündlich abgeschlossen werden. Das Pfandrecht entsteht aber erst, wenn die Pfandsache dem Gläubiger übergeben wird, und es geht auch wieder unter, wenn er sie nicht mehr besitzt. Das Pfandrecht gibt Ihnen als Gläubiger nur das Recht auf Verwertung der Pfandsache. Wird Ihre Forderung nicht bezahlt, können Sie also das Pfand beispielsweise versteigern lassen (Betreibung auf Pfandverwertung, siehe Seite 190) und Ihre Forderung einschliesslich Zins und Betreibungskosten aus dem Erlös decken. Unzulässig ist die so genannte Verfallsklausel, wonach der Gläubiger Eigentümer des Pfandgegenstands wird, wenn der Schuldner die Forderung nicht erfüllen kann.

Beispiel *Die Auto F. AG verkauft Florian B. ein Fahrzeug für 25 000 Franken. Zur Sicherung des Kaufpreises verpfändet Herr B. der Garage seinen fünfjährigen Mercedes im Wert von 20 000 Franken. Im schriftlichen Pfandvertrag steht unter anderem: «Florian B. verpfändet der Auto F. AG zur Sicherstellung des Kaufpreises von 25 000 Franken den Personenwagen Mercedes CLK 320, Jahrgang 2000, Pfandwert 20 000 Franken. Die Auto F. AG wird Eigentümerin des Mercedes, falls Florian B. den Kaufpreis nicht innerhalb von 20 Tagen nach Rechnungsstellung bezahlt.» Diese Verfallsklausel ist ungültig.*

Retentionsrecht

Das Retentions- oder Zurückbehaltungsrecht gibt der Gläubigerin das Recht, eine Sache zurückzubehalten und allenfalls verwerten zu lassen, falls der Schuldner seiner Verpflichtung nicht nachgekommen ist. Im Gegensatz zum Faustpfand entsteht das Retentionsrecht nicht durch Vertrag, sondern automatisch von Gesetzes wegen. Es ist also kein Einverständnis des Schuldners notwendig. Das Retentionsrecht kann aber nur ausgeübt werden, wenn die Forderung fällig ist. Wurde zum Beispiel beim Auftrag für die Reparatur einer Uhr vereinbart, dass die Rechnung erst 30 Tage nach der Reparatur bezahlt werden muss, darf der Uhrmacher die Uhr nicht zurückbehalten, wenn die Kundin beim Abholen nicht gleich bezahlt.

Pfand auf Liegenschaften

Beim Grundpfand (Hypothek) haftet ein Grundstück für die Schuld. Dieses Pfandrecht entsteht durch einen Vertrag, der öffentlich beurkundet werden muss, oder von Gesetzes wegen.

Zu den gesetzlichen Pfandrechten gehört das Bauhandwerkerpfandrecht, das Ihnen sicherlich bekannt ist, wenn Sie einen Handwerksbetrieb führen oder selbständig als Maler, Schreinerin, Sanitärinstallateur etc. tätig sind. Für die bei der Errichtung eines Gebäudes geleistete Arbeit und/oder für geliefertes Material können Sie auf der Liegenschaft ein Pfand eintragen lassen. Dies müssen Sie spätestens drei Monate nach Abschluss der Arbeiten beim Grundbuch anmelden – und zwar unabhängig davon, ob die Rechnung schon gestellt ist oder ob später noch Verbesserungs- oder Garantiearbeiten nötig werden. Der Eintrag ist direkt möglich, wenn der Bauherr Ihre Forderung schriftlich anerkennt. Tut er dies nicht, müssen Sie Ihr Recht gerichtlich einfordern. Dann sollten Sie beim Gericht auf jeden Fall zuerst ein Begehren auf provisorische Eintragung stellen, denn solche Prozesse dauern länger als drei Monate.

Achtung *Verpassen Sie die drei Monate und lassen Ihr Pfandrecht weder definitiv noch vorläufig im Grundbuch eintragen, haben Sie Ihr Eintragungsrecht verwirkt.*

Vorsicht bei Exportgeschäften

Das Ausland rückt immer näher und in Europa sind viele (Zoll-)Grenzen gefallen. Der Handel mit ausländischen Kunden ist einfacher geworden, nicht aber der Weg zu Ihrem Geld, wenn ein Geschäftspartner im Ausland nicht zahlen will. Besitzt er kein Bankkonto in der Schweiz, das sich wenn nötig verarrestieren lässt, müssen Sie Ihr Geld im Ausland einfordern, was trotz EU und Schengen weiterhin beschwerlich ist. Sie sollten daher die Ware erst liefern, wenn diese bezahlt ist.

Die risikoloseste Variante ist die Vorauszahlung, auf der Sie immer bestehen sollten, wenn Sie einen Kunden im Ausland zum ersten Mal beliefern. Sicher sind Sie auch, wenn Sie eine Bankgarantie verlangen (siehe Seite 62). Falls weitere Aufträge folgen, bieten sich noch andere Wege, die Zahlungen sicherzustellen, zum Beispiel:

- **Nachnahme:** Ihr Spediteur liefert die Ware nur gegen Bezahlung aus (siehe auch Seite 61). Wie Sie die Nachnahmekonditionen bei Auslandlieferungen am besten festlegen, kann Ihnen der Spediteur sagen.

- **Dokumentenakkreditiv:** Der Käufer im Ausland beauftragt seine Bank, Ihnen in der Schweiz den vereinbarten Kaufpreis zu bezahlen, wenn Sie bestimmte Dokumente vorweisen, die den ordnungsgemässen Versand der Ware belegen: zum Beispiel Faktura, Versandpapiere, Frachtbrief, Versicherungspolice, Ursprungszeugnisse, Lieferschein. Auf diese Weise lässt sich das Kaufgeschäft trotz räumlicher Distanz Zug um Zug abwickeln. Nähere Auskünfte zu dieser sichersten Methode der Zahlungsabwicklung und zu weiteren möglichen Exportfinanzierungen erhalten Sie bei Ihrer Hausbank.

Lohnt sich eine Kreditversicherung?

Eine Kreditversicherung schützt Unternehmen vor insolventen Kunden. Sie übernimmt Einnahmenausfälle, die entstehen, wenn ein Kunde auf Kredit bezogene Waren oder Dienstleistungen nicht bezahlen kann. Solche Versicherungsverträge sind je nach Anbieter unterschiedlich ausgestaltet. Wenden Sie sich beispielsweise an die «Winterthur», prüft diese die Bonität Ihrer Kunden und setzt dann eine Kreditlimite sowie eine Zahlungsfrist fest. Die Kreditlimite stellt den Höchstbetrag dar, bis zu dem Ihre Ausstände anwachsen können; die Zahlungsfrist ist die längste Frist, die Sie einem Kunden in der Rechnung einräumen dürfen. Ist diese Frist abgelaufen, müssen Sie die Forderung dem Versicherer zum Inkasso übergeben. Wird der Kunde zahlungsunfähig – was zum Beispiel bei Konkurs oder Nachlassstundung angenommen wird –, entschädigt Ihnen die Versicherung diesen Ausfall. Die Entschädigung beträgt je nach Selbstbehalt maximal 90 Prozent der Forderung.

Die Prämie für eine solche Kreditversicherung berechnet sich nach dem Gesamtumsatz des versicherten Unternehmens und nach dem Insolvenzrisiko bei seinen Kunden. Dies wird in der Baubranche anders bewertet als in der Pharmaindustrie, bei Schweizer Kunden anders als bei Geschäftspartnern aus Kasachstan. Die Höhe der Prämie beträgt maximal ein Prozent des Umsatzes. Das Ganze ist also relativ günstig.

Beispiel *Kurt R.s Firma stellt Kunststoffbeläge her und beliefert 35 Kunden, mehrheitlich solche aus der schweizerischen Baubranche. Sein Jahresumsatz beträgt rund zwei Millionen Franken. Der Versicherer schätzt* *das Risiko seiner Kunden als mittelgross ein und setzt die Prämie auf 0,5 Prozent fest. Für die Kreditversicherung zahlt Kurt R. also 10 000 Franken pro Jahr.*

Vertragsabwicklung: So lernen Sie Ihre Kunden kennen

Nachdem Sie Ihren neuen Kunden als kreditwürdig eingestuft hatten, verkauften Sie ihm die bestellte Maschine für 12 700 Franken. Die Rechnung wurde fristgerecht bezahlt. Später bestellt diese Firma nichts mehr bei Ihnen; der Verkauf der Maschine war also eine einmalige Angelegenheit. Was aber tun Sie, wenn der Neue zum Stammkunden wird, Sie ihn also immer wieder beliefern können? So schön und lukrativ das für Ihr Geschäft ist, die Wirtschaftslage und auch die finanzielle Situation Ihres Geschäftspartners können sich schnell ändern. Es lohnt sich deshalb, für schlechtere Zeiten vorzusorgen.

Schriftlich bleiben

Beispiel *Die Foto AG ist seit anfangs 2006, als sie das erste Mal speziell angefertigte Schrauben für 15 000 Franken kaufte und auch bezahlte, Kunde der Metalle GmbH. Seither kauft sie regelmässig Schrauben und bezieht auch noch andere Waren aus dem Sortiment der Metalle GmbH. Häufig eilt es und die Bestellungen werden telefonisch abgewickelt.*

Auch wenn Sie Ihre Kundin mittlerweile kennen, sollten Sie weiterhin darauf achten, dass die Bestellungen schriftlich abgewickelt werden. Nur so haben Sie im Konfliktfall ein Beweismittel. Auch wenn die Zeit drängt, sollten Sie auf einer schriftlichen Bestellung beharren – notfalls per Fax oder E-Mail. Können oder wollen Sie das nicht, steht es Ihnen frei, Ihrer Kundin den Auftrag selber schriftlich zu bestätigen (kaufmännisches Bestätigungsschreiben siehe Seite 46). Haben Sie auch das unterlassen, sollten Sie sich – als letzte Möglichkeit – bei der Lieferung den Empfang der Ware mit Unterschrift bestätigen lassen.

Achtung *Besitzen Sie weder eine schriftliche Bestellung noch ein Bestätigungsschreiben noch einen unterschriebenen Lieferschein, haben Sie in einem späteren Prozess keinen Beweis dafür, dass Ihre Kundin jemals bei Ihnen bestellt hat. Gleiches gilt im Hinblick auf ein allfälliges Betreibungsverfahren. Haben Sie nichts Schriftliches in der Hand, das als Schuldanerkennung taugt, bleibt Ihnen – wenn Ihre Kundin Rechtsvorschlag erhebt – der vereinfachte Weg des Rechtsöffnungsverfahrens verwehrt.*

Relevante Unterlagen aufbewahren

Kommt es später zu einem Streit, müssen die relevanten Unterlagen noch vorhanden sein. Es passiert gar nicht so selten, dass auch bei grossen Geschäften das Original des Vertrags nicht mehr auffindbar ist oder plötzlich mehrere unterschriebene, aber unterschiedliche Vertragsversionen vorliegen. Verwalten Sie deshalb in Ihrem Betrieb die Dokumente so, dass Sie schnell und einfach Zugriff haben auf sämtliche Verträge im Original und auf alle anderen relevanten Unterlagen wie Rechnungen, Mahnungen, elektronische Daten, Aktennotizen von Mitarbeitern.

Hinweis *Führen Sie eine im Handelsregister eintragungspflichtige Firma, sind Sie schon von Gesetzes wegen zur Aufbewahrung der Verträge verpflichtet.*

Regelmässig Rechnung stellen

Haben Sie Ihre Seite des Vertrags erfüllt – zum Beispiel die Maschine geliefert oder die Wohnungsreinigung samt Übergabe beendet –, sollten Sie dafür Rechnung stellen, und zwar möglichst bald. Schon rein psychologisch wird Ihr Kunde die Rechnungssumme eher akzeptieren und bezahlen, wenn er sich noch an Ihre (gute) Leistung erinnert. Verlangen Sie die Zahlung erst nach Jahr und Tag, kommt ihm der Preis vielleicht überhöht vor.

Zudem hängt auch Ihr eigenes finanzielles Überleben davon ab, dass die erbrachten Leistungen rasch bezahlt werden. Nicht selten ist die Rechnungsstellung eine Schwachstelle im Unternehmen. Gerade in kleineren Firmen haben Finanzprobleme ihre Ursache oft darin, dass nicht konsequent und diszipliniert Rechnung gestellt wird – sei es aus Zeitmangel, sei es aus falsch verstandener Rücksichtnahme den Kunden gegenüber.

Tipp *Gewöhnen Sie sich zu Ihrem eigenen Schutz eine regelmässige Rechnungsstellung an: beispielsweise immer innert drei Tagen nach Lieferung oder alle 14 Tage, mindestens aber einmal monatlich. Am besten planen Sie fixe Termine ein.*

Im selben Rhythmus müssen Sie natürlich auch überprüfen, ob die gestellten Rechnungen bezahlt wurden. So haben Sie einen Überblick über die Zahlungsbereitschaft Ihrer Kunden und können erste Anzeichen einer Zahlungsschwäche frühzeitig erkennen. Zum Beispiel dann, wenn eine Kundin, statt wie bisher sofort zu zahlen und den Skonto zu nutzen, neu die ganze Zahlungsfrist beansprucht. Oder wenn ein stets korrekter Geschäftspartner Ihre Rechnungen erstmals leicht verspätet bezahlt und sogar gemahnt werden muss.

Wie soll die Rechnung aussehen?

Nach Gesetz hat die Art und Weise, wie eine Rechnung gestaltet ist, keinen Einfluss auf die Fälligkeit der Zahlung. An sich muss Ihr Kunde also auch bezahlen, wenn er Ihre Rechnung nicht versteht. Das kommt vor allem dann vor, wenn Leistungen nach Aufwand in Rechnung gestellt werden und nicht ersichtlich ist, wie viel Zeit für einzelne Arbeiten aufgewendet wurde. Allerdings wird Ihr Kunde eine solche Rechnung kaum akzeptieren und eine verständliche, nachvollziehbare Version verlangen, bevor er bezahlt.

Hinweis *Wenn Sie mehrwertsteuerpflichtig sind, müssen Sie die Vorschriften der Eidgenössischen Steuerverwaltung beachten. Tun Sie dies nicht, wird Ihr Kunde – der ja die Vorsteuer abziehen will – die Rechnung zurückweisen oder sie zwar bezahlen, aber eine neue verlangen, was Ihnen erhebliche Umtriebe verursacht. Die Merkblätter für die Mehrwertsteuer finden Sie auf der Homepage der Eidgenössischen Steuerverwaltung (www.estv.admin.ch).*

Diese Punkte gehören in eine korrekte Rechnung

- Leistungserbringer: Ihr Name bzw. Ihre Firma sowie die Adresse, wie sie im Handelsregister oder im Register der Steuerpflichtigen (MWST) eingetragen sind
- Mehrwertsteuer-Nummer, wenn Sie mehrwertsteuerpflichtig sind, bzw. der Vermerk «nicht mehrwertsteuerpflichtig»
- Name bzw. Firma sowie Adresse des Leistungsempfängers, wie er sie zulässigerweise verwendet
- Datum oder Zeitraum der Leistung: zum Beispiel Lieferdatum
- Art, Gegenstand und Umfang der Leistung: Führen Sie die einzelnen Positionen genau auf. Rechnen Sie nach Aufwand ab, geben Sie an, wie viel Zeit Sie für welche Arbeiten zu welchem Ansatz aufgewendet haben.
- Spesen: separat ausgewiesen
- Entgelt für die Leistung
- Mehrwertsteuer: entweder als Betrag gesondert ausgewiesen oder die Angabe, dass die Mehrwertsteuer im Entgelt für die Leistung enthalten ist (Beispiel: inkl. 7,6% MWST). Bestehen unterschiedliche Steuersätze, müssen Sie diese in der Rechnung einzeln ausweisen.
- Zahlungsfrist: Rechnen Sie den letzten Tag der Zahlungsfrist aus und halten Sie dieses Datum fest.
- Bankverbindung oder Postcheckkonto

Häufig ist unklar, bis wann eine Rechnung bezahlt werden muss. Dies vor allem dann, wenn im Vertrag kein genauer Zahlungstermin vereinbart wurde und in der Rechnung nur eine ungenaue Zahlungsfrist – etwa: «Zahlbar innert 30 Tagen» – genannt ist. Besser, Sie rechnen den letzten möglichen Tag aus und halten diesen in der Rechnung fest. So wissen Sie und der Kunde, bis wann die Zahlung erfolgen sollte.

Ein präziser Zahlungstermin in der Rechnung hat mehrere Vorteile: Erstens gilt er – nach neuerer Lehre und Rechtsprechung – bereits als vorsorgliche Mahnung für den Fall, dass die Rechnung nicht bezahlt wird. Am Tag nach dem Zahlungsdatum beginnt daher automatisch und ohne weiteres Mahnschreiben der Verzugszins zu laufen. Die Angabe des Fälligkeitsdatums auf der Rechnung erspart Ihnen also die Mahnung für den Verzugszins. Und zweitens können Sie auf diese Weise den Zugang der Rechnung und damit den Beginn des Verzugszinses einfacher beweisen. Dass sie eine Rechnung erhalten haben, bestreiten Schuldner seltener als den Empfang einer Mahnung.

Die Kunden beobachten

Eine Firma gerät nicht von heute auf morgen in Konkurs. Die Krise beginnt zwar im Verborgenen, aber es gibt meist Hinweise. Die ersten sind, wie bereits erwähnt, eine Umstellung der Zahlungsart oder verspätete Zahlungen. Müssen Sie eine Kundin sogar mahnen, kann das ein Anzeichen drohender Insolvenz sein. Spätestens dann sollten Sie Ihre Geschäftspartnerin genauer beobachten und alle Informationen sammeln, die Aufschluss über Zahlungsschwierigkeiten oder eine mögliche Insolvenz geben. Solche Hinweise sind etwa:

- Die Bankverbindung wird gewechselt.
- Die bisher nie beanstandeten Lieferungen werden plötzlich und grundlos bemängelt (taktische Mängelrüge, siehe unten).
- Die Vertragskonditionen verschlechtern sich – die Kundin will zum Beispiel plötzlich einen tieferen Preis bezahlen als ursprünglich vereinbart.
- Die Lieferungen werden später als üblich verlangt oder es wird gar eine Liefersperre erlassen.
- Sie werden durch einen anderen Lieferanten ersetzt.
- Angestellte der Kundin werden entlassen, Personal wird abgebaut.
- Die Geschäftsführung wechselt.
- Filialen und Betriebsteile werden geschlossen.
- Der Geschäftssitz wird verlegt.

Jedes dieser Anzeichen kann für sich allein harmlos sein und plausibel erscheinen. Treten aber mehrere gleichzeitig auf, können Sie den Konkurs Ihrer Kundin nicht mehr völlig ausschliessen. Sie müssen daher rasch handeln.

Taktische Mängelrüge: ein schlechtes Zeichen

Anzeichen einer drohenden Insolvenz kann – wie erwähnt – auch sein, wenn Ihr Kunde Ihre bis anhin nie beanstandeten Waren plötzlich und nach Ihrer Ansicht grundlos bemängelt. Solche taktischen Mängelrügen erhebt ein Unternehmen, wenn es die gelieferten Waren nicht oder nicht rechtzeitig bezahlen kann. Damit Sie beurteilen können, ob Ihr Kunde aus taktischen Gründen oder zu Recht rügt, müssen Sie wissen, in welchen Fällen eine Sache tatsächlich als mangelhaft gilt und wie eine korrekte Mängelrüge abgewickelt wird. Hier ein kurze Zusammenfassung über das, was gilt, wenn Sie nicht im Vertrag etwas anderes – beispielsweise eine Garantie – vereinbart haben:

- Ein Gegenstand ist **mangelhaft**, wenn er körperliche oder rechtliche Mängel hat oder wenn ihm vertraglich zugesicherte Eigenschaften fehlen. So ist zum Beispiel ein Ersatzteil für eine Druckmaschine nicht nur dann mangelhaft, wenn es nicht funktioniert, sondern auch, wenn es nicht in die Maschine passt. Wird ein Fahrzeug nach einem Unfall korrekt repariert und ist wieder absolut fahrtauglich, liegt trotzdem ein Sachmangel vor, wenn dieses Fahrzeug später als «unfallfrei» verkauft wird, weil ihm die zugesicherte Eigenschaft «unfallfrei» fehlt.
- Der Mangel muss **erheblich** sein. Für kleine Kratzer am Gehäuse eines Computers etwa haftet der Verkäufer nicht. Keine Rolle spielt die Erheblichkeit, wenn zugesicherte Eigenschaften fehlen. Beim Unfallwagen, der als «unfallfrei» verkauft wird, haftet der Verkäufer auch, wenn das Auto objektiv keinen Mangel hat.
- Die Käuferin muss die gekaufte Sache **sofort prüfen** – das Gesetz sagt: «sobald es nach dem üblichen Geschäftsgang tunlich ist» – und die entdeckten Mängel **sofort anzeigen**. Die Untersuchungs- und Anzeigefristen sind je nach Branche unterschiedlich, aber in der Regel kurz: im Gemüsehandel beispielsweise zwei Tage, im Weinhandel acht. Verkaufen Sie allerdings eine Schneeschleuder im Sommer, muss diese erst im Winter geprüft werden. Versäumt die Käuferin, den Gegenstand rechtzeitig zu prüfen und zu rügen, kann sie die Mängelrüge später nicht mehr nachholen. Die gekauften Waren gelten dann trotz Mangel als genehmigt. Anders verhält es sich nur bei so genannt verdeckten Mängeln, die trotz Untersuchung nicht erkennbar sind. Ein solcher Mangel liegt zum Beispiel vor, wenn sich eine ungenügend angezogene Schraube in einer Maschine nach kurzem Gebrauch löst und zu einem Defekt führt. Verdeckte Mängel muss die Käuferin sofort nach Entdeckung melden.

- Die Käuferin muss die entdeckten Mängel in der Mängelrüge **genau beschreiben**. So erhält der Verkäufer die Möglichkeit, sich gegen den Vorwurf der mangelhaften Erfüllung des Vertrags zu wehren. Daher genügt es beispielsweise nicht, bloss anzugeben, dass ein Teil der gelieferten Jeans mangelhaft sei. In der Mängelrüge muss stehen, welche Jeans wo welche Fehler aufweisen.
- Die Haftung für Mängel dauert bei beweglichen Sachen ab Lieferdatum höchstens **ein Jahr**. Entdeckt die Käuferin einen verdeckten Mangel später, muss der Verkäufer nicht mehr dafür einstehen – es sei denn, er habe vom Mangel gewusst und diesen absichtlich verschwiegen.
- Die **Beweislast** trägt die Käuferin. Sie muss einen Mangel nicht nur rechtzeitig entdecken und anzeigen, sondern auch nachweisen, dass der gerügte Umstand tatsächlich ein Mangel ist.

Sie sehen also, für eine korrekte Mängelrüge muss Ihr Geschäftspartner verschiedene Voraussetzungen erfüllen. Und in der Regel kennt er diese auch. Gibt er sich daher plötzlich unwissend und bemängelt die Qualität der Waren zum Beispiel erst Wochen nach der Lieferung oder schreibt er in seiner Beanstandung nur: «Die Ware befriedigt nicht», sollten Sie hellhörig werden. Solches Verhalten deutet weniger auf mangelhafte Lieferung als auf Zahlungsunfähigkeit eines Käufers, der versucht, sich mit einer taktischen Mängelrüge seiner Zahlungspflicht zu entledigen.

3. Wenn die Zahlungen ausbleiben

Sie haben Ihren Kunden über viele Monate beliefert. Doch in letzter Zeit zahlt er nur noch schleppend und jetzt müssen Sie ihn mahnen. Wie tun Sie das korrekt? Wie reagieren Sie, wenn der Kunde einen Nachlassvertrag abschliessen will? Und was können Sie tun, wenn Verjährung droht?

Das Mahnwesen

Ihr Geschäftspartner kann verschiedene Gründe haben, weshalb er Ihre Rechnung nicht bezahlt. Vielleicht hat er kein Geld oder er lässt es darauf ankommen, ob Sie entschlossen genug sind, die Forderung durchzusetzen. Vielleicht verweigert er die Zahlung auch, weil die Rechnung zu Unrecht gestellt wurde, weil der Betrag nicht stimmt, weil die Forderung noch nicht fällig ist oder weil er Ihre Leistung bemängelt. Oder Ihr Kunde hat einfach vergessen zu zahlen.

Wozu überhaupt eine Mahnung?

Ist der Kaufpreis fällig, weil der Kaufgegenstand geliefert wurde oder weil die vereinbarte Zahlungsfrist abgelaufen ist, muss der Käufer umgehend zahlen. Tut er dies nicht, kann er sofort betrieben werden. Entgegen einer allgemein verbreiteten Meinung müssen Sie also vor Zustellung des Zahlungsbefehls nicht dreimal mahnen.

Oft wird die Mahnung benutzt, um eine Kundin in Verzug zu setzen, damit ab diesem Zeitpunkt neben dem ausstehenden Forderungsbetrag auch Verzugszins verlangt werden kann. Doch auch das ist möglich, ohne eine Mahnung zu verschicken: Entweder haben Sie im Vertrag ein Zahlungsdatum vereinbart oder ein solches auf der Rechnung festgesetzt (siehe Seite 72) und Ihre Kundin gerät nach Ablauf dieses Termins automatisch in Verzug. Oder Sie leiten gleich nach Ablauf der Zahlungsfrist die Betreibung gegen Ihre Kundin ein. Der zugestellte Zahlungsbefehl wird einer Mahnung gleichgesetzt und genügt, um später Verzugszins fordern zu können.

Wozu also überhaupt eine Mahnung, können Sie sich fragen. Sie dient Ihnen herauszufinden, warum ein Geschäftspartner nicht zahlt. Vielleicht ist die Rechnung ja nur untergegangen und Sie wollen ihn nicht mit einer Betreibung verärgern und möglicherweise verlieren.

Achtung *Eine blosse Mahnung schützt Sie nicht vor einer Verjährung Ihrer Forderung. Um die Verjährungsfrist zu unterbrechen, braucht es eine Schuldanerkennung, eine Klage oder die Stellung des Betreibungsbegehrens (siehe Seite 98).*

Wie viele Mahnungen sind sinnvoll?

Erfahrungsgemäss lohnt sich nur die erste Mahnung. Ist Ihr Kunde eine Firma, decken Sie damit den Fall ab, dass die Zahlung versehentlich ausgeblieben ist. Zahlt der Kunde immer noch nicht und wendet auch nichts gegen Ihre Ansprüche ein, müssen Sie davon ausgehen, dass ihm das Geld fehlt, um allen seinen Verbindlichkeiten nachzukommen. In dieser Lage wird er auswählen, welche Rechnungen er noch bezahlt. Und da erhalten zuerst diejenigen Gläubiger Geld, die ihre Forderungen zwangsweise per Betreibung durchsetzen. Wer «bloss» mahnt, steht hintenan. Ihr Kunde wird also frühestens auf die letzte Mahnung reagieren, in der Sie ihm gerichtliche Massnahmen oder die Einleitung der Betreibung androhen. Alle vorangehenden Mahnschreiben sind für ihn eine Bestätigung dafür, dass Sie sich einstweilen noch still verhalten. Begnügen Sie sich also über Monate mit Mahnungen, haben Sie wenig Aussicht, Ihr Geld zu erhalten – es sei denn, Ihr Kunde erholt sich und hat wieder genügend Mittel, um alle fälligen Schulden zu bezahlen.

Tipp *Sinnvoll sind allerhöchstens zwei Mahnungen. Entscheiden Sie sich doch für eine dritte, sollte diese sich von den früheren insofern abheben, als Sie Ihrem Kunden rechtliche Schritte ankündigen. Besser ist es jedoch, spätestens nach der zweiten Mahnung das Gespräch mit ihm zu suchen (siehe Seite 83).*

Mahnungen geschickt abfassen

Eine Mahnung muss nicht schriftlich abgefasst sein; Sie können auch mündlich oder telefonisch mahnen. In der Regel werden Sie dies aber schriftlich tun – vor allem wenn Sie im Vertrag oder auf der Rechnung kein Zahlungsdatum aufgeführt haben und somit Ihr Kunde erst mit der ersten Mahnung in Verzug gerät und Verzugszins bezahlen muss. In diesem Fall müssen Sie beweisen, dass Sie gemahnt haben. Behalten Sie daher eine Kopie der Mahnung in Ihren Akten.

Eingeschrieben oder nicht?

Um beweisen zu können, dass Ihr Kunde die erste Mahnung auch erhalten hat, müssten Sie sie eigentlich eingeschrieben verschicken. Eingeschriebene Briefe wirken aber bedrohlich. Sie riskieren, Ihren Kunden, der vielleicht die Zahlung nur vergessen hat, unnötig zu verärgern. Zudem macht der Verzugszins im Vergleich zur Forderung nicht viel aus. Verzichten Sie daher darauf, die erste Mahnung eingeschrieben zu verschicken.

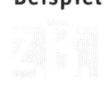

Beispiel *Sie haben der Emil AG Ersatzteile für 50 000 Franken verkauft. Weil Ihre Rechnung nicht bezahlt wird, schicken Sie einen einfachen Mahnbrief, den Ihr Kunde am 1. Februar 2006 mit der normalen Post erhält. Da er weiterhin nicht bezahlt, schicken Sie – diesmal eingeschrieben – am 15. Februar die zweite Mahnung. Im späteren Prozess bestreitet die Emil AG, die erste Mahnung erhalten zu haben. Das kümmert Sie nicht gross, weil der gesetzliche Verzugszins von 5 Prozent für die Zeit zwischen dem 2. Februar (Tag nach Erhalt der ersten Mahnung) und dem 16. Februar (Zustellung der zweiten Mahnung) keine hundert Franken ausmacht.*

Können oder wollen Sie auf eine schriftliche Bestätigung der ersten Mahnung nicht verzichten – etwa weil die ausstehende Forderung so hoch ist, dass der Verzugszins auch bei wenigen Tagen ins Gewicht fällt –, schicken Sie sie Ihrem Kunden mit einem Empfangsschein und bitten ihn, diesen im beigelegten frankierten Kuvert unterschrieben zu retournieren. In der Regel kommen Schuldner einer solchen harmlosen Aufforderung nach.

Formulierungen und Fristen

Die Mahnung ist an keine bestimmte Form gebunden. Sie können sie höflich formulieren, ja sogar in Versen, wenn Sie das wollen. Das Wort «Mahnung» muss nicht im Text enthalten sein. Wichtig ist aber, dass Sie den säumigen Geschäftspartner unmissverständlich auffordern, Ihre erbrachte Leistung zu bezahlen. Die nochmalige Zustellung der Rechnung gilt in der Gerichtspraxis daher noch nicht als Mahnung, weil sie keine eindeutige Zahlungsaufforderung enthält, sondern nur darauf hinweist, dass der in Rechnung gestellte Betrag noch offen ist.

Verfassen Sie Ihre Mahnung in sachlichem Ton. Sie kommen nicht schneller zu Ihrem Geld, wenn Sie unhöfliche Wendungen – «Einstweilen noch mit freundlichen Grüssen» – verwenden oder Ihrem Kunden drohen. Damit verärgern Sie ihn nur unnötig. Drohen Sie rechtliche Schritte an, müssen Sie die angekündigten Massnahmen nach Ablauf der Frist tatsächlich ergreifen, sonst verliert die Androhung jegliche Wirkung.

Legen Sie der Mahnung eine Kopie der nicht bezahlten Rechnung bei. So ersparen Sie sich Rückfragen, falls die Rechnung tatsächlich einmal bei der Post verloren gegangen sein sollte oder der Kunde sie verlegt hat.

Ebenfalls frei sind Sie bei der Bemessung der Zeit, die Sie bis zur ersten und jeder weiteren Mahnung verstreichen lassen, sowie bei den zusätzlichen Zahlungsfristen, die Sie gewähren. Räumen Sie besser kurze, aber realistische Fristen ein, denn ein Kunde ohne Geld wird auch nach längerer Zeit nicht zahlen.

Hinweis *Beliebt ist, ab der zweiten Mahnung unter dem Titel Verzugs- oder Verspätungsschaden eine Gebühr zu verlangen, zum Beispiel 20 Franken pro Mahnung. Das dürfen Sie, wenn Sie solche Mahnspesen vertraglich vereinbart haben. Fehlt eine Vereinbarung, können Sie den Verspätungsschaden nur durchsetzen, wenn er grösser ist als der Verzugszins und Sie überdies den Umfang nachweisen können. Beides ist in der Regel nicht der Fall, weshalb Sie besser keine Mahngebühren verlangen.*

Effizient organisiertes Mahnwesen

Wie Sie Ihr Mahnwesen organisieren, hängt von der Branche und von der Art Ihrer Kunden ab, aber auch von Ihnen. Grundsätzlich entscheiden Sie, wie oft Sie Ihre Kunden mahnen, in welchem Ton Sie dies tun und welche Fristen Sie gewähren. Wichtig ist, dass Sie Ihr Mahnwesen einfach und für alle Kunden gleich einrichten, damit Ihnen möglichst wenig Aufwand entsteht und Sie stets die Übersicht behalten.

Beispiel einer Organisation des Mahnwesens
Die **erste Mahnung** schreiben Sie eine Woche nach Ablauf der Zahlungsfrist oder spätestens am Tag, den Sie in Ihrem Betrieb für das Aus-

stellen von Rechnungen und Mahnungen eingeplant haben (zum Beispiel alle 14 Tage oder monatlich). Sie gewähren nochmals eine Zahlungsfrist von 10 Tagen ab Mahndatum und schicken die Mahnung zusammen mit einer Kopie der nicht bezahlten Rechnung uneingeschrieben an Ihren Kunden. Wenn nötig legen Sie einen Empfangsschein und ein frankiertes Rückantwortkuvert bei.

Muster: Text für erste Mahnung

Gemäss unserer Buchhaltung haben wir den in der beiliegenden Rechnung aufgeführten Betrag noch nicht erhalten (siehe Beilage). Wir bitten Sie, den ausstehenden Betrag bis zum 14. März 2006 zu bezahlen. Sollten Sie die Zahlung zwischenzeitlich geleistet haben, beachten Sie dieses Schreiben bitte nicht. [Variante: Bitte unterschreiben Sie den beigelegten Empfangsschein und schicken Sie ihn im Rückantwortkuvert an uns zurück.]

Die **zweite Mahnung** schreiben Sie wieder eine Woche nach Ablauf der neuen Zahlungsfrist oder spätestens am Tag, den Sie für das Ausstellen von Mahnungen eingeplant haben. Sie nehmen Bezug auf die erste Mahnung, gewähren eine letzte Zahlungsfrist von 10 Tagen ab dem zweiten Mahndatum und drohen für den Fall, dass die Bezahlung ausbleiben sollte, rechtliche Schritte an. Diesen Brief schicken Sie zusammen mit einer Kopie der nicht bezahlten Rechnung und der ersten Mahnung eingeschrieben an Ihren Kunden.

Muster: Text für zweite Mahnung

Gemäss unserer Buchhaltung haben wir den in der beiliegenden Rechnung aufgeführten Betrag trotz Mahnung immer noch nicht erhalten (siehe beiliegende Rechnung und Mahnung). Wir gewähren Ihnen eine letzte Frist bis zum 31. März 2006, um den ausstehenden Betrag zu bezahlen. Lassen Sie diese Zahlungsfrist unbenutzt, werden wir nach Ablauf rechtliche Schritte gegen Sie einleiten.

Nach Ablauf der letzten Zahlungsfrist stellen Sie keine weiteren Mahnungen zu. Entweder Sie betreiben Ihren Kunden bzw. klagen die Forderung direkt beim Gericht ein (siehe Seite 119) – oder aber Sie suchen vorher noch das Gespräch mit ihm.

Mit dem Kunden reden

Beispiel *Die Getränke Mineral AG beliefert die Seniorenresidenz «Im Park». Lange Jahre läuft die Zusammenarbeit gut. Doch dann dauert es von Monat zu Monat länger, bis die Rechnungen bezahlt werden, und schliesslich verpuffen auch Mahnungen wirkungslos. Anfangs entschuldigt sich Herbert T., der Leiter des Altersheims, noch persönlich beim Chauffeur der Lieferantin, wenn dieser die Getränke bringt. Später nehmen Angestellte die Lieferungen entgegen und Herr T. lässt sich verleugnen.*

Kann Ihr Kunde die bereits gemahnte Rechnung und auch Verbindlichkeiten bei anderen Gläubigern nicht bezahlen, darf er nicht – wie im Beispiel – einfach den Kopf in den Sand stecken. Er sollte die Initiative ergreifen, sich bei Ihnen melden, seine finanzielle Lage erklären und Ihnen einen Vorschlag machen, wann er beabsichtigt, die ausstehenden Beträge zu bezahlen. Ein solches Vorgehen würde bei Ihnen sicher Vertrauen schaffen, kommt aber nicht häufig vor.

Nehmen Sie also selber Kontakt mit dem Säumigen auf. Rufen Sie ihn an und machen Sie mit ihm einen Termin für eine Besprechung ab. Ein solches Gespräch hat für Sie viele Vorteile: Im besten Fall erreichen Sie, dass Ihr Kunde die Forderung später ganz oder teilweise begleicht oder dafür wenigstens eine Sicherheit leistet. Zumindest können Sie versuchen, im Gespräch herauszufinden, ob Ihr Kunde überhaupt noch Vermögen hat. So können Sie beurteilen, ob sich eine Betreibung lohnt. Ein solches Gespräch ist zudem die letzte Gelegenheit, Versäumtes nachzuholen. Haben Sie zum Beispiel keinen schriftlichen Vertrag abgeschlossen und fehlt Ihnen eine Schuldanerkennung, können Sie diese jetzt noch mit Ihrem Kunden aushandeln.

Sinnvoll ist ein solches Gespräch vor allem dann, wenn es sich beim säumigen Kunden um einen langjährigen Geschäftspartner handelt, mit dem Sie auch in Zukunft zusammenarbeiten wollen. Oder wenn es um einen zwar einmaligen, aber hohen Betrag geht. Gehört der säumige Kunde nicht zu Ihren Stammkunden oder ist die ausstehende Forderung gering, werden Sie sich den Aufwand eines Gesprächs sparen und die im letzten Mahnschreiben angedrohten rechtlichen Schritte einleiten – bzw. vorher abklären, ob sich diese lohnen (siehe Seite 102). Das Gleiche gilt, wenn Sie Ihren Geschäftspartner nicht erreichen können, wenn er auch auf eine schriftliche Aufforderung zum Gespräch nicht reagiert oder sich am Telefon verleugnen lässt.

Die Vorbereitung aufs Gespräch

Konnten Sie mit Ihrem Kunden einen Termin vereinbaren, müssen Sie das Gespräch gut vorbereiten. Als Erstes besorgen Sie sich beim zuständigen Betreibungsamt einen aktuellen Auszug (siehe Seite 21). So können Sie sich einen ersten Überblick über die finanzielle Situation des Kunden verschaffen. Anhand der Angaben aus dem Betreibungsregister können Sie in der Besprechung auch überprüfen, ob er Ihnen wahrheitsgetreu Auskunft gibt.

Weiter sollten Sie in Ihrer Buchhaltung prüfen, ob sämtliche Rechnungen des Kunden verbucht sind oder ob allenfalls noch weitere Ausstände vorhanden sind. Damit erhalten Sie ein besseres Bild und wissen, was Sie im Gespräch mindestens fordern müssen. Zudem ist eine aktualisierte Buchhaltung ein gutes Mittel, um kritische Ausstände frühzeitig zu erkennen.

Eigentlich wollen Sie, dass Ihr Kunde seine Schulden sofort begleicht. Dies wird er aber nicht, nicht gleich oder nur teilweise tun können. Sie sollten sich daher vor dem Gespräch auch ein paar Gedanken darüber machen, was Sie als Alternative zur Bezahlung der offenen Rechnung fordern wollen: Sind Sie mit einer Stundungsvereinbarung einverstanden oder wollen Sie mindestens eine Teilzahlung? Reicht Ihnen eine Ratenzahlung oder verlangen Sie Sicherheiten für die Ausstände?

Schliesslich sollten Sie sich bereits vor dem Gespräch überlegen, wie wichtig die Geschäftsbeziehung zu diesem Kunden für Sie und Ihren Betrieb ist. Wo liegt Ihre Schmerzgrenze? Wollen Sie auch in Zukunft mit ihm zusammenarbeiten, müssen Sie angesichts seiner finanziellen Lage die bisherigen Zahlungskonditionen ändern, ihm beispielsweise die Kreditlimite streichen, auf Voraus- oder Barzahlung umstellen. Diese Änderungen können Sie in der Besprechung ebenfalls ankündigen. So wird Ihrem Geschäftspartner bewusst, wie ernst die Lage ist.

Teilzahlung, Stundung, Nachlassvertrag: Was muss der Kunde bieten?

Es kann als positives Zeichen bewertet werden, wenn Ihr Geschäftspartner sich zu einem Gespräch bereit erklärt. Ein solcher Kunde verdient grundsätzlich Ihr Vertrauen – umso mehr, wenn er Ihnen im Gespräch ein Konzept vorlegt, wie er seine Verbindlichkeiten Ihnen und anderen Gläubigern gegenüber zu erledigen gedenkt. Das ist aber nur sehr selten der Fall. In der Regel müssen Sie sich zuerst eine beschönigende Schilderung der finanziellen Situation anhören. Ihr Kunde wird verständlicherweise nicht von Zahlungsunfähigkeit sprechen, sondern Ausdrücke verwenden wie Liquiditätsengpass, Zahlungsstockung, angespannte Lage – alles selbstverständlich nur vorübergehend. Lassen Sie sich davon nicht blenden.

Wenn Ihr Kunde ein Entgegenkommen von Ihnen erwartet, muss er Ihnen zuerst einmal einen groben Überblick über seine wirtschaftliche Lage geben. Hat er bei anderen Lieferantinnen ebenfalls Ausstände? Wie hohe? Schuldet er allenfalls auch dem Steueramt oder der AHV grössere Beträge? Die Antworten können Sie mit Ihren eigenen Kenntnissen vergleichen, insbesondere mit dem Bild, das Sie sich nach dem Studium des Betreibungsregisterauszugs gemacht haben. Stimmen die Angaben in etwa überein, wissen Sie, dass Sie Ihrem Kunden (noch) trauen können, was schon einmal wertvoll ist.

Weiter muss Ihr Geschäftspartner Ihnen darlegen, weshalb er davon ausgeht, dass er die Zahlungsschwierigkeiten überwinden und die ausstehenden Beträge in absehbarer Zeit bezahlen kann. Dazu gehört, dass er Ihnen Auskunft über seine Auftragslage und noch vorhandene Vermögenswerte erteilt und konkrete Zahlungsvorschläge macht. Einen Überblick über allenfalls noch vorhandenes Vermögen können Sie sich auch verschaffen, indem Sie den Kunden nach Sicherheiten für Ihre Forderung fragen. Diese Informationen werden Sie zumindest bei einer allfälligen Vollstreckung Ihrer Forderung verwenden können.

Beispiel *Sie beliefern den Küchenbauer Walter A. mit Granit- und anderen Steinplatten für Abdeckungen. Die Geschäftsbeziehung verläuft anfangs einwandfrei, die Rechnungen werden immer pünktlich bezahlt. Im Frühling 2006 zeigen sich in der Buchhaltung plötzlich drama-*

tische Zahlungsrückstände von 30 000 Franken. Herr A. ist ein wichtiger Kunde, den Sie behalten wollen, weshalb Sie mit ihm das Gespräch suchen. Dabei macht er Ihnen folgende Vorschläge, wie die Ausstände behoben werden könnten:
- *Teilzahlung von 3000 Franken*
- *Abzahlungsplan*
- *Bezahlung mit WIR-Geld*
- *Stundung der Ausstände bis Ende 2006*
- *Aussergerichtlicher Nachlassvertrag*

Als Sicherheiten bietet der Küchenbauer die Abtretung sämtlicher Debitoren (Globalzession) sowie eine Verpfändung der Maschinen an. Was taugen diese Vorschläge?

Teilzahlung und Abzahlungsplan

Bietet Ihnen eine Kundin eine Teilzahlung an, können und sollen Sie diese annehmen, denn damit vergeben Sie sich nichts.

Schlägt Ihre Kundin einen Abzahlungsplan vor und anerkennt sie darin den ausstehenden Betrag, stellt dies eine Schuldanerkennung dar. Damit können Sie Ihre Forderung – sollte der Abzahlungsplan nicht eingehalten werden – auf dem Betreibungsweg einfacher durchsetzen. Achten Sie bei einer Abzahlungsvereinbarung auf folgende Punkte:

- Setzen Sie die geschuldeten Raten und die jeweilige Fälligkeit fest.
- Nehmen Sie auch eine Verfallsklausel auf, die besagt, dass die gesamte gestundete Restsumme wieder fällig wird, wenn Ihre Kundin mit einer Rate länger als zum Beispiel zehn Tage in Verzug kommt.
- Verlangen Sie, dass die Kundin bei der Unterzeichnung der Vereinbarung – wie in der Praxis üblich – mindestens ein Drittel der Gesamtsumme sofort bar bezahlt. Ist ihr dies nicht möglich oder will sie es nicht, können Sie daraus schliessen, dass keine oder fast keine liquiden Mittel mehr vorhanden sind oder dass die Kundin es mit dem Einhalten des Abzahlungsplans nicht ernst meint.

Bezahlung mit WIR-Geld

Das bargeldlose Zahlungsmittel WIR verwenden rund 60 000 kleinere und mittlere Unternehmen. Sie unterhalten bei der WIR Bank ein

Muster: Abzahlungsvereinbarung

Lydia Z. und die Pelz AG, vertreten durch Viktor W. schliessen zum Kaufvertrag vom 15. November 2005 folgende Abzahlungsvereinbarung:

1. Lydia Z. anerkennt, der Pelz AG 10 000 Franken (inklusive Mehrwertsteuer) zuzüglich 5 Prozent Zins seit dem 1. Januar 2006 zu schulden.

2. Lydia Z. verpflichtet sich, bei Unterzeichnung dieser Vereinbarung 4000 Franken bar zu zahlen.

3. Die Pelz AG erklärt, 4000 Franken bar erhalten zu haben.

4. Lydia Z. verpflichtet sich, den verbliebenen Betrag von 6000 Franken in drei Raten zu begleichen, zahlbar monatlich, erstmals am 1. April 2006.

5. Bei rechtzeitiger Bezahlung der drei Raten gilt die gesamte Forderung gemäss Ziffer 1 als getilgt (in diesem Fall wird auf den Zins verzichtet).

6. Gerät Lydia Z. mit der Zahlung einer Rate mehr als zehn Tage in Rückstand, ist der ganze dann gemäss Ziffer 1 noch geschuldete Betrag zuzüglich die aufgelaufenen Zinsen sofort zur Zahlung fällig.

Zürich, 20. Februar 2006

Lydia Z.   Pelz AG, Viktor W.

so genanntes Verrechnungskonto. Verkauft ein WIR-Kunde einem anderen WIR-Teilnehmer Waren, wird der Verkaufspreis seinem WIR-Konto gutgeschrieben und dem Konto des Käufers belastet. Gegenüber der WIR Bank besteht kein Anspruch auf Barauszahlung von Verrechnungsguthaben. Auch dürfen WIR-Zahlungen nur von Inhabern eines WIR-Verrechnungskontos entgegengenommen werden. Der Handel mit WIR-Guthaben ist verboten.

Bietet Ihnen ein Kunde anstatt des vereinbarten Bargelds plötzlich WIR an, müssen Sie folgende Punkte beachten:

- Sie können die WIR-Zahlung problemlos entgegennehmen, wenn sowohl Ihr Kunde wie auch Sie selbst WIR-Teilnehmer sind.
- Besitzen Sie selber kein Verrechnungskonto, können Sie bei der WIR Bank eines eröffnen – vorausgesetzt, Sie wollen auf das Angebot eingehen.

- Besitzt Ihr Kunde kein Verrechnungskonto, betreibt er WIR-Handel. Nehmen Sie seine Zahlung nicht an, sonst riskieren Sie, dass die WIR Bank Ihrem Konto den Betrag nicht gutschreibt und Sie vom WIR-Verrechnungsverkehr ausschliesst. Dann wären Sie gezwungen, das WIR-Geld selber wieder auf dem Schwarzmarkt zu veräussern – was nur mit einer beträchtlichen Einbusse von bis zu 30 Prozent möglich ist.

Hinweis *Lassen Sie sich nicht unter Druck setzen, wenn Ihr Kunde behauptet, er könne die Forderung nur mit WIR bezahlen, weil er kein Bargeld habe. Als WIR-Teilnehmer kann er bei der WIR Bank einen Überbrückungskredit zum Zins von 4,5 Prozent beantragen. Den Kredit erhält er, falls er genügend WIR-Guthaben als Sicherheit hat.*

Stundung

Eine Stundung bedeutet, dass Sie für eine bestimmte Zeit auf die Bezahlung der ausstehenden Forderung verzichten. Schlägt Ihnen Ihr Kunde dies vor, sollten Sie eine Teilzahlung – die so genannte Abschlagszahlung – oder irgendeine Sicherstellung der Forderung verlangen. Kann Ihnen Ihr Kunde nichts dergleichen gewähren, bedeutet dies, dass er keine oder fast keine Vermögenswerte mehr hat. Dann ist mit einer Stundung nichts gewonnen.

Handelt es sich bei Ihrem Kunden zum Beispiel um eine Aktiengesellschaft, haftet nur das Gesellschaftsvermögen für die Gesellschaftsschulden. In diesem Fall sollten Sie bei einer Stundung vom Verwaltungsrat eine persönliche Bürgschaft für Ihre Ausstände verlangen, sodass er auch mit seinem Privatvermögen haften. Weigern sich die Mitglieder des Verwaltungsrats, eine solche Bürgschaft zu leisten, glauben sie offensichtlich selber nicht mehr an das wirtschaftliche Überleben der von ihnen vertretenen Gesellschaft.

Eine Stundungsvereinbarung ohne Abschlagszahlung, Sicherheit oder persönliche Bürgschaft der verantwortlichen Organe bringt Ihnen nichts. Auf einen solchen Vorschlag sollten Sie nicht eingehen. Haben Sie den Glauben an Ihren Kunden noch nicht ganz verloren, können Sie die Vereinbarung unterzeichnen – vorausgesetzt, Ihr Kunde anerkennt darin Ihre Forderung bedingungslos und erklärt, er verzichte auf alle Einreden und Einwendungen aus dem fraglichen Vertrag. Sollten

Ihre Erwartungen später enttäuscht werden, haben Sie wenigstens eine Schuldanerkennung in der Hand, mit der Sie die Forderung im Betreibungsverfahren leichter durchsetzen können. Zudem unterbricht die Anerkennung der Forderung die Verjährung (siehe Seite 99). Mehr bringt Ihnen die Stundung aber nicht.

Hinweis *Wie lange Sie einer Kundin Stundung gewähren wollen, hängt davon ab, wie lange diese braucht, um sich so weit zu erholen, dass sie Ihnen mindestens eine Teilzahlung oder Sicherung Ihrer Forderung anbieten kann. Allzu lange sollten Sie aber auf ein solches Angebot nicht warten. Als Faustregel gilt, dass eine Stundung nicht länger als drei bis sechs Monate dauern soll.*

Muster: Stundungsvereinbarung

Lydia Z. und die Pelz AG, vertreten durch Viktor W., schliessen zum Kaufvertrag vom 15. November 2005 folgende Stundungsvereinbarung ab:

1. Lydia Z. anerkennt, der Pelz AG 10 000 Franken (inklusive Mehrwertsteuer) zuzüglich 5 Prozent Zins seit dem 1. Januar 2006 zu schulden.

2. Lydia Z. erklärt, auf sämtliche Einreden und Einwendungen aus dem Kaufvertrag vom 15. November 2005 zu verzichten.

3. Die Pelz AG gewährt Lydia Z. Stundung bis 30. Juni 2006. Während dieser Zeit verzichtet sie auf die Einleitung der Betreibung oder die Einreichung einer Klage.

4. Am 1. Juli 2006 treffen sich die Parteien in den Räumen der Pelz AG, damit Lydia Z. einen Vorschlag zur Tilgung oder Sicherstellung der in Ziffer 1 genannten Forderung machen kann.

Zürich, 20. Februar 2006

Lydia Z.   Pelz AG, Viktor W.

Aussergerichtlicher Nachlassvertrag

Hat ein Unternehmen zu wenig Geld, um allen Verpflichtungen rechtzeitig nachzukommen, wird es als letzte Möglichkeit seine Gläubiger bitten, die Forderungen zu stunden oder auf einen Teil davon zu verzichten. Solche Stundungs- oder Dividendenvergleiche kann das Unternehmen mit jedem Gläubiger, jeder Gläubigerin individuell abschliessen. In der Regel wird aber ein Vergleich angestrebt, der für alle Gläubiger gilt und in dem alle gleich behandelt werden. Einen solchen Vergleich nennt man aussergerichtlichen Nachlassvertrag, denn er wird ohne Mitwirkung eines Gerichts abgeschlossen (zum gerichtlichen Nachlassvertrag siehe Seite 212).

Im Nachlassvertrag können die Gläubiger ihre Forderung stunden, einen Teil davon erlassen oder einer Kombination von beidem zustimmen. In der Ausgestaltung des Vertrags sind die Beteiligten völlig frei. Weder ist eine Mindestquote der zu tilgenden Schuld vorgeschrieben noch ist die Stundungsdauer nach oben begrenzt.

Die Vorteile eines aussergerichtlichen Nachlassvertrags sind die hohe Flexibilität bei der Ausgestaltung und die geringen Kosten. Der Hauptnachteil liegt darin, dass er fast nie gelingt. Sobald mehr als eine Handvoll Gläubiger vorhanden sind, ist meist jemand darunter, der oder die nicht mitmacht, nur einem höheren Angebot zustimmt oder gar auf der ganzen Forderung beharrt. Je grösser die Zahl der Gläubiger, desto schwieriger wird es, eine Einigung unter ihnen zu erreichen. Da der Vertrag ohne Gericht abgeschlossen wird, fehlt zudem die Kontrolle. Sie als Gläubiger müssen selber herausfinden, ob der vorgelegte Vertrag angemessen ist (ein Muster finden Sie im Anhang, Seite 256).

Achtung *Schlägt Ihr Kunde Ihnen einen aussergerichtlichen Nachlassvertrag vor, müssen Sie auf der Hut sein. Achten Sie erstens darauf, dass sämtliche Gläubiger in den Vertrag einbezogen werden und dass keiner bevorzugt behandelt wird. Zweitens sollte der Vertrag unbedingt die Klausel enthalten, dass er bei Nichterfüllung hinfällig wird. Drittens muss Sie Ihr Kunde vorher umfassend über seine finanzielle Situation informieren, damit Sie selber beurteilen können, ob der vorgeschlagene Vergleich in Ordnung ist.*

Sicherheiten

Bereits im zweiten Kapitel war davon die Rede, wie Sie Ihre Forderung absichern können, welches die Vor- und Nachteile der verschiedenen Sicherungsmittel sind und worauf Sie achten müssen, wenn Sie solche vereinbaren (siehe Seite 61). Der letzte Punkt wird hier nochmals kurz aufgegriffen. Denn die Bestellung von Sicherheiten birgt Risiken, wenn Ihre Kundin finanzielle Probleme hat oder gar kurz vor dem Konkurs steht und wenn alles sehr schnell gehen soll. Machen Sie hier einen Fehler, stellen sich die Sicherheiten später möglicherweise als ungültig heraus und nützen Ihnen gar nichts.

- **Globalzession:** Oft schlagen zahlungsunfähige Geschäftspartner vor, Ihnen als Sicherheit die eigenen Kundenforderungen abzutreten. Das Gesetz erlaubt die Abtretung einer Vielzahl von bestehenden oder einer unbestimmten Zahl von künftigen Forderungen jedoch nur dann, wenn sie nicht unbeschränkt ist und die wirtschaftliche Bewegungsfreiheit des Schuldners nicht zu stark einschränkt. Eine von Ihrem Kunden vorgeschlagene Globalzession ist also nur gültig, wenn sie sich auf einen bestimmten Geschäftsbetrieb oder Kundenkreis beschränkt. Ohne eine solche Einschränkung ist sie gesetzwidrig. Weiter müssen Sie sicher sein, dass Ihr Kunde seine Forderungen nicht bereits an jemand anderen abgetreten hat, beispielsweise an seine Hausbank. Denn diese Zession ginge Ihrer vor, weil die gleiche Forderung nicht mehrfach an verschiedene Personen abgetreten werden kann. Eine Formulierung, mit der Sie sich schützen können, finden Sie im folgenden Kasten.

> **Muster: Globalzession**
>
> Franz K. tritt hiermit sämtliche, sich aus seinem Geschäftsbetrieb ergebenden gegenwärtigen und zukünftigen Forderungen, die in der monatlich einzureichenden Debitorenliste aufgeführt sind, als Sicherheit für die offenen Rechnungen von 20 000 Franken an Nora Z. ab. Franz K. bestätigt, dass er seine Forderungen weder einzeln noch global zugunsten anderer Gläubiger abgetreten hat und auch nicht abtreten wird.
>
> Luzern, 15. März 2006   Franz K.

- **Faustpfand:** Der Ausdruck deutet es bereits an – das Pfand an einer beweglichen Sache kann nur gültig bestellt werden, wenn sie der Pfandgläubiger in Besitz nimmt und wenn sie auch in seinem Besitz bleibt. Es ist nicht zulässig, die verpfändete Sache beim Eigentümer zu belassen oder sie nach der Pfandbestellung dem Eigentümer wieder zurückzugeben. Von dieser Bestimmung ausgenommen sind nur Vieh, Schiffe und Flugzeuge, weil bei diesen die Verpfändung in ein Register eingetragen werden kann. Schlägt Ihnen Ihr Geschäftspartner die Verpfändung seiner Maschinen vor – wie im Beispiel auf Seite 85 der Küchenbauer Walter A. –, müssten diese also abmontiert und zu Ihnen gebracht werden, damit das Pfand gültig wäre. Dies hat aber keinen Sinn, denn ohne Maschinen kann Ihr Kunde nicht arbeiten und bei Ihnen würden sie nutzlos herumstehen. Produktionsmittel sind daher als Faustpfand ungeeignet. Wollen Sie Ihre Ausstände mit einem Pfand absichern lassen, muss Ihnen Ihr Kunde Gegenstände übergeben, die er entbehren kann: zum Beispiel Wertpapiere, Schmuck oder eine wertvolle Briefmarkensammlung.

Achtung: paulianische Anfechtung!

Wenn Ihnen Ihre finanziell angeschlagene oder bereits überschuldete Geschäftspartnerin Sicherheiten bestellt oder einen Teil der Ausstände zurückzahlt, besteht das Risiko, dass diese Leistungen später in einem Pfändungs- oder Konkursverfahren mit der so genannten paulianischen Klage angefochten werden.

Beispiel *Die Buchbinderei V. kauft von der Papyrus AG Spezialpapiere im Wert von 20 000 Franken. Da die Buchbinderei die Rechnung nicht bezahlen kann, bietet sie der Verkäuferin den nicht mehr benötigen Firmenwagen an. Die Papyrus AG ist damit einverstanden, verzichtet auf ihre Forderung und übernimmt den Firmenwagen. Zwei Monate später muss die Buchbinderei die Bilanz deponieren. Im Konkursverfahren fordert das zuständige Konkursamt von der Papyrus AG den Wagen zurück, weil die Bezahlung ihrer offenen Rechnung mit einem Firmenwagen unüblich und daher paulianisch anfechtbar sei.*

Die paulianische Anfechtung ist eine Erfindung der Römer. Nachdem Tod oder Sklaverei als Strafe für zahlungsunfähige Schuldner abgeschafft worden war, führte der Prätor Lucius Emilius Paulus zum Schutz der Gläubiger diese heute noch nach ihm benannte Klage ein. Sie bezweckt, Rechtshandlungen rückgängig zu machen, die ein Schuldner zum Nachteil von Gläubigern während einer gewissen Zeit vor der Konkurseröffnung oder Pfändung vorgenommen hat. So sollen Vermögenswerte, die er kurz vorher einer Drittperson übertragen hat, wieder der Pfändungs- oder Konkursmasse zugeführt werden. Dies geschieht, indem das fragliche Geschäft auf Klage eines Gläubigers durch ein Gericht für ungültig erklärt wird. Das Gesetz nennt drei verschiedene Anfechtungen: die Schenkungs-, die Überschuldungs- und die Absichtsanfechtung.

Schenkungsanfechtung

Schenkungen einer Schuldnerin sind anfechtbar, wenn sie innerhalb eines Jahres vor der Pfändung oder Konkurseröffnung vorgenommen wurden. Dasselbe gilt für Rechtsgeschäfte, bei denen die Leistung der Drittperson mit derjenigen der Schuldnerin in einem Missverhältnis steht. Zwei Fälle, in denen eine paulianische Anfechtung Erfolg haben würde:

Beispiele *Rolf E. hat privat eine Bürgschaft von zwei Millionen Franken für ein Darlehen übernommen, das die Kantonalbank seiner Firma, der Rolf E. AG, gewährt hatte. Als die Firma das Darlehen nicht zurückzahlen kann, will die Bank Herrn E. privat belangen. Bei der Pfändung seiner Vermögenswerte stellt der Betreibungsbeamte jedoch fest, dass Herr E. sein Heimwesen, ein stattliches Schloss, kurz zuvor auf seine zwei Söhne überschrieben hat.*

Die Weinbau AG hat grosse Liquiditätsprobleme. Sie verkauft daher die Hälfte Ihres Weinlagers an die Weinhändlerin Ottilie P. mit einem Einschlag von 60 Prozent. Dieser Verkauf zu Schleuderpreisen nützt aber nichts mehr. Zwei Monate später geht die Weinbau AG in Konkurs.

Überschuldungsanfechtung

Wie es der Name sagt, kommt diese Form der paulianischen Anfechtung zum Zug, wenn die Aktiven des Schuldners das Fremdkapital nicht mehr decken, er also bereits überschuldet ist. Wenn ein solcher Schuldner innerhalb eines Jahres vor der Pfändung oder Konkurseröffnung eine Gläubigerin, die von seiner Überschuldung weiss, durch

Leistungen bevorzugt, zu denen er nicht verpflichtet ist, sind diese Leistungen anfechtbar. Dazu gehören:
- nachträgliche Sicherung einer bereits bestehenden Schuld
- Bezahlung einer Schuld mit einem unüblichen Zahlungsmittel
- Zahlung einer nicht fälligen Schuld

Beispiele *Margot L. vertreibt Kosmetikprodukte. Vor drei Jahren hat sie von ihrer Hausbank ein Darlehen erhalten, das sie nun nicht zurückzahlen kann. Deshalb verpfändet sie der Bank ihr Warenlager als Sicherheit. Drei Monate später fällt Frau L. in Konkurs.*

Der Transportunternehmer Niklaus K. zahlt einem Bekannten eine alte Kreditschuld mit einem Lastwagen zurück. Tags darauf klopft der Pfändungsbeamte an seine Tür.

Die Einzelfirma Franz O. steht kurz vor dem Konkurs. Bei seiner Hausbank hat er einen grösseren Kredit, der in einem Jahr zur Rückzahlung fällig wird. Die Hausbank, die von der schlechten finanziellen Situation von Herr O. weiss, übt so lange Druck auf ihn aus, bis er den Kredit vorzeitig zurückzahlt.

Solche Geschäfte könnte ein andere Gläubiger mit der paulianischen Anfechtung rückgängig machen. Die Überschuldungsanfechtung greift aber dann nicht, wenn im Zeitpunkt der Handlung noch keine Überschuldung vorlag oder wenn die Begünstigte beweist, dass sie keine Kenntnisse davon hatte.

Absichtsanfechtung
Damit können alle Rechtshandlungen angefochten werden, die eine Schuldnerin in den letzten fünf Jahren vor der Pfändung oder Konkurseröffnung vorgenommen hat, um ihre Gläubiger zu benachteiligen oder einzelne von ihnen zu bevorzugen.

Beispiel *Die Flug AG fliegt schon lange in den roten Zahlen. Mit aller Kraft kämpft sie um die Sanierung. Von den finanziellen Problemen weiss auch ihre Revisionsstelle. Die Verantwortlichen dort glauben nicht mehr daran, dass die Sanierung gelingen wird, und verlangen daher die Bezahlung der ausstehenden Honorare von 1,5 Millionen Franken* *für Revisionsarbeiten der letzten zwei Jahre. Die Flug AG zahlt eine Million. Zwei Wochen später fällt sie in Konkurs.*

Zwar fallen unter die Absichtsanfechtung alle Machenschaften während der letzten fünf Jahre. Trotzdem kommt sie selten vor, weil nicht nur die Benachteiligungs- oder Bevorzugungsabsicht der Schuldnerin nachgewiesen werden muss, sondern auch, dass diese Absicht für den begünstigten Dritten erkennbar war. Ein Unterfangen, das selten gelingt.

Hinweis *Wenn Sie sich von Ihrer fast konkursiten Kundin nicht etwas schenken oder die Forderung mit Naturalien bezahlen lassen, brauchen Sie sich vor der Pauliana nicht zu fürchten. Sie sollten sich aber bewusst sein, dass Sie sich strafbar machen und mit Gefängnis bis zu drei Jahren bestraft werden können, wenn Sie Ihre Kundin zu einer Gläubigerbegünstigung anstiften.*

Wie geht es nach dem Gespräch weiter?

Sie haben mit Ihrem Geschäftspartner die Lage besprochen. Er konnte Ihnen ein akzeptables Angebot machen, mit dem Sie noch zu Ihrem Geld oder wenigstens einem Teil davon kommen. So weit, so gut. Falls Ihr Gegenüber aber später versuchen sollte, von seinem Angebot abzuweichen oder Sie hinzuhalten, dürfen Sie dies nicht akzeptieren. Geben Sie nach, haben Sie das Nachsehen – vor allem wenn noch andere Gläubiger nach ihrem Geld verlangen. Dann wird der Schuldner nicht Ihre Forderung bezahlen, sondern diejenigen Gläubiger befriedigen, die ihn am stärksten bedrängen. Sie müssen daher unbedingt und mit Nachdruck auf der Erfüllung des Vereinbarten beharren.

Tipp *Auch wenn Sie mit Ihrem Kunden vielleicht über viele Jahre gut zusammengearbeitet haben – möglicherweise sagt er Ihnen jetzt wegen seiner misslichen finanziellen Lage nicht die Wahrheit oder versucht, Sie hinzuhalten. Damit Sie dies später rechtzeitig erkennen können, sollten Sie das Gespräch unbedingt in einer Aktennotiz festhalten und darin die Zusicherungen und Zahlungsversprechen des Kunden auf-*

führen. Lassen Sie das Papier von Ihrem Gesprächspartner unterschreiben. Stellt sich später heraus, dass er sich nicht an seine Zusagen hält oder dass er gelogen hat, haben Sie mit der Aktennotiz einen Beweis in der Hand.

War das Gespräch erfolglos, weil Ihr Kunde Ihnen nichts oder nicht genug anbieten konnte oder weil Sie kein Vertrauen mehr zu ihm haben, müssen Sie über das weitere Vorgehen entscheiden (siehe nächstes Kapitel). Dasselbe gilt natürlich, wenn kein Gespräch zustande gekommen ist oder Sie ein solches erst gar nicht in Betracht gezogen haben.

Nicht vergessen: Verjährung

Zu lange sollten Sie mit Ihrem Schuldner nicht Geduld haben, sonst riskieren Sie, dass Ihr Anspruch irgendwann verjährt ist. Mit der Verjährung verliert die Forderung ihre Durchsetzbarkeit. Zwar besteht sie weiterhin und der Schuldner kann sie immer noch freiwillig erfüllen. Dazu zwingen können Sie ihn aber nicht – auch nicht vor Gericht. Der Schuldner kann im Prozess die Einrede der Verjährung erheben und die Richterin wird Ihre Klage abweisen.

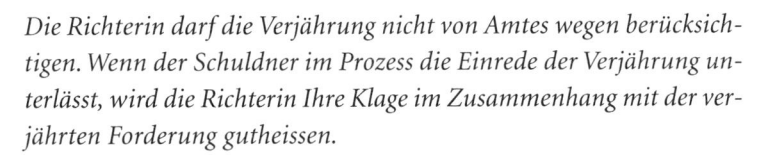

Hinweis *Die Richterin darf die Verjährung nicht von Amtes wegen berücksichtigen. Wenn der Schuldner im Prozess die Einrede der Verjährung unterlässt, wird die Richterin Ihre Klage im Zusammenhang mit der verjährten Forderung gutheissen.*

Wie lang ist die Verjährungsfrist?

Die allgemeine Verjährungsfrist beträgt zehn Jahre und gilt immer dann, wenn das Gesetz nicht etwas anderes bestimmt. Grundsätzlich verjähren also alle vertraglichen Erfüllungs- und Schadenersatzansprüche nach zehn Jahren. Daneben zählt das Gesetz eine Reihe von Forderungen auf, die bereits nach fünf Jahren verjähren:
- Miet-, Pacht- und Kapitalzinsen sowie andere periodische Leistungen wie Abonnements von Zeitschriften oder Lizenzgebühren
- Lieferungen von Lebensmitteln an Konsumenten – also keine Geschäfte zwischen Grossisten und Detaillisten – sowie «Ansprüche für Ver-

köstigung und Wirtsschulden», wie es das Gesetz so schön ausdrückt, auf Deutsch: für Essen und Trinken in der Beiz
- Forderungen aus Handwerksarbeiten, wenn die Handarbeit und das handwerkliche Können und nicht eine besondere Technologie oder Organisation überwiegen. Dies ist etwa bei Verputz-, Gipser-, Maler-, Spengler-, Elektroinstallations- oder Tapeziererarbeiten der Fall. Demgegenüber gilt für die Honorarforderung der Architektin und für die Werklohnforderung des Bauunternehmers die allgemeine zehnjährige Verjährungsfrist.
- Forderungen aus dem gewerbsmässigen Verkauf von Waren durch Detaillisten an Endverbraucher oder Kleingewerbebetreiber zum Eigenverbrauch (so genannter Kleinverkauf von Waren)
- Forderungen für ärztliche Versorgung. Hierzu gehören neben den Honoraren der Ärztinnen auch die Ansprüche von Zahnärzten, Chiropraktikerinnen, Masseuren, Optikerinnen etc.
- Honorarforderungen aus anderen Auftragsverhältnissen wie denjenigen von Rechtsanwälten, Notarinnen, Rechtsagenten und Prokuratorinnen
- Forderungen von Arbeitnehmerinnen und Arbeitnehmern aus dem Arbeitsverhältnis

Beispiel *Der Schreiner Antoine G. sägt aus Normbrettern individuell ausgemessene Tablare und befestigt diese als Büchergestell an einer Wand bei Ursina A. Da die Handarbeit im Vordergrund steht, gilt die fünfjährige Verjährungsfrist. Anders wäre es, wenn Herr G. vorfabrizierte Tablare unverändert liefern würde. Dann gälte die zehnjährige Verjährungsfrist – wie in allen Zweifelsfällen.*

Die Verjährungsfrist beginnt grundsätzlich mit der Fälligkeit der Forderung zu laufen, ein Verzug des Schuldners ist nicht nötig. Der Fristenlauf beginnt mit dem Tag, der auf den Fälligkeitstermin folgt, und endet bei unbenutztem Ablauf um Mitternacht des letzten Tages.

Beispiel *Sie führen als Pächter das Restaurant «Zur Rebe». Am 14. Februar 2001 feierte Klaus E. bei Ihnen mit Freunden und Verwandten seinen 35. Geburtstag. Bis heute haben Sie ihm keine Rechnung geschickt. Wann verjährt die Forderung? Forderungen für Verköstigung und*

Wirtsschulden verjähren nach fünf Jahren. Die Forderung war am 14. Februar 2001 fällig. Da die Frist einen Tag danach zu laufen beginnt, trat die Verjährung am 15. Februar 2006 ein.

Verzicht auf Einrede der Verjährung

Abgesehen von wenigen Ausnahmen – zum Beispiel Ansprüchen, die durch ein Grundpfand (Hypothek) gesichert sind – verjähren alle Forderungen, es sei denn, der Schuldner habe auf die Verjährung verzichtet. Solche in der Regel befristeten Erklärungen (so genannte Verjährungsverzichte) werden dann abgegeben, wenn die Parteien in Verhandlungen stehen und die Zeit knapp wird, die Parteien aber trotzdem noch nicht vor Gericht gehen wollen.

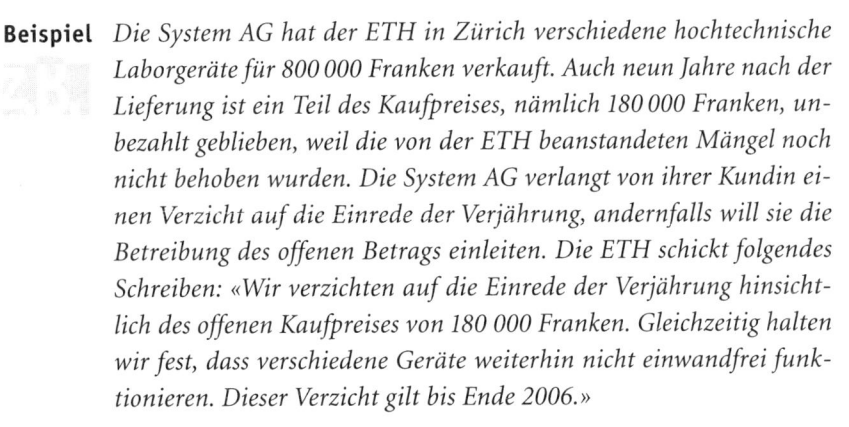

Beispiel *Die System AG hat der ETH in Zürich verschiedene hochtechnische Laborgeräte für 800 000 Franken verkauft. Auch neun Jahre nach der Lieferung ist ein Teil des Kaufpreises, nämlich 180 000 Franken, unbezahlt geblieben, weil die von der ETH beanstandeten Mängel noch nicht behoben wurden. Die System AG verlangt von ihrer Kundin einen Verzicht auf die Einrede der Verjährung, andernfalls will sie die Betreibung des offenen Betrags einleiten. Die ETH schickt folgendes Schreiben: «Wir verzichten auf die Einrede der Verjährung hinsichtlich des offenen Kaufpreises von 180 000 Franken. Gleichzeitig halten wir fest, dass verschiedene Geräte weiterhin nicht einwandfrei funktionieren. Dieser Verzicht gilt bis Ende 2006.»*

Die Verjährung unterbrechen

Die gesetzlichen Verjährungsfristen sind zwingend. Sie können von den Parteien – ausser durch einen Verjährungsverzicht – weder verlängert, verkürzt noch wegbedungen werden. Eine Verjährungsfrist kann aber unterbrochen werden und fängt dann wieder von neuem zu laufen an. Nach einem solchen Unterbruch läuft also eine fünfjährige Frist wieder für fünf Jahre, eine zehnjährige wieder für zehn Jahre.

Doch Achtung: Mit einer Mahnung unterbrechen Sie die Verjährungsfrist nicht. Dazu braucht es «gröberes Geschütz»:

- **Betreibung oder Klage:** Sobald Sie als Gläubiger das Betreibungsbegehren mit den nötigen Angaben (siehe Seite 158), die gerichtliche Kla-

ge oder das Begehren um Durchführung eines amtlichen Sühneversuchs der Post übergeben haben, ist die Verjährungsfrist unterbrochen.
- **Anerkennung der Forderung:** Ihre Schuldnerin hat selber die Möglichkeit, die Verjährungsfrist zu unterbrechen. Das kann ausdrücklich geschehen, etwa durch eine Schuldanerkennung, oder stillschweigend, indem die Schuldnerin eine Sicherheit stellt, Zinsen zahlt oder ein Gesuch um Stundung stellt.

4. Nichts mehr zu holen – was nun?

Unterdessen ist klar, dass Ihr Geschäftspartner Ihre Forderungen nicht mehr freiwillig zahlen wird. Um zu Ihrem Geld zu kommen, müssen Sie also das Gericht oder das Betreibungsamt einschalten. Bevor Sie aber ein solches Verfahren einleiten, sollten Sie Ihre Erfolgsaussichten und den Aufwand sorgfältig abklären.

Ruhig bleiben und abklären

Sie haben eine gute Leistung erbracht und bekommen Ihr Geld trotzdem nicht. Sie sind zu Recht verärgert. Noch ärgerlicher ist es, wenn Sie Ihrem Geschäftspartner schon bei der Vertragsabwicklung mehrmals entgegengekommen sind – etwa mit günstigeren Liefer- oder Zahlungsbedingungen – und nun feststellen, dass er seine Seite des Vertrags nicht erfüllt. Im Zorn könnten Sie versucht sein, Ihren Anspruch ohne nähere Prüfung mit allen Mitteln durchzusetzen. Das tun Sie aber besser nicht. Denn ein Prozess ist nicht nur teuer, er kostet auch viel Energie – selbst dann, wenn Sie ihn gewinnen. Geht es Ihnen nur oder hauptsächlich ums Prinzip, lassen Sie es bleiben. Der Aufwand lohnt sich nicht.

Ob Sie versuchen, Ihre Forderung zwangsweise durchzusetzen, oder ob Sie darauf verzichten, hängt von mehreren Kriterien ab: von der Zahlungsfähigkeit des Kunden, von der Beweisbarkeit und Durchsetzbarkeit Ihres Anspruchs, vom Zeitaufwand und von den Kosten.

Achtung *Schieben Sie Ihre Emotionen beiseite und prüfen Sie sachlich, ob sich ein Vorgehen gegen Ihren Kunden (noch) lohnt. Nur wenn eine nüchterne Prüfung ergibt, dass der Ertrag den Aufwand übersteigt, sollten Sie einen Prozess anstrengen oder die Betreibung einleiten. Sonst riskieren Sie, am Ende nichts zu erhalten und – wie man so schön sagt – schlechtem Geld noch gutes hinterher zu werfen.*

Wie zahlungsfähig ist der Kunde noch?

Bereits vor dem Abschluss des Vertrags haben Sie die Bonität Ihres Kunden geprüft. Zahlt er nicht mehr, müssen Sie nun herausfinden, ob es bei ihm überhaupt noch etwas zu holen gibt. Vielleicht steht er schon kurz vor dem Konkurs, weil die Betreibungen anderer Gläubiger bereits weit fortgeschritten sind. Ist dies der Fall, können Sie warten, bis der Konkurs über ihn eröffnet wird, und sich dann als Gläubiger im Konkursverfahren melden (siehe Seite 236).

Die Zahlungsfähigkeit klären Sie am einfachsten und schnellsten mit einem aktuellen Betreibungsregisterauszug ab, den Sie sich beim Betreibungsamt am Wohnsitz bzw. Firmensitz Ihres Kunden beschaffen (siehe Seite 21). Als Interessennachweis genügt diesmal die nicht bezahlte Rechnung.

Dem Auszug können Sie entnehmen, in welchem Stadium sich jede aufgeführte Betreibung befindet (siehe Seite 24 und 27). Musste Ihrem Kunden zum Beispiel schon mehrmals der Konkurs angedroht werden, ist die Aussicht gross, dass bald die Konkurseröffnung stattfindet. Wurden gemäss Auszug für öffentlich-rechtliche Forderungen wie Steuern und AHV, die auf dem Weg der Pfändung betrieben werden müssen, bereits Verlustscheine ausgestellt, bedeutet dies, dass bei der Pfändung kein verwertbares Vermögen vorgefunden wurde. Eine Konkurseröffnung würde sich also mangels Vermögenswerten nicht mehr lohnen.

Beispiel *Die Vertriebs AG in Cham schuldet Ihnen 4300 Franken für Ersatzteile, die Sie vor längerer Zeit geliefert haben. Auf Ihre zwei Mahnungen haben die Verantwortlichen bisher nicht reagiert und ein Gespräch ist auch nie zustande gekommen. Aus dem Auszug, den Sie sich beim Betreibungsamt Cham beschafft haben, geht hervor, dass die Vertriebs AG zwar regelmässig betrieben wird und unter den Forderungen auch eine des Steueramts figuriert. Die staatliche wie auch die meisten anderen Forderungen wurden aber gemäss Auszug jeweils doch noch bezahlt oder es wurde Rechtsvorschlag erhoben. Der Betreibungsregisterauszug deutet somit weniger auf mangelnde Zahlungsfähigkeit als auf eine schlechte Zahlungsmoral hin.*

Genügen Ihnen die Angaben im Betreibungsregister nicht, müssen Sie die in Kapitel 1 beschriebenen Informationsquellen nutzen, um herauszufinden, ob Ihr Kunde noch verwertbares Vermögen hat (siehe Seite 14). Allenfalls wissen Sie das aber schon, weil Sie im Gespräch mit ihm herausgefunden haben, dass noch das eine oder andere als Sicherheit für Ihre offene Forderung vorhanden ist.

Wie steht es um die Beweismittel?

Schuldner können sehr vergesslich werden, wenn es ums Zahlen geht. Entweder wurde angeblich nie ein Vertrag abgeschlossen oder es wird behauptet, die bestellte Ware sei nicht angekommen, sie sei mangelhaft gewesen ... Auf solche und ähnliche Einwände müssen Sie sich gefasst machen. Prüfen Sie also, ob Sie Ihren Anspruch beweisen können, denn ohne Beweismittel haben Sie wenig Chancen vor Gericht.

Am besten taugen Beweise, die in schriftlicher Form vorliegen: ein Vertrag, Bestellungen, Lieferscheine, eine Schuldanerkennung oder Mitteilungen Ihrer Kundin. Besitzen Sie nichts Schriftliches, können Sie versuchen, Ihre Forderung mit Zeugen zu beweisen. Das wird Ihnen schon schwerer fallen. Zeugen sind zwar ein zulässiges Beweismittel im Prozess. Da sie jedoch meist erst Jahre später über den Vorfall befragt werden, können sie sich in der Regel nicht mehr ausreichend erinnern und das Gericht glaubt ihnen womöglich nicht.

Haben Sie schriftliche Unterlagen, müssen Sie prüfen, ob diese als Schuldanerkennung taugen (siehe Seite 46 und 176). Ist dies der Fall, können Sie getrost die Betreibung einleiten. Sollte Ihre Kundin Rechtsvorschlag erheben, lässt sich dieser rasch und kostengünstig beseitigen.

Nachträglich eine Schuldanerkennung ergattern

Was tun Sie, wenn Sie keine Schuldanerkennung haben? Versuchen Sie, Ihrem Kunden nachträglich noch eine zu entlocken. Mit etwas Glück wird Ihnen das auf einem der folgenden Wege gelingen:

- Schicken Sie Ihrem Geschäftspartner eine letzte Mahnung und fordern Sie ihn auf, Ihnen direkt auf dem Schreiben mitzuteilen, ob er denn mit Ihrer Leistung nicht zufrieden sei und was er daran bemängle. Antwortet er Ihnen und macht er Mängel geltend, haben Sie eine Schuldanerkennung. Dass die Leistung mangelhaft war, muss anschliessend der Kunde beweisen.
- Fordern Sie Ihre Kundin mit einer letzten Mahnung auf, Ihnen auf dem Schreiben einen Vorschlag für die Tilgung der Schuld zu machen, zum Beispiel Teilzahlungen oder Verlängerung der Zahlungsfristen. Macht sie Ihnen einen völlig inakzeptablen Vorschlag, kann Ihnen das gleichgültig sein, denn Sie haben eine Schuldanerkennung – vorausgesetzt, der Vorschlag ist auf Ihrem Mahnschreiben aufgeführt.
- Zwar nicht gerade die Art des feinen Mannes, aber wirksam: Schicken Sie Ihrem Kunden eine Mahnung und verlangen Sie darin einen viel zu hohen Betrag. Vielleicht schreibt er Ihnen empört zurück, dass er Ihnen nicht den gemahnten, sondern einen viel tieferen Betrag schulde.

Haben Sie keine Schuldanerkennung und können Sie eine solche auch nicht nachträglich bekommen, müssen Sie Ihre Forderung im ordentlichen Prozess einfordern, was teuer ist und länger dauert. Ob eine Schuldanerkennung vorhanden ist oder nicht, beeinflusst also ganz entscheidend die letzten zwei Kriterien: Zeit und Kosten.

Wie gross ist der zeitliche Aufwand?

Bis Sie zu Ihrem Recht und Geld kommen, kann viel Zeit vergehen. Die Länge des Verfahrens hängt von mehreren Faktoren ab. Einige können Sie beeinflussen, anderen aber sind Sie hilflos ausgeliefert.

- **Verfahrensgestaltung:** Das Verfahren an sich ist schon lang. Betreiben Sie Ihren Kunden auf Konkurs, kann er gegen den Zahlungsbefehl Rechtsvorschlag erheben. Nach dessen Beseitigung können Sie nicht gleich die Konkurseröffnung verlangen, sondern müssen dem Schuldner zuerst noch den Konkurs androhen lassen. Betreiben Sie jemanden auf Pfändung, müssen die gepfändeten Gegenstände zuerst in einem formellen Verfahren verwertet werden.
- **Schonzeiten:** Es gibt Zeiten, in denen die Schuldnerin geschont wird. Dann dürfen Sie keine Betreibungshandlungen vornehmen. Solche Zeiten sind: die Betreibungsferien (sieben Tage vor und nach Ostern und Weihnachten sowie die letzten zwei Juliwochen), der Rechtsstillstand (etwa wenn die Schuldnerin verhaftet wurde) sowie die Zeiten, in denen die Ämter geschlossen sind (Nacht, Sonn- und Feiertage).
- **Fristen:** Obwohl Ihr Kunde Ihre Rechnung nicht bezahlt und auf Ihre Mahnungen nicht reagiert hat, räumt ihm das Gesetz nochmals Zahlungsfristen ein. Im Zahlungsbefehl wird er beispielsweise aufgefordert, die betriebene Forderung innert 20 Tagen zu bezahlen. Bis zum Ablauf dieser Frist können Sie die Betreibung nicht fortsetzen, auch wenn der Schuldner keinen Rechtsvorschlag erhebt. Dasselbe gilt für die Konkursandrohung: Nochmals wird eine 20-tägige Zahlungsfrist eingeräumt, während der Ihnen die Hände gebunden sind.
- **Gerichtsferien:** Viele Prozessgesetze sehen auch für die Gerichte «Schonzeiten» vor, während der keine Verhandlungen durchgeführt werden, im Kanton Zürich beispielsweise vom 10. Juli bis zum 20. August und vom 20. Dezember bis zum 8. Januar für ordentliche Prozesse.

- **Überlastung der Ämter und Gerichte:** Das Gesetz enthält Fristen, die das Verfahren beschleunigen oder zumindest garantieren sollten, dass Amtshandlungen «beförderlich» getroffen werden. Ist das Betreibungsamt aber überlastet oder versinkt das Gericht in einer Prozessflut, bewirken die gesetzlichen Fristen nichts und Sie müssen warten.
- **Verteidigungsmittel der Schuldnerin:** Die Schuldnerin hat das Recht, sich gegen die Betreibung zu wehren. Sie kann gegen den Zahlungsbefehl Rechtsvorschlag oder gegen die Konkursandrohung Beschwerde erheben – beispielsweise wenn sie der Ansicht ist, die entsprechende Mitteilung sei ihr nicht korrekt zugestellt worden. Es stehen ihr aber auch verschiedene Rechtsmittel zu Verfügung, mit denen sie Entscheide an eine höhere Instanz weiterziehen kann. Hat es eine Schuldnerin darauf abgesehen, das Verfahren möglichst lange hinauszögern, sind die legalen Mittel dazu fast unbegrenzt.
- **Obstruktion des Schuldners:** Neben diesen legalen Mitteln kann ein Schuldner auch versuchen, sich seiner finanziellen Verantwortung zu entziehen. Beispielsweise indem er den Wohnsitz bzw. Firmensitz wechselt, sodass Sie nicht wissen, wo Sie die Betreibung einleiten sollen. Oder indem er sich weigert, amtliche Dokumente entgegenzunehmen, weshalb diese zeitlich verzögert von der Polizei zugestellt werden müssen.

Sie brauchen also einen langen Atem, wenn Ihr Schuldner Zeit gewinnen will und darüber hinaus die Ämter überlastet sind. Geschieht nichts Aussergewöhnliches, können Sie als Faustregel von folgenden Durchschnittszeiten ausgehen: Ein Betreibungsverfahren ohne Rechtsvorschlag und ohne Verzögerungsmanöver des Schuldners dauert vom Stellen des Betreibungsbegehrens bis zur Konkurseröffnung rund drei Monate. Wird Rechtsvorschlag erhoben, verlängert sich diese Frist mindestens um die Dauer des Rechtsöffnungsverfahrens, das sind in einfachen Fällen drei bis sechs Monate. Muss die Forderung in einem ordentlichen Prozess durchgesetzt werden, kann dies – wenn ein Beweisverfahren erforderlich ist – zwei bis drei Jahre dauern.

Beispiel *Klagen Sie Ihre Schuldnerin am Handelsgericht des Kantons Zürich ein, setzt ihr das Gericht für die Klageantwort in der Regel eine Frist von 20 Tagen. Diese Frist wird ohne weiteres dreimal um 20 Tage ver-*

längert. *Die Schuldnerin hat also für die Klageantwort 80 Tage Zeit. Dasselbe gilt für Sie als Kläger bei der Replik und nochmals für die Schuldnerin bei der Duplik.* Am Handelsgericht des Kantons Zürich dauert der Schriftenwechsel in der Regel ein Jahr. *Kommt es zu einem Beweisverfahren, sind zwei bis drei Jahre Verfahrensdauer zu erwarten.* Wird das Urteil später ans Kassationsgericht des Kantons Zürich weitergezogen, müssen Sie für dieses Verfahren mit einem weiteren halben Jahr rechnen. Ruft die Schuldnerin schliesslich auch das Bundesgericht an, braucht dieses noch einmal ein halbes bis ganzes Jahr für die Beurteilung der Rechtslage.

Die Kosten abschätzen

Bevor Sie etwas unternehmen – auch wenn es nur die Einleitung der Betreibung ist –, müssen Sie das Kostenrisiko einschätzen. Das ist schwierig, weil die Kosten und Risiken von mehreren Faktoren abhängen.

Es gibt verschiedene Arten von Kosten: Betreibungs-, Gerichts- und Parteikosten. Sie werden nach verschiedenen Tarifen berechnet, variieren von Kanton zu Kanton und müssen in der Regel vom betreibenden Gläubiger bzw. vom Kläger vorgeschossen werden. Je nach Ausgang des Verfahrens werden sie zum Schluss von der Schuldnerin bzw. Beklagten bezahlt oder bleiben an Ihnen hängen.

Diese Kosten können anfallen

Im Betreibungsverfahren
- Betreibungskosten
- Ihre eigenen Parteikosten
- Wenn Sie im Rechtsöffnungs- oder Konkurseröffnungsverfahren verlieren: die Entschädigung für die andere Partei

Im Gerichtsverfahren
- Gerichtskosten
- Wenn Sie verlieren: die Entschädigung für die andere Partei und Ihre eigenen Anwaltskosten
- Wenn Sie gewinnen: der Teil Ihrer eigenen Anwaltskosten, der über der Parteientschädigung liegt

Betreibungskosten

Zu diesem Posten gehören die Gebühren und Auslagen der Behörden, die während eines Betreibungsverfahrens anfallen, also zum Beispiel:
- Kosten für den Zahlungsbefehl, die Konkursandrohung, die Pfändung, Verwertung und Verteilung
- Kosten für sämtliche vom Betreibungsamt erlassenen Anzeigen, Publikationen und Mitteilungen
- Gebühren und Auslagen, die entstehen, wenn das Konkursverfahren mangels Aktiven wieder eingestellt wird
- Gerichtskosten und eine allenfalls zugesprochene Parteientschädigung des Rechtsöffnungs- und des Konkurseröffnungsverfahrens

Keine Betreibungskosten stellen die Gebühren für einen ordentlichen Zivilprozess dar, weil dieser ausserhalb der Betreibung stattfindet.

Wie viel jede der aufgezählten Handlungen kostet, können Sie der Gebührenverordnung zum SchKG (Bundesgesetz über Schuldbetreibung und Konkurs, siehe Seite 151) entnehmen, die für die ganze Schweiz gilt; die wichtigsten Tarife finden Sie im Anhang zusammengestellt (siehe Seite 282). Die Höhe der Kosten und Auslagen bemisst sich grundsätzlich nach dem Umfang der in Betreibung gesetzten Forderung.

Beispiel *Die Gartenbau AG in Zürich kauft in der Gärtnerei von Felicitas L., ebenfalls in Zürich, Humus für 5000 Franken. Als die Rechnung nicht bezahlt wird, stellt Frau L. das Betreibungsbegehren. Für Forderungen zwischen 1000 und 10 000 Franken kostet die Ausfertigung und Zustellung des Zahlungsbefehls durch das Betreibungsamt 60 Franken, zuzüglich 10 Franken Porto.*

Die Gartenbau AG erhebt gegen den Zahlungsbefehl Rechtsvorschlag. Da Frau L. eine unterzeichnete Bestellung und somit eine Schuldanerkennung besitzt, kann sie die Beseitigung des Rechtsvorschlags im vereinfachten Rechtsöffnungsverfahren verlangen. Die Gerichtsgebühr für eine Forderung von 1000 bis 10 000 Franken liegt zwischen 50 und 300 Franken.

Die Gartenbau AG zahlt auch nach Beseitigung des Rechtsvorschlags nicht, weshalb Frau L. die Zustellung der Konkursandrohung verlangt. Dies kostet gleich viel wie ein Zahlungsbefehl, also wieder 70 Franken (inkl. Porto). Weil die Gartenbau AG weiterhin nicht reagiert, beantragt Frau L. beim Konkursrichter die Konkurseröffnung. Für dessen Entscheid zahlt sie zwischen 40 und 500 Franken.

Die Gesamtkosten liegen also zwischen 230 und 940 Franken. In der Regel wird der Tarifrahmen von den Behörden ausgeschöpft, sodass Felicitas L. eher mit 940 Franken rechnen muss.

Als betreibender Gläubiger müssen Sie die Kosten für jede einzelne Betreibungshandlung vorschiessen, und zwar bar oder durch Überweisung auf das Post- bzw. Bankkonto des ausführenden Amtes. Tun Sie das nicht, wird die beantragte Handlung nicht vorgenommen.

Zwar muss der betriebene Schuldner Ihnen die vorgeschossenen Betreibungskosten zurückerstatten. Dies wird er aber nur tun, wenn Sie das Betreibungsverfahren erfolgreich bis zum Ende durchgeführt haben. Kann er sich der Betreibung mit Erfolg widersetzen, ziehen Sie selbst das Betreibungsbegehren zurück oder setzen Sie es nicht fort, bleiben die Kosten an Ihnen hängen. Dasselbe gilt, wenn sich am Schluss herausstellt, dass der Schuldner mittellos ist. Dann erhalten Sie bloss einen Verlustschein und können Ihre Auslagen nicht mehr auf ihn überwälzen.

Angesichts dieses Risikos werden Sie jedes Mal zögern, wenn das Amt wieder einen Vorschuss für den nächsten Schritt verlangt. Endgültig abschrecken wird Sie der Betrag, den Sie unter Umständen vorschiessen müssen, wenn Sie das Konkursbegehren stellen: Dieser liegt zum Beispiel im Kanton Aargau bei 350, im Kanton Appenzell Innerrhoden gar bei 2000 Franken. Hat die betriebene Firma kein verwertbares Vermögen mehr, wird der Konkurs später mangels Aktiven eingestellt. Und Sie bleiben auf Ihrer unbezahlten Forderung und allen Vorschüssen sitzen und müssen auch noch die Gebühren und Auslagen des Konkursamts tragen, die bis zur Einstellung des Verfahrens entstehen. Das kann sich schnell auf 2000 bis 3000 Franken belaufen.

Hinweis *Diese Aufzählung sämtlicher möglicher Betreibungskosten und die anschliessende Übersicht über die allenfalls anfallenden Gerichts- und Parteikosten sollen Sie nicht von vornherein entmutigen, wenn*

Sie Ihre Forderung durchsetzen wollen. Wichtig ist aber, dass Sie die Kosten und Risiken im Voraus abschätzen. Sonst ärgern Sie sich am Ende des Verfahrens nur umso mehr, falls Sie die Aufwendungen Ihrem Ziel nicht näher gebracht haben.

Gerichtskosten

Besitzen Sie keine Schuldanerkennung, mit der Sie einen Rechtsvorschlag später im einfachen Rechtsöffnungsverfahren beseitigen können, müssen Sie Ihren Anspruch im ordentlichen Forderungsprozess durchsetzen – entweder gleich von Anfang an, ohne erst die Betreibung einzuleiten, oder dann, nachdem der Schuldner Rechtsvorschlag erhoben hat. Die Kosten eines solchen Prozesses sind einiges höher; sie richten sich nach dem Recht desjenigen Kantons, in dem der Prozess stattfindet.

Zu den Gerichtskosten gehören die Gebühr für die Tätigkeit des Gerichts und die Auslagen für Vorladungen, Zustellungen, Ausfertigungen, Gutachten oder für die Entschädigung von Zeugen. Für die Berechnung der Gerichtsgebühr wird in erster Linie auf den Streitwert abgestellt. Daneben berücksichtigt das Gericht den Zeitaufwand und die Schwierigkeit des Falles. Muss vor dem ordentlichen Prozess erst ein Sühneverfahren durchgeführt werden, fallen ebenfalls Kosten an, allerdings von geringem Umfang.

Beispiel *Hat die Gartenbau AG aus dem Beispiel auf Seite 108 den Humus nur mündlich bestellt, besitzt Felicitas L. keine schriftliche Schuldanerkennung und kann daher ihre Forderung von 5000 Franken nur im ordentlichen Prozess durchsetzen. Nach zürcherischem Recht muss Frau L. zuerst zum Friedensrichter. Die Gebühr für dieses Verfahren beträgt bei einem Streitwert von 5000 Franken zwischen 120 und 200 Franken. Einigen sich die Parteien nicht, muss die Gärtnermeisterin beim Gericht Klage einreichen, um zu ihrem Recht zu kommen. Die ordentliche Gebühr beträgt 735 Franken, kann aber auf 245 Franken reduziert werden, wenn die Verhältnisse einfach sind, oder auf 1470 Franken verdoppelt werden, wenn der Prozess besonders umfangreich oder kompliziert ist. Dazu kommen Schreib-, Vorladungs-*

und Zustellgebühren sowie Barauslagen, was leicht nochmals 500 Franken ausmachen kann. Die Gerichtskosten liegen also zwischen 865 und 2170 Franken und sind viel höher als die Kosten für das Rechtsöffnungsverfahren.

Verordnung über die Gerichtsgebühren im Kanton Zürich

Die Gerichtsgebühr berechnet sich bei vermögensrechtlichen Ansprüchen in erster Linie nach dem Streitwert. Sie kann bei besonderen Umständen (Zeitaufwand, Schwierigkeit des Falles etc.) bis auf ein Drittel ermässigt oder bis auf das Doppelte erhöht werden.

Gründe für eine Ermässigung
- Erledigung des Prozesses durch Vergleich oder Anerkennung
- Nichteintreten (zum Beispiel mangels Zuständigkeit des angerufenen Gerichts)
- Abwesenheitsurteil (der Beklagte erscheint nicht zur Verhandlung)
- Urteil ohne Begründung

Gründe für eine Erhöhung
- Besonders umfangreiches Verfahren
- Beide Parteien sind weder Schweizer noch haben sie ihren Wohnsitz bzw. Firmensitz in der Schweiz

Gerichtsgebühr in Franken

Streitwert	1/3	2/3	100%	150%	200%
1 000	58	117	175	262	350
5 000	245	490	735	1 102	1 470
10 000	412	823	1 235	1 852	2 470
20 000	745	1 490	2 235	3 352	4 470
30 000	945	1 890	2 835	4 252	5 670
40 000	1 145	2 290	3 435	5 152	6 870
50 000	1 345	2 690	4 035	6 052	8 070
60 000	1 545	3 090	4 635	6 952	9 270
70 000	1 745	3 490	5 235	7 852	10 470

Da die Gerichtskosten von Kanton zu Kanton verschieden sind, sollten Sie sich beim zuständigen Gericht erkundigen oder in der kantonalen Gerichtsgebührenordnung nachschauen, bevor Sie eine Klage einreichen. Unter Umständen finden sie Hinweise zu den Kosten auf der Internetseite des Gerichts. Fortschrittliche Instanzen wie das Bezirksgericht Zürich bieten bereits ein Programm an, mit dem die mutmassliche Gerichtsgebühr ausgerechnet werden kann (www.bezirksgericht-zuerich.ch → Prozesskosten). Als Beispiel finden Sie im Kasten auf Seite 111 einen Auszug aus der Zürcher Gebührenverordnung.

Hinweis *Die Gerichtskosten müssen Sie nur bezahlen, wenn Sie den Prozess verlieren. In den meisten Kantonen verlangen die Gerichte aber wie im Betreibungsverfahren einen Kostenvorschuss, der Sie davon abhalten mag, Klage zu führen.*

Parteikosten und Parteientschädigung

Bei der Berechnung der möglichen Kosten müssen Sie auch Ihren eigenen Aufwand berücksichtigen sowie denjenigen Ihrer Rechtsanwältin, falls Sie eine beiziehen wollen.

Klagen Sie Ihren Anspruch im ordentlichen Prozess ein, gilt die Regel, dass die unterliegende Partei der obsiegenden eine Entschädigung bezahlen muss. Sie werden also für Ihre eigenen Umtriebe und Auslagen entschädigt, wenn Sie den Prozess gewinnen, andernfalls müssen Sie der anderen Partei eine Entschädigung zahlen. Haben Sie sich durch eine Anwältin vertreten lassen, erhalten Sie im Erfolgsfall auch dafür eine Entschädigung. Diese setzt das Gericht gestützt auf den kantonalen Anwaltstarif fest. Auch dabei wird zuerst auf den Streitwert abgestellt. Daneben werden der Zeitaufwand und die Schwierigkeit des Falles berücksichtigt.

Beispiel *Eda C. hat die Web AG Winterthur bei der Anschaffung und Einführung eines neuen Buchhaltungsprogramms beraten. Da sie keinen schriftlichen Vertrag hat und ihre Rechnung von 5000 Franken nicht bezahlt wird, klagt sie den Betrag beim ordentlichen Richter in Winterthur ein. Anwendbar ist also die zürcherische Verordnung über die*

Verordnung über die Anwaltsgebühren des Kantons Zürich

Die Anwaltsgebühr setzt sich bei vermögensrechtlichen Ansprüchen aus einer Grundgebühr und Zuschlägen zusammen. Die Grundgebühr berechnet sich nach dem Streitwert. Sie kann bei besonderen Umständen (Verantwortung des Anwalts, Schwierigkeit des Falles, notwendiger Zeitaufwand) um ein Drittel unter- oder überschritten werden. Im Rechtsöffnungs- und Konkurseröffnungsverfahren soll die Grundgebühr in der Regel auf die Hälfte bis ein Fünftel herabgesetzt werden.

Die Grundgebühr gilt für die erste Verhandlung oder die erste Rechtsschrift (Klagebegründung oder Klageantwort). Für weitere Verhandlungen oder Rechtsschriften dürfen Zuschläge gemacht werden:
- bei mehreren Verhandlungen im Hauptverfahren: für jede Verhandlung
- bei Referentenaudienzen: für jede Referentenaudienz
- bei Beweisverfahren: für jede Beweiseingabe und jede Verhandlung
- bei schriftlichen Verfahren: für Replik und Duplik und jede weitere Rechtsschrift
- bei Prozessen mit umfangreichem oder fremdsprachigem Aktenmaterial, für das Studium fremden Rechts, ebenso bei anderen komplizierten Prozessen

Jeder Zuschlag darf 50 Prozent der Grundgebühr betragen, alle zusammen nicht mehr als 100 Prozent der Grundgebühr.

Anwaltsgebühr in Franken

Streitwert	$2/3$	100%	133%	150%	200%
1 000	167	250	333	375	500
5 000	667	1 000	1 333	1 500	2 000
10 000	1 333	2 000	2 666	3 000	4 000
20 000	2 133	3 200	4 266	4 800	6 400
30 000	2 733	4 100	5 466	6 150	8 200
40 000	3 333	5 000	6 666	7 500	10 000
50 000	3 800	5 700	7 600	8 550	11 400
60 000	4 267	6 400	8 533	9 600	12 800
70 000	4 733	7 100	9 466	10 650	15 600

Anwaltsgebühren. Bei einem Streitwert von 5000 Franken beträgt die Anwaltsgebühr 1000 Franken zuzüglich Barauslagen. Sind die Verhältnisse besonders einfach oder ist das Verfahren sehr umfangreich, kann die Gebühr auf 667 Franken reduziert bzw. auf 2000 Franken verdoppelt werden.

Die vom Gericht festgesetzte Entschädigung erhalten Sie, wenn Sie den Prozess gewinnen, und können damit Ihre Anwältin bezahlen. Deckt die Entschädigung die Kosten Ihrer Anwältin nur zum Teil, weil Sie ein Honorar nach Zeitaufwand vereinbart haben, müssen Sie den Rest selber bezahlen. Fällt die Gegenpartei nach dem Gerichtsurteil in Konkurs, bleiben die gesamten Anwaltskosten an Ihnen hängen.

Dasselbe gilt, wenn Sie den Prozess verlieren. Dann müssen Sie zudem die vom Gericht festgesetzte Parteientschädigung für den gegnerischen Anwalt bezahlen.

Hinweis *Die Höhe der Anwaltsgebühren ist von Kanton zu Kanton unterschiedlich. Erkundigen Sie sich bei Ihrem Anwalt oder schlagen Sie in der kantonalen Anwaltsgebührenverordnung nach. Unter Umständen finden Sie – wie beim bündnerischen Anwaltsverband (www.grav.ch → Honorare) – Hinweise auf der Internetseite des kantonalen Anwaltsverbands oder Sie können die Höhe der Gebühr mit einem vom Gericht zur Verfügung gestellten Programm ausrechnen. Zur Illustration finden Sie im Kasten auf Seite 113 einen Auszug aus der Verordnung über die Anwaltsgebühren im Kanton Zürich.*

Parteientschädigung im Betreibungsverfahren

Im Betreibungsverfahren gilt die Regel, dass jede Partei ihre Kosten selber tragen muss, weil man davon ausgeht, dass sich keine Probleme stellen, welche die Verfahrensbeteiligten nicht selber lösen könnten. Zudem gibt es verschiedene Formulare, die Ihnen als Gläubiger klare Angaben über den Verfahrensablauf geben. Sie können also weder die Zeit, die Sie beispielsweise für das Ausfüllen des Betreibungsbegehrens aufgewendet haben, noch Ihre Anwaltskosten der Schuldnerin in Rechnung stellen. Gleiches gilt für die Schuldnerin. Auch diese muss den eigenen Aufwand tragen und ihren Vertreter selber entschädigen, falls sie einen beizieht.

Von diesem Grundsatz weicht das Gesetz beim **Rechtsöffnungsverfahren** und beim **Konkurseröffnungsverfahren** ab, denn diese sind weniger übersichtlich als das übrige Betreibungsverfahren. Hier gilt, dass die unterliegende Partei die obsiegende zu entschädigen hat. Gemäss der Gebührenverordnung zum SchKG soll die Entschädigung die versäumte Zeit und die Auslagen umfassen. Sie ist in der Regel tief und oft wird für das Verfahren vor dem Konkursrichter gar nichts zugesprochen.

Haben Sie sich durch eine Anwältin vertreten lassen, gelten auch diese Kosten als Auslagen, die verlangt werden dürfen. Wie beim ordentlichen Prozess legt das Gericht die Entschädigung in der Regel gemäss kantonalem Anwaltstarif fest und stellt dabei auf den Streitwert ab. Da solche Verfahren weniger anspruchsvoll sind, wird die Entschädigung meist herabgesetzt, im Kanton Zürich zum Beispiel auf die Hälfte bis zu einem Fünftel der Entschädigung für den ordentlichen Prozess. Diese reduzierte Entschädigung wird in der Regel die tatsächlichen Kosten Ihrer Anwältin nicht decken.

Beispiel *Besitzt Eda C. aus dem obigen Beispiel von der Web AG einen schriftlichen Beratervertrag, in dem das vereinbarte Pauschalhonorar von 5000 Franken aufgeführt ist, muss sie nicht prozessieren, sondern kann die Betreibung einleiten. Erhebt die Web AG Rechtsvorschlag, kann Frau C. mit ihrer Schuldanerkennung im vereinfachten Verfahren Rechtsöffnung verlangen. Gemäss dem zürcherischen Anwaltstarif beträgt die herabgesetzte Anwaltsgebühr zwischen 200 und 500 Franken, in besonders einfachen Verfahren nur 130, in sehr komplizierten Fällen dagegen 667 Franken.*

Die gesamten Kosten an einem Beispiel

Die Kosten hängen also vor allem davon ab, ob Sie eine Schuldanerkennung haben und so den Weg des einfachen Rechtsöffnungsverfahrens einschlagen können. Ist dies nicht der Fall oder ist das Verfahren speziell kompliziert, steigen die Kosten schnell an. Dasselbe gilt, wenn Sie eine Anwältin beiziehen oder die Gegenpartei Rechtsmittel ergreift und so das Verfahren an eine höhere Instanz weiterzieht.

Aufgrund all dieser Eventualitäten ist es schwierig, die tatsächlichen Kosten vorauszusagen. Wichtig ist aber, dass Sie vom schlimmsten Fall ausgehen, also davon, dass Sie nicht zum Ziel kommen – weil Sie zum Beispiel den Rechtsöffnungsprozess verlieren oder weil Ihr Kunde nichts mehr hat – und die Betreibungs- sowie Ihre Anwaltskosten selber zahlen müssen. Nur wenn es Ihnen das wert ist, sollten Sie Ihre Forderung zwangsweise durchzusetzen versuchen.

Beispiel *Ihre Kundin, eine Baumfirma in Zürich, schuldet Ihnen 5000 Franken. Sie ziehen einen Rechtsanwalt bei, mit dem Sie vereinbaren, dass sich das Honorar nach dem Streitwert und nicht nach der aufgewendeten Zeit richtet. Im Verfahren, das im Kanton Zürich stattfindet, erhebt die Kundin weder Rechtsvorschlag noch ergreift sie ein Rechtsmittel. Sie ziehen das Verfahren bis zur Konkurseröffnung durch. In diesem einfachen Fall können Kosten von gut 500 und (theoretisch) gegen 5000 Franken entstehen (siehe Kasten). Diese müssen Sie in der Regel vorschiessen und unter Umständen werden sie Ihnen am Schluss nicht einmal ersetzt.*

Voraussichtliche Kosten

Art der Handlung	Rechnung Betreibungsamt	Gerichtskosten	Gerichtliche Parteientschädigung**
Zahlungsbefehl	Fr. 70.–		
Rechtsöffnung oder ordentlicher Prozess (inkl. Friedensrichter)		Fr. 50.– bis Fr. 300.– oder Fr. 610.– bis Fr. 1670.–*	Fr. 133.– bis Fr. 667.– oder Fr. 667.– bis Fr. 2000.–
Konkursandrohung	Fr. 70.–		
Konkurseröffnung		Fr. 40.– bis Fr. 500.–	Fr. 133.– bis Fr. 667.–
Total	Fr. 140.–	Fr. 90.– bis Fr. 800.– oder Fr. 650.– bis Fr. 2170.–*	Fr. 266.– bis Fr. 800.– oder Fr. 800.– bis Fr. 2667.–

* zuzüglich Schreib-, Vorladungs- und Zustellgebühren und Barauslagen
** zuzüglich Barauslagen und MWST

Abklärungen abgeschlossen: Was sind die nächsten Schritte?

Sie haben die Zahlungsfähigkeit Ihres Schuldners, Ihre Beweismittel, die Kosten und den Zeitaufwand für die Durchsetzung Ihrer offenen Rechnung abgeklärt. Nun können Sie entscheiden, ob Sie gegen Ihren Kunden vorgehen wollen und – wenn dies der Fall ist – welches Verfahren Sie am besten wählen. Wann lohnt sich ein weiteres Vorgehen und wann ist es klüger, darauf zu verzichten? Drei Beispiele:

Beispiel *Die Promotion GmbH aus Glarus schuldet Ihnen aus einem Druckauftrag 3500 Franken. Ihre Mahnungen und telefonischen Kontaktversuche bleiben ohne Erfolg. Im eingeleiteten Betreibungsverfahren erhebt die Schuldnerin Rechtsvorschlag. Eine Schuldanerkennung zur Beseitigung des Rechtsvorschlags besitzen Sie nicht. Der Betreibungsregisterauszug der Promotion GmbH ist acht Seiten lang. Eine telefonische Anfrage beim Konkursamt Glarus ergibt, dass der Geschäftsführer und Teilhaber bereits mit anderen Unternehmen in Konkurs gefallen ist. Dabei wurden jeweils alle Verfahren mangels Aktiven eingestellt.*

Da Sie keine Schuldanerkennung besitzen, müssten Sie den Rechtsvorschlag Ihrer Schuldnerin im ordentlichen Prozess beseitigen. Der damit verbundene Aufwand an Zeit und Geld lohnt sich aber nicht, steht das Unternehmen doch offensichtlich kurz vor dem Konkurs. Der Prozess würde bloss Kosten verursachen, die Ihnen am Schluss mit grösster Wahrscheinlichkeit nicht ersetzt würden. Ziehen Sie einen Schlussstrich unter die Angelegenheit und verwenden Sie das eingesparte Geld für ein Geschäftsessen mit einer solventen Kundin. In der ebenfalls eingesparten Zeit können Sie sich überlegen, was Sie bei der Annahme und Durchführung eines Auftrags in Zukunft anders machen wollen, damit Ihnen dergleichen nicht mehr passiert. Sofern Sie Mitglied eines Verbands sind und dieser eine schwarze Liste für zahlungsunfähige und/oder -unwillige Kunden führt, lassen Sie die Promotion GmbH darauf setzen.

Beispiel *Die Immoverwaltung AG in Gais hat schriftlich für 12 000 Franken Büromaterial bestellt. Die Rechnung wird nicht bezahlt. Im eingeleiteten Betreibungsverfahren versucht das Betreibungsamt mehrmals, den Zahlungsbefehl zuzustellen, was schliesslich erst mit Hilfe der Polizei gelingt. Da kein Rechtsvorschlag erhoben wird, können Sie zwar gleich die Fortsetzung der Betreibung beantragen. Die Konkursandrohung kann der Immoverwaltung AG aber nicht mehr zugestellt werden, da unbekannt ist, wo sich ihre Vertreter aufhalten.*

Es ist schwierig, jemandem beizukommen, der sich der Betreibung zu entziehen versucht. Der Aufwand an Zeit, Geld und Nerven ist enorm und steht in keinem Verhältnis zum sehr ungewissen Erfolg. Auch in diesem Fall ist es daher zumindest vorläufig besser, vom Eintreiben der Forderung abzusehen. Einen neuen Versuch könnten Sie starten, wenn die Vertreter der Schuldnerin wieder auftauchen.

Beispiel *Sie haben dem Spengler Klaus K. ein Fahrzeug mit Ladebrücke für 50 000 Franken verkauft. Die letzte Ratenzahlung von 9000 Franken ist noch offen und Herr K. hat sie trotz Mahnungen und mehreren Versprechen bis heute nicht bezahlt. Einen Eigentumsvorbehalt am Fahrzeug (siehe Seite 40) haben Sie nicht vereinbart. Im Betreibungsregisterauszug des Spenglers sind verschiedene Betreibungen verzeichnet, Tendenz steigend. Die meisten wurden jedoch mit Rechtsvorschlag gestoppt. Sie sind im Besitz des schriftlichen, von Herrn K. unterzeichneten Kaufvertrags, aus dem die Pflicht zur Bezahlung der letzten Rate klar hervorgeht.*

Den Eigentumsvorbehalt können Sie nicht mehr nachholen, den hätten Sie bei Vertragsabschluss vereinbaren und im Register eintragen lassen müssen. Der Betreibungsregisterauszug weist darauf hin, dass Herr K. zwar finanzielle Probleme hat, diese aber nicht so gross sind, dass sich das Einfordern der ausstehenden 9000 Franken nicht mehr lohnen würde. Da Sie mit dem Kaufvertrag eine Schuldanerkennung in den Händen haben, steht Ihnen zudem das einfache und günstigere Rechtsöffnungsverfahren zur Verfügung. Die Chancen stehen also nicht schlecht, dass Sie noch zu Ihrem Geld kommen.

Klagen oder gleich betreiben?

Damit Sie diese Frage beantworten können, müssen Sie die zwei Arten von Verfahren verstehen, die beim Feststellen und Durchsetzen einer Forderung anwendbar sind: das so genannte Erkenntnisverfahren und das Zwangsvollstreckungsverfahren. Im ersten wird um etwas gestritten und am Schluss festgestellt, wer Recht hat, wem es also zusteht. Im zweiten Verfahren geht es nur um die Durchsetzung des Rechts. Das folgende Beispiel zeigt die Unterschiede.

Beispiel *Die Autoimport AG verkauft dem Glacehändler Ernesto W. ein Spezialfahrzeug für 20 000 Franken. Als das Fahrzeug geliefert wird, verweigert Herr W. die Annahme mit der Begründung, es sei gar kein Kaufvertrag abgeschlossen worden. Die Autoimport AG ist der Auffassung, der Vertrag sei verbindlich. Zwischen den Parteien besteht also ein Konflikt: Muss der Glacehändler das Fahrzeug annehmen und den Kaufpreis bezahlen? Um diese Frage definitiv beantworten zu lassen, kann die Autoimport AG die Kaufpreisforderung beim Gericht einklagen. Im anschliessenden Erkenntnisverfahren wird der Richter beide Parteien anhören, die Akten studieren und Beweise erheben. Am Ende des Verfahrens wird im Urteil festgehalten, ob Ernesto W. der Autoimport AG den Kaufpreis von 20 000 Franken schuldet oder nicht. Diejenige Partei, die mit dem Ergebnis nicht zufrieden ist, kann das Urteil an eine höhere Instanz weiterziehen. Irgendwann wird das Urteil oder der letztinstanzliche Entscheid aber rechtskräftig und legt verbindlich fest, ob Herr W. der Autoimport AG 20 000 Franken zahlen muss.*

Hat das Gericht entschieden, dass Ernesto W. den Betrag schuldet und bezahlt dieser nicht freiwillig, folgt das zweite Verfahren, die Zwangsvollstreckung: Die Autoimport AG betreibt den Glacehändler. Sie geht zum Betreibungsamt, zahlt den Kostenvorschuss und verlangt die Zustellung des Zahlungsbefehls. Jetzt geht es nicht mehr darum, ob Herr W. 20 000 Franken schuldet, weil diese Frage vom Gericht definitiv erledigt wurde. Es geht nur noch um die Durchsetzung des Rechts. Zahlt Ernesto W. nicht freiwillig, kann die Autoimport AG mit Hilfe des Staates – das heisst über das Betreibungs- und allenfalls Konkursamt – die Bezahlung der Forderung zwangsweise durchsetzen.

In der Regel wird also zuerst ums Recht gestritten, danach um die Vollstreckung. Diese Reihenfolge ist aber nicht zwingend. Im Gegensatz zu anderen Rechtsordnungen – etwa in Deutschland – kann in der Schweiz mit der Zwangsvollstreckung begonnen werden, noch bevor feststeht, ob der Anspruch überhaupt besteht. Die Autoimport AG kann also den Glacehändler gleich betreiben, ohne vorher zum Gericht zu gehen. Nur wenn sich Herr W. gegen den Zahlungsbefehl mit Rechtsvorschlag wehrt, kommt es zum Gerichtsverfahren. Möglich ist aber auch, dass das Betreibungsverfahren ganz ohne Gericht durchgespielt wird – dann nämlich, wenn die betriebene Person einsieht, dass sie den verlangten Betrag tatsächlich schuldet, und daher keinen Rechtsvorschlag erhebt oder wenn sie es versäumt, die Betreibung mit Rechtsvorschlag aufzuhalten. Gesamtschweizerisch wurde in den letzten Jahren nur gegen jeden zehnten Zahlungsbefehl Rechtsvorschlag erhoben.

Tipp *Was ist nun sinnvoll? Sollen Sie zuerst beim Gericht klagen oder wollen Sie gleich die Betreibung einleiten? Ihr Entscheid sollte von der Beweislage abhängen. Besitzen Sie eine schriftliche Schuldanerkennung, leiten Sie gleich die Betreibung ein – und lesen in Kapitel 6 weiter. Fehlt Ihnen eine Schuldanerkennung, müssten Sie einen allfälligen Rechtsvorschlag im ordentlichen Prozess beseitigen lassen. Dann ist es sinnvoller, zuerst ein Gerichtsurteil zu erkämpfen, das bescheinigt, dass Ihnen der geltend gemachte Anspruch tatsächlich zusteht. Dieser Weg ist im nächsten Kapitel beschrieben.*

5. Der Forderungs-
prozess

Ihnen fehlt eine Schuldanerkennung. Sie müssen Ihre Forderung daher im ordentlichen Prozess einklagen. Wo tun Sie das? Wie verläuft ein Gerichtsverfahren? Sollen Sie selber klagen oder besser einen Anwalt beiziehen? Antworten auf die Fragen rund um den Forderungsprozess finden Sie auf den folgenden Seiten.

Vor den Schranken des Gerichts

Der Zivilprozess ist im kantonalen Recht geregelt. Die Kantone bestimmen die Organisation der Gerichte und den Ablauf des Verfahrens. So hat auch jeder Kanton eine eigene Zivilprozessordnung, die sich von den anderen erheblich unterscheiden kann. Nur wenige Fragen sind gesamtschweizerisch geregelt: zum Beispiel, welches Gericht an welchem Ort zuständig ist oder unter welchen Umständen ein Prozess nichts kosten soll. Für Rechtsuchende ist dies keine einfache Ausgangslage, besonders wenn sie in einem anderen Kanton klagen müssen.

Diese Situation soll sich ändern. Nachdem eine Expertenkommission den Entwurf zu einer einheitlichen Zivilprozessordnung verfasst hat, die alle 26 kantonalen Zivilprozessgesetze ersetzen soll, arbeitet nun der Bund an der Botschaft dazu. Im Herbst 2006 soll diese dem Parlament vorliegen, das anschliessend bis 2008 Zeit haben wird, darüber zu brüten und zu debattieren. Geplant ist, dass die gesamtschweizerische Zivilprozessordnung im Jahr 2010 in Kraft tritt. Bis dann werden noch viele Prozesse durch die alten kantonalen Gerichtsmühlen gedreht.

Hinweis *Eine Darstellung sämtlicher heute gültiger kantonaler Prozessgesetze würde den Rahmen dieses Ratgebers sprengen. Im Folgenden kommen daher nur die wichtigsten Begriffe zur Sprache, die Sie im Zusammenhang mit einem Gerichtsverfahren antreffen werden. Anschliessend finden Sie einige Überlegungen, die allgemein gelten, und zum Schluss wird anhand eines einfachen Beispiels der Ablauf eines Forderungsprozesses dargestellt, wie er im Kanton Zürich stattfinden könnte. Wenn Sie selber prozessieren müssen, kommen Sie jedoch nicht umhin, die Prozessordnung Ihres Kantons zu konsultieren oder sich von einer Anwältin beraten zu lassen.*

Prozessieren: das Wichtigste in Kürze

Ein Prozess mag Ihnen auch deshalb kompliziert erscheinen, weil er nach festen, Ihnen nicht vertrauten Regeln abläuft und Sie mit Fachausdrücken konfrontiert, die Ihnen nicht geläufig sind. Hier die wesentlichen kurz erklärt:

- **Parteien:** Streiten die einstigen Vertragspartner, werden sie im Prozess zu Parteien oder je nach Position zu Klägerin und Beklagtem.
- **Örtliche Zuständigkeit:** Ein Prozess kann nicht irgendwo durchgeführt werden, sondern nur vor dem Gericht, das örtlich zuständig ist. Anhand des Ortes, wo die Parteien ansässig sind – im gleichen Kanton, in der Schweiz oder im Ausland –, muss abgeklärt werden, welches Gericht kantonal, zwischen mehreren Kantonen oder international zuständig ist. Der Gerichtsort lässt sich vertraglich vereinbaren. Wurde nichts anderes festgelegt, ist grundsätzlich das Gericht am Wohn- oder Geschäftssitz des Beklagten zuständig.
- **Sachliche Zuständigkeit:** Welches der am Ort vorhandenen Gerichte zuständig ist, richtet sich nach dem Sachgebiet. Das Arbeitsgericht beurteilt arbeitsvertragliche Streitigkeiten, das Mietgericht mietvertragliche, mit einer Scheidungsklage gehen Sie nicht ans Handelsgericht. Die sachliche Zuständigkeit lässt sich nicht vertraglich vereinbaren, sie ist also zwingend. Eine Zusammenstellung der in jedem Kanton für Forderungsprozesse zuständigen Instanzen finden Sie im Anhang auf Seite 286.
- **Aufgabenteilung Gericht / Parteien:** In einem Zivilprozess sind die Aufgaben von Gericht und Parteien klar festgelegt. Die Parteien bestimmen das Prozessgeschehen. Die Klägerin bestimmt, ob, wann und in welchem Umfang sie ihre Rechte vor Gericht geltend machen will, und der Beklagte entscheidet, ob er den eingeklagten Anspruch anerkennen oder bestreiten will. Die Klägerin muss dem Gericht sämtliche für den Streit relevanten Tatsachen darlegen und beweisen. Dem Gericht verbleiben «nur» die Prozessleitung und die Rechtsanwendung. Zum einen sorgt es dafür, dass der Prozess fortgeführt und erledigt wird. Das Gericht teilt daher den Parteien Schritt für Schritt mit, was es von ihnen als Nächstes erwartet. Zum anderen wenden die Richter das Recht von Amtes wegen unaufgefordert selber an. Die Parteien müssen also weder die gesetzlichen Bestimmungen kennen noch dem Gericht ihre rechtliche Auffassung mitteilen.
- **Klage:** Ein Prozess beginnt mit einer Klage. Darin muss die Klägerin die Parteien und ihre Vertreter bezeichnen, das Rechtsbegehren stellen, den Streitwert beziffern, das Streitverhältnis darlegen und begründen und ihre Beweismittel nennen. Vorhandene Urkunden muss sie zusammen mit einem Verzeichnis einreichen. Die Klage muss in den meisten

Fällen schriftlich verfasst werden, es sei denn, das Verfahren ist mündlich.
- **Rechtsbegehren und Streitwert:** Im Rechtsbegehren steht, was die Klägerin vom Beklagten will. Der Streitwert ist der Betrag, um den gestritten wird. Vom Streitwert abhängig sind die Gerichtsgebühren, die Parteientschädigungen und zum Teil die sachliche Zuständigkeit des Gerichts.
- **Beweis:** Wird eine relevante Tatsache bestritten, muss sie von derjenigen Partei bewiesen werden, welche die Beweislast trägt. Ist diese dazu nicht in der Lage, verliert sie den Prozess. Beweismittel sind zum Beispiel Urkunden, Zeugen oder Gutachten von Experten.
- **Gerichtskosten und Parteientschädigung:** Ein Prozess verursacht dem Gericht und den Parteien Umtriebe und Auslagen. In der Regel muss daher die Partei, die den Prozess verliert, dem Gericht die Gerichtskosten und der Gegenpartei eine Parteientschädigung bezahlen (mehr dazu auf Seite 110 und 112).
- **Sühneverfahren:** In den meisten Kantonen kann die Forderungsklage nicht direkt beim Gericht eingereicht werden, sondern es kommt zuerst zum Sühneverfahren beim Friedensrichter oder Vermittler. Ziel des Verfahrens ist die Aussöhnung der Parteien. Misslingt die Aussöhnung, darf der Sühnebeamte – ausser bei Bagatellstreitigkeiten um einen gewissen Betrag – nicht selber entscheiden. Er stellt nur den Sühneausweis aus (Weisung, Leitschein oder ähnlich genannt), der zusammen mit der Klage die Einleitung des Prozesses beim Gericht erlaubt. Ob in Ihrem Kanton ein Sühneverfahren vorgeschaltet ist, sehen Sie in der Zusammenstellung im Anhang (Seite 286).
- **Drei Phasen des Gerichtsverfahrens:** In der Regel durchläuft ein Gerichtsverfahren drei Phasen: Im Hauptverfahren werden die Standpunkte der Parteien zur Kenntnis gebracht, im Beweisverfahren werden die Angaben überprüft und im Urteilsverfahren entscheidet das Gericht den Prozess mit einem Urteil.
- **Schriftlich oder mündlich:** Das Verfahren kann schriftlich oder mündlich oder eine Kombination von beidem sein. Sämtliche schriftlichen Eingaben müssen im Original – und oft im Doppel – per Post eingeschickt oder aber persönlich übergeben werden. Fax-Mitteilungen und E-Mails genügen nicht.

- **Referentenaudienz:** In dieser Verhandlung bemüht sich das Gericht, Unklarheiten auszuräumen und unvollständige Ausführungen zu ergänzen. Zudem versucht es, die Parteien zu einem Vergleich zu bewegen.
- **Vergleich:** Ein Vergleich ist eine Einigung zwischen den Streitparteien. Kommt er unter Mitwirkung des Gerichts zustande, spricht man von einem gerichtlichen Vergleich. Ist keine Einigung möglich, fällt das Gericht einen Entscheid.
- **Urteil:** Wenn sich die Parteien nicht vorher einigen, endet das Gerichtsverfahren mit dem Urteil. Darin würdigt das Gericht den Sachverhalt, prüft die Beweismittel, wendet die in Betracht fallenden Rechtssätze an und entscheidet schliesslich, ob es die Klage ganz oder teilweise gutheisst oder abweist.
- **Rechtsmittel:** Auch Richter sind nur Menschen, die sich irren und Fehlurteile fällen können. In der Regel kann ein Urteil daher zur Überprüfung an eine höhere Instanz weitergezogen werden. Wie und innert welcher Frist dies möglich ist, steht in der Rechtsmittelbelehrung am Ende des Entscheids.

Selber klagen oder einen Anwalt beiziehen?

Sobald Sie einen Anwalt mit der Führung Ihres Prozesses betrauen, geht es ins Geld. Anwälte verrechnen Stundenansätze von 200 bis 500 Franken und mehr. Sie werden es sich daher gut überlegen, ob Sie eine Rechtsvertretung beiziehen wollen. Um es vorwegzunehmen: Auch wenn in der Schweiz vor keinem Gericht ein Anwaltszwang besteht, sollten Sie einen ordentlichen Forderungsprozess nie ohne Anwalt bestreiten. Vier Gründe dafür:

1. Das Gerichtsverfahren ist an sich schon kompliziert genug. Sie müssen den relevanten Sachverhalt im Hauptverfahren umfassend schildern, die Einwände der Gegenpartei mit dem richtigen Argument bestreiten und die Beweismittel spätestens im Beweisverfahren nennen. Vergessen Sie eine relevante Tatsache oder ein wichtiges Beweismittel oder machen Sie mit einem schlechten Gegenargument Ihre guten Ausführungen zunichte, besteht die Gefahr, dass Sie den Prozess verlieren.
2. Vom Gericht erhalten Sie keine Hilfe. Rechtsauskünfte werden nur in Arbeits-, Miet- und Ehestreitigkeiten, aber nicht in normalen Forde-

rungsprozessen erteilt. Zwar ist die Richterin dazu verpflichtet, den Sachverhalt zu erfragen. Diese Pflicht beschränkt sich aber auf das Beheben von Unklarheiten und Unvollständigkeiten. Zudem gibt es auch keine Klagevorlagen. Einzige Ausnahme sind die Gerichte im Kanton Luzern, die auf ihrer Website eine Mustervorlage für Klagen bis 8000 Franken anbieten (www.lu.ch → Gerichte → Formulare).
3. Die schriftlichen Anordnungen des Gerichts sind nicht immer leicht zu verstehen. Holen Sie aus einem Missverständnis heraus eine Vorladung nicht ab, verpassen Sie eine Frist oder leisten Sie einen Kostenvorschuss nicht rechtzeitig, kann das fatale Folgen haben.
4. Zieht die Gegenpartei einen Anwalt bei, sind Sie in der schwächeren Position, wenn Sie keine Erfahrung im Prozessieren haben. Zudem besteht die Gefahr, dass Sie bei einem vom Gericht vorgeschlagenen Vergleich über den Tisch gezogen werden. Zwar kann eine einvernehmliche Lösung auch für Sie Vorteile haben, weil Sie dadurch langes Streiten verhindern und Kosten sparen können. Vergleiche sind aber vor allem für das Gericht bequem, denn dieses steht unter grossem Druck, möglichst viele Fälle in möglichst kurzer Zeit zu erledigen. Muss ein Urteil begründet werden, ist der Aufwand um ein Vielfaches grösser als bei der vergleichsweisen Erledigung des Falles. Gerichte versuchen daher häufig, die Parteien zu einem Vergleich zu bewegen, und es ist möglich, dass ein Richter mit sanftem Druck nachhilft, wenn er merkt, dass eine Seite schwächer ist. Es besteht daher die Gefahr, dass Sie ohne Unterstützung einer Anwältin vorschnell einen Vergleich abschliessen, den Sie gar nicht wollen (mehr zum Vergleich auf Seite 129).

Wenigstens eine Beratung

Einen Prozess ohne Anwalt zu führen, birgt einige Risiken. Die Gefahr ist gross, dass Sie verlieren. Und dennoch ist es aus Kostengründen nicht sinnvoll, sich in jedem Fall durch einen Anwalt vertreten zu lassen. Denn selbst wenn Sie den Prozess gewinnen, werden Ihnen in der Regel nicht sämtliche Anwaltskosten von der Gegenpartei entschädigt. Die vom Gericht zugesprochene Entschädigung richtet sich nach der Höhe des Streitwerts. Da aber Anwälte in der Regel nach Zeitaufwand bezahlt werden, kann es leicht geschehen, dass die Parteientschädigung das Honorar nicht deckt.

Beispiel *Ein Kunde schuldet Ihnen 10 000 Franken, die Sie in einem ordentlichen Prozess einklagen wollen. Bei einem Streitwert in dieser Höhe beträgt die Entschädigung für Anwaltskosten im Kanton Zürich 2000 bis maximal 4000 Franken. Dieser Betrag deckt bei einem minimalen Stundenansatz von 200 Franken höchstens 20 Arbeitsstunden. Das genügt knapp für die Vorbereitung des Prozesses und die Teilnahme an der Gerichtsverhandlung. Ist das Verfahren aber schriftlich oder müssen mehrere Verhandlungen durchgeführt werden, reichen 20 Stunden mit Sicherheit nicht.*

Als Faustregel gilt daher: Ab einem Streitwert von 20 000 Franken ist es sinnvoll, sich im Prozess anwaltlich vertreten zu lassen (zur Zusammenarbeit siehe Seite 134). Ist die strittige Summe geringer, ist der Beizug einer Anwältin für das ganze Verfahren zu teuer. Auf eine kurze Beratung vor Einreichen der Klage sollten Sie dennoch nicht verzichten. Es geht vor allem um folgende Punkte:

- Sie müssen unbedingt wissen, wie Ihre Prozesschancen stehen.
- Weiter soll die Anwältin abklären, welches Gericht für Ihren Fall zuständig ist, damit Sie die Klage nicht am falschen Ort einreichen.
- Das Rechtsbegehren zu formulieren ist für Laien nicht einfach. Häufig passieren Fehler. Ihre Anwältin kann diese Aufgabe übernehmen und Ihnen ein paar Tipps geben, wie Sie sich im Prozess verhalten sollen.

Eine solche minimale Beratung dauert bei einfachen Fällen nicht mehr als ein bis drei Stunden. Wissen Sie dann, wo Sie die Klage einreichen müssen, ist Ihr Rechtsbegehren korrekt formuliert und stehen die Prozesschancen nach Ansicht Ihrer Anwältin gut, können Sie den Rest selber machen: Sie erstellen die Klageschrift, reichen sie beim zuständigen Gericht ein und nehmen an der mündlichen Verhandlung teil.

Zuerst geht's zum Sühnebeamten

Bevor Sie den Prozess beim Gericht einleiten können, müssen Sie sich nach den meisten kantonalen Prozessordnungen zuerst an den Sühnebeamten (Friedensrichterin, Vermittler) wenden (siehe Zusammenstellung im Anhang, Seite 286). Das Gesuch um Durchführung des Sühneverfahrens können Sie mündlich oder schriftlich stellen. Es empfiehlt sich aber, eine schriftliche Klage mit den Namen und Adressen der Parteien und der Forderung inklusive Verzugszins einzureichen. Damit der zuständige Sühnebeamte sich auf den Fall vorbereiten kann, sollten Sie die Klage kurz begründen und ihre Belege (Rechnung, Mahnung etc.) dazulegen.

Tipp *Im Anhang (Seite 258) finden Sie ein Muster für eine einfache schriftliche Klageeinleitung. Dieses basiert auf dem Klageformular, das die Friedensrichterämter der Stadt Zürich für ihre Verfahren zur Verfügung stellen und das Sie auch vom Internet herunterladen können (www.fr.stzh.ch → Klagen → Forderungen). Fragen Sie beim für Ihren Fall zuständigen Sühnebeamten nach, ob er ebenfalls ein solches Formular zur Verfügung stellt.*

Wie sieht eine Klageschrift aus?

Der eigentliche Prozess wird beim Gericht mit einer Klage eingeleitet. Wenn das Verfahren schriftlich ist, müssen Sie in Ihrer Klageschrift Ihre

Diese Punkte gehören in eine Klageschrift

- Name und Adresse des Gerichts
- Datum und Ort
- Bezeichnung als Klage
- Name und Adresse des Klägers und allenfalls seines Vertreters
- Name und Adresse der Beklagten und allenfalls ihres Vertreters
- Gegenstand des Verfahrens (zum Beispiel Kaufpreisforderung)
- Rechtsbegehren
- Formelles: Bevollmächtigung des Vertreters, Weisung, Frist, Streitwert, Zuständigkeit des Gerichts
- Begründung: chronologische Darstellung des Sachverhalts mit Bezeichnung der Beweismittel bei den Ausführungen
- Rechtliche Ausführungen (freiwillig, das Gericht sollte das Recht kennen)
- Unterschrift des Klägers und allenfalls des Vertreters
- Verzeichnis der Beilagen

Im Anhang (Seite 260) finden Sie ein Muster für eine Klageschrift.

Forderung ausführlich begründen. Im mündlichen Verfahren genügt eine kurze Begründung, weil an der Verhandlung auf die Einzelheiten eingegangen wird.

Die Klageschriften unterscheiden sich in ihrer Form von Kanton zu Kanton. Über spezielle kantonale Gepflogenheiten informiert Sie Ihr Anwalt in der Kurzberatung. Welche Punkte eine Klageschrift mindestens enthalten sollte, sehen Sie im nebenstehenden Kasten.

Vergleich: oft eine sinnvolle Alternative

Das Handelsgericht des Kantons Zürich erledigt pro Jahr gut 450 Prozesse, vier Fünftel davon innerhalb eines Jahres, der Rest beanspruchte das Gericht zwischen einem und mehr als vier Jahren. Fast 70 Prozent der Gerichtsfälle wurden durch Anerkennung, Rückzug, vor allem aber durch Vergleich erledigt.

Die Meinung herrscht vor, dass ein schlechter Vergleich besser sei als ein langer Prozess. Gerichtsverfahren werden daher nicht immer bis zum bitteren Ende verfolgt, sondern vorzeitig mit einem Vergleich beendet. Dadurch lassen sich Zeit, Geld und Nerven sparen. Eine solche Einigung ist sinnvoll, wenn sie den Streit zwischen den Parteien wirklich beendet. Das ist dann der Fall, wenn die Parteien später nie mehr etwas miteinander zu tun haben werden. Der Vergleich setzt also einen Schlusspunkt unter die geschäftliche Beziehung.

Ein Vergleich setzt voraus, dass beide Parteien nachgeben und einen Kompromiss akzeptieren. Bei der Formulierung muss sichergestellt werden, dass keine Partei die Möglichkeit hat, den Vergleich nachträglich wieder in Frage zu stellen. Sonst wird er zum Ausgangspunkt für einen neuen Streit. In einen Vergleich gehören folgende Punkte:

- **Inhalt:** Hier wird festgehalten, wer wem wie viel schuldet und bis wann diese Schuld getilgt sein muss.
- **Rückzug des Rechtsvorschlags:** Wurde vor dem Prozess bereits die Betreibung eingeleitet und vom Beklagten mit Rechtsvorschlag gestoppt (siehe Seite 170), muss im Vergleich vermerkt sein, dass er den Rechtsvorschlag in der Höhe des vereinbarten Betrags zurückzieht. So kann der Kläger die Betreibung weiterführen, falls der Vergleichsbetrag doch nicht bezahlt wird.

- **Kosten:** Wirkt das Gericht mit, ist es üblich, die Gerichtskosten zu halbieren und gegenseitig auf eine Parteientschädigung zu verzichten.
- **Saldoklausel:** Da die Parteien mit dem Vergleich auch ihre Geschäftsbeziehung beenden, ist es zweckmässig, die Bestimmung aufzunehmen, dass nach Erfüllung der vereinbarten Leistungen zwischen den Parteien keine Ansprüche mehr bestehen.
- **Widerrufsvorbehalt:** Der Vergleich ist mit dem Abschluss verbindlich. Falls eine Partei die Sache doch nochmals überschlafen möchte, kann sie einen Widerrufsvorbehalt formulieren. Damit erhält sie das Recht, den Vergleich innert der vereinbarten Frist zu widerrufen. Dieser wird also erst verbindlich, wenn die Frist abgelaufen ist.

Muster: Vergleich vor Gericht

Martin H. und Regula S. schliessen zum Kaufvertrag vom 22. Juni 2005 und nach Durchführung der heutigen Hauptverhandlung folgenden Vergleich:

1. Martin H. (Beklagter) verpflichtet sich, Regula S. (Klägerin) bis zum 15. März 2006 8000 Franken (inkl. Verzugszinsen und Mehrwertsteuer) zu bezahlen.

2. In diesem Umfang zieht der Beklagte seinen Rechtsvorschlag gegen den Zahlungsbefehl vom 16. November 2005 in der Betreibung Nr. 567 des Betreibungsamts Liestal zurück.

3. Die Parteien übernehmen die Gerichtskosten je zur Hälfte und verzichten gegenseitig auf eine Prozessentschädigung.

4. Mit Erfüllung dieses Vergleichs erklären sich die Parteien per Saldo aller gegenseitiger Ansprüche für auseinander gesetzt.

5. Dieser Vergleich tritt mit der Unterzeichnung in Kraft. Die Parteien haben das Recht, ihn zu widerrufen. Der Widerruf muss schriftlich bis zum 28. Februar 2006 (Datum des Poststempels) gegenüber dem Gericht erfolgen.

Liestal, 21. Februar 2006

Martin H.   Regula S.

Achtung Wie schon erwähnt: Vergleiche sind auch für die Gerichte bequem, weil sie eine schnelle Erledigung des Falls erlauben. Damit Sie nicht vorschnell einem Nachteil zustimmen, sollten Sie einen Vergleich vor Gericht nicht ohne Beisein Ihres Anwalts abschliessen oder zumindest einen Widerrufsvorbehalt verlangen, damit Sie mit Ihrem Anwalt Rücksprache nehmen können.

Per Klage zum Vergleich?

Sie haben einen Anspruch gegen Ihren ehemaligen Geschäftspartner. Die Beweislage sieht nicht rosig aus und Sie müssen damit rechnen, dass das Gericht die Klage am Ende abweisen wird. Sie könnten nun versucht sein, den Anspruch dennoch einzuklagen in der Hoffnung, dass die Gegenpartei mit Hilfe des Gerichts einem Vergleich zustimmt. So gehen stümperhafte Winkeladvokaten vor, die sich des Prozessrisikos nicht bewusst sind. Aber auch gute Anwälte nehmen das Risiko bewusst und in Absprache mit der Klientin in Kauf. Sie betrachten die Klage als Versuch, über einen Vergleich zu einem Teil des geschuldeten Forderungsbetrags zu gelangen. Das gelingt aber nur, wenn die Gegenpartei nicht oder schlecht vertreten ist und daher die Prozesstaktik des Gegenanwalts nicht durchschaut und wenn auch das Gericht darauf hereinfällt.

Achtung Das Risiko eines solchen Vorgehens ist hoch und die damit verbundenen Kosten ebenso. Sie selbst müssen entscheiden, ob Sie beides tragen wollen. Oft ist es besser, einen Schlussstrich unter die Angelegenheit zu ziehen und auf solche Vabanquespiele zu verzichten.

Das Gerichtsverfahren an einem Beispiel

Beispiel Die Garage AG in Zürich bestellt bei der Autozubehör GmbH in Baden telefonisch Ersatzteile für 9000 Franken. Die Teile werden geliefert, die Rechnung wird aber trotz mehrerer Mahnungen nicht bezahlt. Da die Autozubehör GmbH keinen schriftlichen Vertrag abgeschlossen hat, fehlt ihr die notwendige Schuldanerkennung und das schnelle Rechtsöffnungsverfahren bleibt ihr verwehrt. Sie muss also einen Forderungsprozess anstrengen. Dieser läuft, da kein Gerichts-

stand vereinbart wurde und die Garage ihren Sitz in Zürich hat, nach der zürcherischen Zivilprozessordnung ab.

Sühneverfahren

Vor dem eigentlichen Prozess findet das Sühneverfahren vor der Friedensrichterin in Zürich statt. Das Sühnebegehren kann die Autozubehör GmbH schriftlich oder mündlich stellen. Damit ein Gespräch zwischen den Parteien möglich ist, müssen sie persönlich zu einer mündlichen Verhandlung erscheinen. Gelingt es der Friedensrichterin nicht, eine Einigung zwischen den Parteien zu erzielen, darf sie – abgesehen von Streitigkeiten um einen Betrag bis maximal 500 Franken – nicht selber entscheiden. Sie stellt also der Autozubehör GmbH als Klägerin die so genannte Weisung aus. Darin ist auch das zuständige Gericht aufgeführt; in diesem Fall das Handelsgericht des Kantons Zürich, weil beide Parteien im Handelsregister eingetragen sind und der Streitwert der Forderung mehr als 8000 Franken beträgt (siehe Zusammenstellung im Anhang, Seite 286).

Hauptverfahren

Die Klägerin muss innert drei Monaten seit Ausstellung der Weisung beim Handelsgericht eine schriftliche Klage gegen die Garage AG einreichen. In dieser Klage muss sie ihre Forderung begründen und alle vorhandenen Unterlagen samt einem Verzeichnis sowie die Weisung beilegen. Damit beginnt das Hauptverfahren. Als Erstes prüft das Gericht verschiedene formelle Voraussetzungen – beispielsweise seine Zuständigkeit – und entscheidet, ob es auf die Klage überhaupt eintritt. Ist dies der Fall, stellt das Gericht die Klageschrift der beklagten Partei, also der Garage AG, zu und gibt ihr Gelegenheit, darauf zu antworten.

Nach Eingang der Klageantwort, der ebenfalls die Urkunden mit einem Verzeichnis beiliegen müssen, werden die Streitenden zur Referentenaudienz vorgeladen. Kommt es darin nicht zu einem Vergleich, wird das Verfahren weitergeführt. Die Parteien haben mündlich oder – falls das Gericht es anordnet – schriftlich nochmals Gelegenheit, zu den Argumenten und Einwänden des Prozessgegners Stellung zu nehmen: die Klägerin in der so genannten Replik, die Beklagte in der Duplik.

Beweisverfahren

Wenn relevante Behauptungen bestritten werden – beispielsweise wenn die Garage AG behauptet, die Ersatzteile seien nicht geliefert worden –, beginnt nun das Beweisverfahren. Das Gericht hält fest, wer welche Tatsachen beweisen muss und bis wann die Beweismittel (Urkunden, Gutachten etc.) eingereicht oder Zeugen genannt werden müssen. Nachdem die Parteien ihre Beweismittel genannt haben, entscheidet das Gericht über die Zulassung. Sind allenfalls Zeugen befragt und Gut-

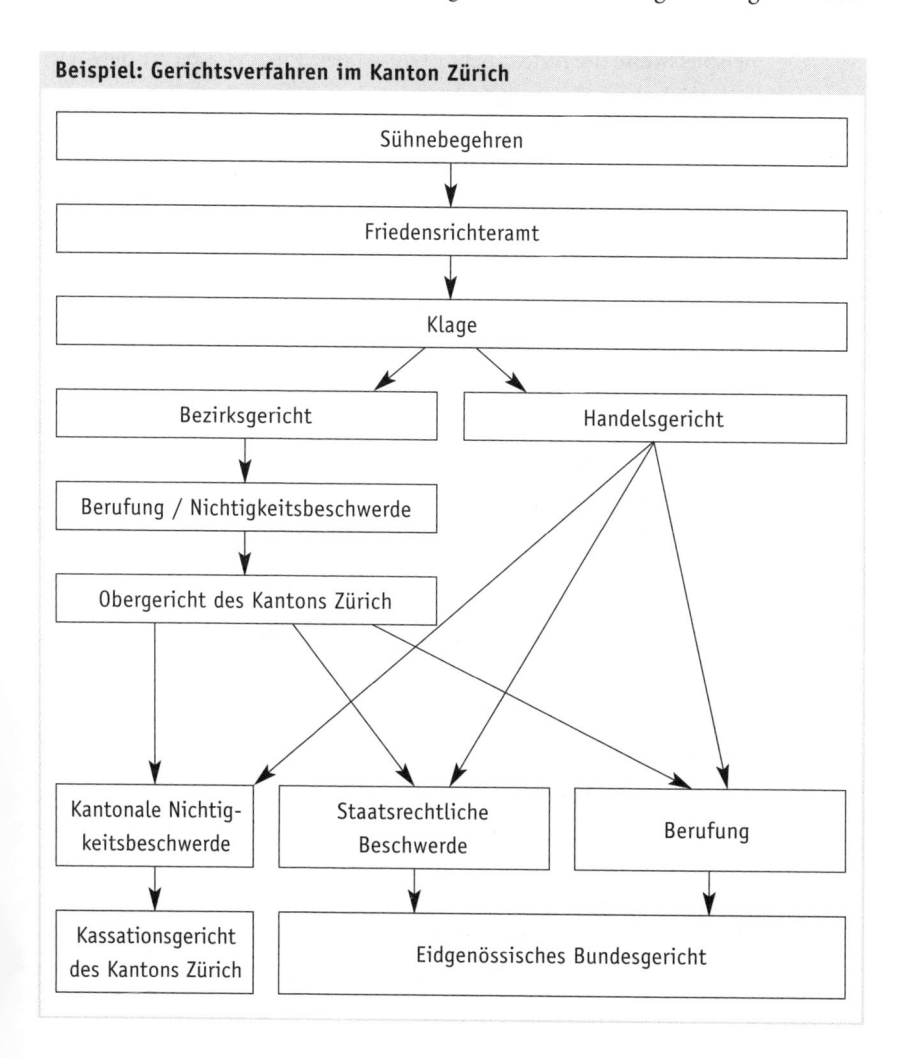

Beispiel: Gerichtsverfahren im Kanton Zürich

```
                    Sühnebegehren
                          ↓
                   Friedensrichteramt
                          ↓
                        Klage
                       ↙     ↘
            Bezirksgericht    Handelsgericht
                  ↓
      Berufung / Nichtigkeitsbeschwerde
                  ↓
        Obergericht des Kantons Zürich
           ↓          ↓           ↓
    Kantonale    Staatsrechtliche   Berufung
    Nichtig-      Beschwerde
   keitsbeschwerde
        ↓              ↓              ↓
   Kassationsgericht   Eidgenössisches Bundesgericht
   des Kantons Zürich
```

achten erstellt worden, erhalten die Parteien Gelegenheit, zum so genannten Beweisergebnis Stellung zu nehmen. Anschliessend fällt das Gericht im Urteilsverfahren das Urteil.

Rechtsmittelverfahren

Mit dem Urteil ist das Verfahren noch nicht beendet, wenn dagegen ein Rechtsmittel besteht. Dann wird es allerdings kompliziert, denn es gibt nicht nur ein, sondern mehrere Rechtsmittel, mit denen man unterschiedliche Fehler im Urteil oder Verfahren bemängeln kann. Verliert beispielsweise die Autozubehör GmbH den Prozess, weil sie die Lieferung nicht beweisen konnte, kann sie dieses Urteil je nachdem mit Berufung oder staatsrechtlicher Beschwerde beim Bundesgericht oder mit kantonaler Nichtigkeitsbeschwerde beim kantonalen Kassationsgericht anfechten. Welches das richtige Rechtsmittel ist und welche formellen Voraussetzungen bei der Einreichung beachtet werden müssen, können Laien allerdings kaum überblicken. Spätestens jetzt lohnt es sich deshalb, einen Rechtsanwalt einzuschalten.

Hinweis *Wird kein Rechtsmittel erhoben oder wird dieses später endgültig abgewiesen, erwächst das Urteil in Rechtskraft, wie die Juristen so schön sagen. Es ist verbindlich und darf daher in einem späteren Prozess zwischen denselben Personen über den gleichen Sachverhalt nicht nochmals überprüft werden darf (materielle Rechtskraft).*

Wenn Sie einen Anwalt beiziehen

Sie suchen einen Anwalt, der Sie entweder vor Einleitung der Klage berät und über Ihre Chancen aufklärt oder der den ganzen Prozess für Sie bestreitet. Den richtigen Anwalt, die passende Rechtsvertreterin zu finden ist nicht einfach. Er oder sie muss fachlich kompetent sein, was Sie in der Regel kaum beurteilen können, und Sie müssen zu dieser Person Vertrauen haben. Ein guter Anwalt stürzt sich nicht leichtsinnig in einen Prozess und er redet Klartext, wenn er Fehler von Ihnen entdeckt. Er sieht davon ab, die Gegenseite anzuschwärzen und Stimmung zu machen, denn das hilft nicht weiter und kostet nur viel Geld.

Tipp *Fragen Sie die Anwältin, wie sie vorzugehen plant, wie hoch sie den Aufwand für die Beratung schätzt und wie sich die Kosten zusammensetzen werden. Aus der Antwort können Sie erkennen, ob die Juristin schon ähnliche Fälle behandelt hat und auf dem Gebiet erfahren ist. Weicht sie sowohl Ihrer Frage nach dem Vorgehen als auch nach den Kosten aus und gibt keine klaren Auskünfte, kann dies ein Indiz dafür sein, dass ihr die nötige Erfahrung fehlt.*

Weiter gilt es zu entscheiden, ob Sie eine grössere Anwaltskanzlei oder ein kleines Büro mit Ihrem Fall betrauen wollen. Die grössere Anwaltskanzlei hat den Vorteil, dass sie viele Spezialisten beschäftigt, die ein breites rechtliches Spektrum abdecken, dass sie über ein internationales Netzwerk verfügt und bei Bedarf kurzfristig grosse Kapazitäten zur Verfügung stellen kann. Solche Dienstleistungen haben ihren Preis, weshalb der verrechnete Stundenansatz kaum unter 350 Franken liegt. Zudem wird Ihr Ansprechpartner in der Regel den Fall nicht selber betreuen, sondern durch einen Mitarbeiter bearbeiten lassen. Das hat höhere Kosten zur Folge. Ein kleines Anwaltsbüro kann zwar nicht für jedes Rechtsproblem auf ein Heer von Spezialisten greifen und Ihnen auch kein Partnerbüro in Moskau anbieten. Dafür sind die Stundenansätze tiefer und Sie können damit rechnen, dass die Person, mit der Sie das Gespräch geführt haben, den Fall selber bearbeitet.

Legen Sie nicht Wert auf eine Beratung und Vertretung durch eine renommierte Kanzlei, empfiehlt es sich, ein kleines Büro zu wählen. Denn Ihr Anwalt muss vor allem zwei Dinge beherrschen: Er muss prozessieren können und sich im Vertragsrecht auskennen. Beides sind nicht einfache Gebiete, ihre Beherrschung setzt aber weder Büros an teurer Lage noch eine Fülle akademischer Titel voraus, sondern vor allem Verstand und eine grosse Berufserfahrung. Darüber verfügen auch Anwälte in kleinen Kanzleien.

Tipp *Mit der Wahl des Anwalts ist es wie mit dem Zahnarzt. Der beste Anwalt ist derjenige, der Ihnen von einer guten Kollegin oder von einem befreundeten Konkurrenten empfohlen wird. Auf deren Zufriedenheit können Sie abstellen und annehmen, dass der Empfohlene auch Sie gut beraten und vertreten wird.*

Können Sie sich nicht auf eine Empfehlung aus Ihrem Umfeld stützen, versuchen Sie auf einem der folgenden Wege, einen guten Rechtsbeistand zu finden:

- Fragen Sie bei Ihrem Berufsverband nach. Unter Umständen wird man Ihnen – wie zum Beispiel beim Architektenverband – eine Anwältin mit Branchenkenntnissen empfehlen können.
- Wenden Sie sich an Rechtsberatungsstellen. Das Beobachter-Beratungszentrum beispielsweise vermittelt seinen Abonnenten Anwältinnen und Anwälte, die sich bewährt haben.
- Eine weitere Möglichkeit ist es, beim Schweizerischen Anwaltsverband und bei den Demokratischen Juristinnen und Juristen die Mitgliederlisten anzufordern oder diese direkt auf dem Internet durchzusehen. Auch die meisten kantonalen Anwaltsverbände helfen bei der Suche nach einem Anwalt. Hingegen wird Ihnen kein Anwaltsverband eine Empfehlung abgeben, das wäre zu heikel. Auch können Sie nicht auf die Angaben zu den Tätigkeitsgebieten abstellen, denn diese stammen von den Mitgliedern selber. Der SAV plant, Fachanwaltstitel einzuführen, die Anwälte erhalten sollen, die sich in einem Spezialgebiet weiterbilden und eine Prüfung ablegen. Ob diese Zusatzqualifikation etwas taugt, lässt sich jedoch noch nicht sagen, denn die ersten Titel werden frühestens Ende 2007 verliehen.

Tipp *Wichtig ist, dass der Anwalt in einem kantonalen Anwaltsregister verzeichnet ist, denn sonst kann er Sie vor Gericht gar nicht vertreten. Zudem untersteht er mit diesem Eintrag der staatlichen Aufsicht. Damit er auch der Verbandsaufsicht unterstellt ist, sollte Ihr Rechtsvertreter einem Berufverband – dem Schweizerischen Anwaltsverband (SAV, www.swisslawyers.ch) oder dem Verein Demokratische Juristinnen und Juristen der Schweiz (DJS, www.djs-jds.ch) – angehören.*

Das erste Gespräch mit dem Anwalt

Haben Sie sich vorerst für einen Anwalt entschieden – ob empfohlen oder selber gefunden –, nehmen Sie Kontakt auf und machen einen Termin ab. Wichtig ist, dass Sie und der Anwalt sich gut auf dieses erste Gespräch vorbereiten können. So sparen Sie Zeit und damit auch Geld.

Stellen Sie daher sämtliche Unterlagen zusammen, die mit dem Fall zu tun haben (siehe Kasten). Schreiben Sie auch auf, was der Reihe nach passiert ist, und datieren Sie die Ereignisse mit Hilfe Ihrer Agenda. All diese Unterlagen schicken Sie dem Anwalt, möglichst chronologisch geordnet. So stellen Sie sicher, dass schon das erste Gespräch effizient geführt wird.

Diese Unterlagen braucht Ihre Anwältin

- Verträge samt Kleingedrucktem und AGB sowie andere schriftliche Abmachungen
- Auftragsbestätigungen, Lieferscheine, Rechnungen, Mahnungen
- Korrespondenz mit dem Vertragspartner
- E-Mails
- Ihre Notizen von Telefonaten und persönlichen Gesprächen
- Ihren eigenen Handelsregisterauszug und denjenigen der Gegenpartei, falls vorhanden
- Abklärungen zur Bonität der Gegenpartei

Der Anwalt ist ans Anwaltsgeheimnis gebunden. Er darf niemandem – weder Ihrem Kunden noch Konkurrenten oder staatlichen Behörden – Informationen weitergeben, die er von Ihnen erhalten hat. Daher können und sollen Sie ganz offen mit ihm sprechen. Erzählen Sie alles, auch Vorgänge, die für Sie unangenehm oder ungünstig sind. Haben Sie zum Beispiel gegenüber Ihrem Vertragspartner bereits einen Teilverzicht unterzeichnet, muss Ihr Anwalt das wissen – und zwar auch dann, wenn Sie der Meinung sind, dieser Verzicht sei ungültig. Ohne diese Information wendet er unter Umständen eine falsche Prozessstrategie an. Erwähnen Sie auch Sachverhalte, die Sie für unwichtig halten, denn vielleicht sprechen gerade diese zu Ihren Gunsten. Wichtig ist, dass Sie Ihren Rechtsbeistand umfassend informieren. So weiss er, was tatsächlich geschehen ist, kann sich eine Meinung bilden und entscheiden, wie weiter vorzugehen ist.

Konnte sich der Anwalt anhand der zugeschickten Akten gut vorbereiten, wird das erste Gespräch in der Regel nicht länger als eine Stunde dauern. Liegt der Fall einfach, wird der Anwalt eine erste Analyse vornehmen und sich allenfalls zu den Prozessaussichten äussern. In der Regel – und erst recht bei komplizierten Sachverhalten – wird er sich aber hüten, bereits jetzt eine Prognose zu stellen. Er muss sich zuerst ein Bild vom Sachverhalt machen und die Rechtslage abklären, um sagen zu können, wie viel Zeit der Fall in Anspruch nehmen wird. Unter Umständen braucht er zusätzliche Informationen und Unterlagen, die Sie ihm liefern müssen.

Am Ende des Gesprächs müssen Sie sich mit dem Anwalt über die Höhe des Honorars einigen. Dieses wird in der Regel nach Zeitaufwand berechnet. Nach oben sind die Kosten natürlich immer offen – insbesondere dann, wenn der Fall zu unerwarteten Komplikationen führen sollte oder sie auf eine querulatorische Gegenpartei stossen. Dennoch sollte Ihnen der Anwalt sagen können, in welchem Rahmen sich das Honorar für die einzelnen Verfahrensschritte im Normalfall bewegt. Eine Garantie, dass die Kosten in diesem Rahmen bleiben, wird Ihnen aber niemand geben.

Ist auch die Honorarfrage geklärt, müssen Sie Ihr Einverständnis erklären, dass der Anwalt Ihren Fall übernimmt, und er wird Ihnen mitteilen, wann er seine Abklärungen beendet hat und Ihnen wieder Bericht gibt.

Ihre Eindrücke vom ersten Gespräch sind wichtig

Lassen Sie sich von Ihrem Gefühl leiten. Suchen Sie zum Beispiel eher eine einvernehmliche Lösung und rät Ihnen der kontaktierte Anwalt, sofort auf volle Konfrontation zu gehen, sollten Sie sich bei einem zweiten erkundigen. Ist eine Anwältin sehr zögerlich mit Aussagen zu Ihrem Fall, dürfen Sie das nicht als Unerfahrenheit oder Geldmacherei interpretieren. Im Gegenteil: Eine solche Anwältin geht seriös an die Sache. Nichtsdestoweniger sollte auch sie Ihnen im Normalfall sofort die üblichen Verfahrensschritte erklären können. Seien Sie auch nicht verärgert, wenn ein Anwalt nicht Ihre ganze Geschichte anhört, sondern sich auf ein paar konkrete Fragen beschränkt und anderen – Ihnen vielleicht wichtig erscheinenden Punkten – keine Beachtung schenkt. Der Anwalt muss entscheiden, was relevant ist. Er wird nicht dafür bezahlt, dass er sich aus rechtlicher Sicht unwesentliche Dinge anhört.

Tipp *Hatten Sie beim Gespräch ein schlechtes Gefühl und konnten Sie kein Vertrauen zum Anwalt entwickeln? Dann sollten Sie sich eine andere Rechtsvertretung suchen. In diesem Fall müssen Sie den beanspruchten Anwalt für die aufgewendete Zeit entschädigen, es sei denn, das erste Gespräch sei ohne Beratung gewesen und daher gratis. Erkundigen Sie sich schon beim Abmachen des Gesprächstermins, wie der angefragte Anwalt dies handhabt.*

Die weitere Zusammenarbeit

Nach dem ersten Gespräch wird Ihre Anwältin den Sachverhalt analysieren und die notwendigen Rechtsfragen abklären. Hat sie das getan, skizziert sie das weitere mögliche Vorgehen und versucht, detailliert abzuschätzen, welche Kosten – Anwaltshonorar, Gerichtsgebühr und andere Auslagen – anfallen werden. Die Ergebnisse dieser Abklärungen, die in einfachen Fällen fünf bis zehn Stunden und in komplexen Fällen ein Mehrfaches davon dauern können, hält die Anwältin in einem Memorandum fest, das sie Ihnen entweder schriftlich zustellt oder in einer zweiten Besprechung genauer erläutert.

Jetzt sind Sie wieder am Ball. Die Anwältin hat Ihnen erklärt, wie die Erfolgschancen sind und wo die Risiken liegen. Unter Umständen empfiehlt sie Ihnen, die Klage einzureichen; vielleicht aber hält sie es für besser, die ganze Angelegenheit zu vergessen und nichts mehr zu unternehmen. Die Entscheidung darüber wird die Anwältin Ihnen jedoch nicht abnehmen können. Sie allein müssen entscheiden, ob Sie Ihren Anspruch weiterverfolgen oder aufgeben wollen. Das Risiko tragen Sie.

Problem Informationsbeschaffung

Sie haben Ihren Anwalt mit der Prozessführung beauftragt. Nun dürfen Sie nicht annehmen, dass es seine Sache sei, alle anfallenden Arbeiten zu erledigen. Sie müssen ihm die nötigen Unterlagen und Informationen liefern. Herrscht in Ihren Geschäftsunterlagen nicht Ordnung, müssen Sie diese so schnell wie möglich herstellen, damit Sie die erforderlichen Akten rechtzeitig aushändigen können. Wissen oder verstehen Sie nicht, welche Dokumente für den Prozess benötigt werden, muss Ihr Anwalt Ihre Geschäftsunterlagen selber an Ort und Stelle einsehen, was zusätzliche Kosten verursacht.

Tipp *Sehen Sie sich ausserstande, den mit der Beschaffung der Akten und Informationen verbundenen Aufwand zu betreiben, verzichten Sie besser auf den Prozess.*

Das Problem der schleppenden Akten- und Informationsbeschaffung tritt vor allem in grösseren Unternehmen auf. In der Regel wird zwar eine Person bestimmt, die für den Prozess und den Kontakt mit dem Anwalt zuständig ist. Diese Kontaktperson gibt sich häufig auch Mühe, die verlangten Informationen zu beschaffen. Sie hat aber manchmal wenig Erfolg, weil sie die gewünschten Akten von der zuständigen Abteilung nicht erhält und sich intern nicht durchsetzen kann. In solchen Situationen muss die Unternehmensleitung die zuständige Person entweder mit umfassenden Vollmachten ausstatten oder die Betreuung des Prozesses selber übernehmen. Das Prozessmanagement ist mit Vorteil Chefsache.

Erfolgreiches Prozessmanagement in einem grösseren Unternehmen

- Die involvierte Geschäftseinheit, der Rechtsdienst des Unternehmens und die externe Prozessanwältin arbeiten eng zusammen.
- Eine Ansprechperson aus dem Rechtsdienst betreut den Prozess als Prozessverantwortliche von Anfang bis Ende und wird dafür mit umfassenden Vollmachten ausgestattet.
- Die externe Prozessanwältin betreut den Prozess von Anfang bis Ende.
- Der Prozess wird von Unternehmensseite aktiv und effizient geführt und nicht bloss erduldet.
- Alle relevanten Unterlagen werden in einem so genannten Masterfile geführt.

Mündliche Gerichtsverhandlung

Findet eine mündliche Gerichtsverhandlung statt, müssen Sie Ihre Anwältin an die Verhandlung begleiten. Schliesslich kennen Sie selbst die Umstände, die zum Prozess geführt haben, am besten. Stellt sich während der Verhandlung heraus, dass der Sachverhalt unklar ist, oder tauchen anderweitige Fragen auf, können Sie die Unklarheiten sofort beheben. Aus diesem Grund schätzt es auch das Gericht, wenn Sie selber an der Verhandlung anwesend sind und sich nicht nur durch Ihre Anwältin vertreten lassen.

Aber aufgepasst! Es besteht die Gefahr, dass Sie durch unbedachte Äusserungen Ihre Position schwächen oder spontane Zugeständnisse machen, deren Tragweite Sie nicht abschätzen können und mit denen Sie die Prozesstaktik Ihrer Anwältin untergraben. Damit dies nicht geschieht, sprechen Sie vor der Verhandlung mit der Anwältin ab, wie Sie sich vor Gericht verhalten sollen. Bittet diese Sie zum Beispiel, sich am Gespräch mit der Gegenpartei nicht zu beteiligen, sondern ihr Ihre Wünsche oder Hinweise in Gesprächspausen mitzuteilen, müssen Sie sich daran halten. Tun Sie das nicht und fallen Sie so Ihrer Anwältin in den Rücken – was in der Praxis des öftern geschieht –, sinken Ihre Chancen, den Prozess zu gewinnen.

Nicht zufrieden mit dem Anwalt: So gehen Sie vor

Sie haben Ihren Anwalt sorgfältig ausgewählt und konnten im ersten Gespräch Vertrauen zu ihm entwickeln. Auf seine Empfehlung, die Klage einzureichen, haben Sie ihn mit der Prozessführung beauftragt. Nach dem ersten Schriftenwechsel fand am Gericht eine Referentenaudienz statt. Doch obwohl Sie und die Gegenpartei vergleichsbereit gewesen wären, kam kein Vergleich zustande. Nach Ihrem Empfinden war vor allem das ungeschickte Verhalten Ihres Anwalts am Scheitern der Verhandlungen schuld. Sie wollen daher für das weitere Verfahren eine neue Rechtsvertretung beiziehen. Das können Sie problemlos tun, denn Sie haben – wie bei jedem Auftrag – jederzeit das Recht, Ihrem Anwalt das Mandat zu entziehen. Dann muss er Ihnen Ihre Unterlagen herausgeben. Im Gegenzug schulden Sie ihm das bis zum Entzug des Mandats aufgelaufene Honorar.

Wenn das Honorar zum Streitpunkt wird
Sie erhalten die Rechnung Ihrer Anwältin über 8000 Franken. Der Betrag erscheint Ihnen zu hoch. Was können Sie tun?

Zuerst schauen Sie sich die Rechnung genau an. Ist bloss der Gesamtbetrag aufgeführt, verlangen Sie eine detaillierte Rechnung. Die Anwältin soll auflisten, wie viel Zeit sie für welche Tätigkeit aufgewendet hat. Erscheint Ihnen das Honorar aufgrund dieser Auflistung immer noch zu hoch, suchen Sie das Gespräch mit der Anwältin. Unter Umständen lassen sich so die Differenzen bereinigen. Kommen Sie auch im Gespräch nicht zu einer Lösung, können Sie die Angemessenheit des Honorars vom kantonalen Anwaltsverband überprüfen lassen – zum Beispiel im Kanton Zürich von der Honorarkommission des Zürcher Anwaltsverbands –, sofern Ihre Anwältin Mitglied des Verbands ist. Ist dies nicht der Fall oder sind Sie auch mit dem Entscheid des Verbands nicht einverstanden, überweisen Sie den Ihrer Meinung nach gerechtfertigten Betrag und warten mit dem Zahlen des Restes zu. Dann muss die Anwältin gegen Sie vorgehen, wenn sie zu ihrem Geld kommen will. Dieses Verhalten empfiehlt sich aber nur, wenn Sie sich Ihrer Sache sicher sind.

Grobe Fehler: Wie können Sie sich wehren?

Mit dem Anwalt ist es ein wenig wie mit den Ärzten. Verliert er den Prozess, weil er schlecht gearbeitet hat, wird er Ihnen gegenüber den Fehler selten zugeben. Er wird versuchen, sich herauszureden und die Schuld dem Gericht in die Schuhe zu schieben.

Sie können überprüfen, wie gut die Arbeit Ihres Anwalts war. Lesen Sie das Urteil, das zur Abweisung der Klage geführt hat. Aus den Erwägungen des Gerichts müssten Sie herauslesen können, ob Ihr Anwalt unsorgfältig gearbeitet hat. Wegen Schludrigkeit allein können Sie ihn jedoch nicht belangen. Dafür müsste er den Prozess geradezu «verbockt» haben. Das ist etwa dann der Fall, wenn er eine Frist verpasst, die Verjährung nicht rechtzeitig unterbrochen, die Klage am falschen Ort eingereicht oder zu viel eingeklagt hat. Liegt ein solcher Kunstfehler vor, können Sie gegen Ihren Anwalt vorgehen und den Schaden beim Gericht einklagen.

Hinweis *Sind Sie mit dem sonstigen Verhalten Ihres Anwalts nicht einverstanden, weil er Berufsregeln – zum Beispiel die Vermeidung von Interessenkonflikten – verletzt hat, können Sie ihn bei der kantonalen Auf-*

sichtskommission anzeigen, die dem Obergericht des Kantons angegliedert ist. Massnahmen werden aber selten verhängt. Im Jahr 2004 sprachen sämtliche Aufsichtskommissionen der Deutschschweiz nur gerade 35 Sanktionen gegen die insgesamt über 5000 registrierten Anwälte aus. Neben den Berufsregeln muss ein Anwalt auch die Standesregeln des kantonalen Anwaltverbands einhalten – sofern er Mitglied ist. Hat er Ihrer Meinung nach dagegen verstossen, können Sie ihn beim Verband anzeigen – im Kanton Aargau zum Beispiel beim Standesgericht des Aargauischen Anwaltsverbands.

Prozess- und Anwaltskosten abwälzen

Über das Kostenrisiko beim Prozessieren haben Sie sich bereits Gedanken gemacht (siehe Seite 107). Sie wissen, dass Sie die Kosten tragen müssen, wenn Sie den Prozess verlieren – oder wenn bei Ihrem Schuldner nichts zu holen ist. Welche Möglichkeiten haben Sie, dieses Risiko auf Dritte zu übertragen?

Rechtsschutzversicherung

Wer eine Betriebsrechtsschutzversicherung für sein Unternehmen abschliesst, kann darin auch die Kosten von Vertragsstreitigkeiten einschliessen, meist in Form eines Zusatzes (Vertragsrechtsschutz). Besitzen Sie eine solche Versicherung, klärt der Versicherer für Sie die Rechtslage ab, prüft Ihre Chancen und vertritt Sie im Forderungsprozess vor Gericht. Die Kosten für Anwalt und Gutachten gehen zulasten des Versicherers. Endet der Prozess mit einer Niederlage, werden auch die Gerichtskosten und die Parteientschädigung bis zu einem Maximalbetrag übernommen.

Eine solche Rechtsschutzversicherung müssen Sie bereits vor der Rechtsstreitigkeit abgeschlossen haben, also bevor Ihr Kunde die Rechnung nicht bezahlt oder andere Pflichten verletzt hat. Auch besteht in der Regel keine Deckung für Rechtsstreitigkeiten, die während der ersten drei Monate seit Abschluss der Versicherung entstehen. Beim Abschluss sollten Sie vor allem zwei Punkte beachten:

- Welche Fälle sind gedeckt, welche nicht? In den allgemeinen Versicherungsbedingungen können gewisse Rechtsgebiete ausgeschlossen sein, beispielsweise das Immaterialgüterrecht (Patent- und Urheberrecht, Marken-, Muster- und Modellrecht), das Bürgschaftsrecht oder der Franchise-, Handelsreisende- und Agenturvertrag.
- Wählen Sie einen Versicherer, der Ihnen bei der Wahl der Anwältin ein Mitspracherecht gewährt. Andernfalls müssen Sie möglicherweise einen vom Versicherer bestimmten Anwalt akzeptieren, der Ihnen gar nicht zusagt.

Die Höhe der Prämien berechnet sich je nach Versicherer nach unterschiedlichen Faktoren: nach der AHV-Lohnsumme aller im Betrieb Angestellten inklusive Patron, nach der Anzahl der im Betrieb Angestellten, nach dem Umsatz, nach der Branche etc.

Beispiel *Tim B. hat ein Grafikatelier mit zwei Angestellten. Diese verdienen je 50 000 Franken pro Jahr, er selber 100 000 Franken. In seiner Betriebsrechtsschutzversicherung sind auch Streitigkeiten mit Lieferanten und Kunden abgedeckt. Die Garantiesumme für diesen Bereich, welche die Anwalts- und Gerichtskosten und allenfalls eine Entschädigung an die Gegenpartei deckt, beträgt pro Schadensfall 40 000 Franken bei einem Mindeststreitwert von 500 Franken und einem Selbstbehalt von 10 Prozent. Die Jahresprämie für die ganze Rechtsschutzversicherung berechnet sich nach der AHV-versicherten Lohnsumme im Betrieb und macht knapp 1000 Franken aus.*

Eine Rechtsschutzversicherung ist nicht allzu teuer. Sie ist kleineren und mittleren Betrieben zu empfehlen, die Gefahr laufen, in Rechtsstreitigkeiten verwickelt zu werden.

Prozessfinanzierung

Es gibt Unternehmen, die gegen eine Erfolgsbeteiligung Prozesse finanzieren. Diese Art der Geschäftstätigkeit ist in der Schweiz jedoch erst am Entstehen, in Deutschland gibt es bereits mehrere Anbieter. Der Prozessfinanzierer übernimmt für Sie die Gerichts- und Anwaltskosten sowie das Risiko, dass Ihr unterliegender Prozessgegner die Ihnen zugesprochene Entschädigung nicht zahlt. Sonst hält er sich im Hintergrund. Vor Gericht treten nur Sie mit Ihrer Anwältin auf. Der Prozessfinanzierer erhält für seine Dienstleistung je nach Streitwert zwischen 20 und 30 Prozent der Summe, die Ihnen zusteht, wenn Sie den Prozess gewinnen.

Die Prozessfinanzierung ist keine Dienstleistung für kleine Firmen. Die Anbieter übernehmen Fälle erst ab einer bestimmten Streitsumme: die Allianz ProzessFinanz GmbH beispielsweise erst ab 200 000 Franken. Zudem übernehmen die Finanzierer nur Prozesse, deren Chancen sehr gut stehen. Sie werden daher in Anwaltskreisen als Rosinenpicker bezeichnet.

Tipp *Wollen Sie mit einem Prozessfinanzierer zusammenarbeiten – der Antrag ist übrigens kostenlos –, muss Ihre Anwältin mit ihm Kontakt aufnehmen und ihm die für die Prüfung des Antrags nötigen Angaben machen.*

Unentgeltliche Prozessführung und Rechtsvertretung

Fehlen Ihnen die Mittel für einen Prozess, haben Sie unter gewissen Voraussetzungen dennoch die Möglichkeit, Ihre Rechte mit anwaltlicher Hilfe durchzusetzen. Denn die Bundesverfassung bestimmt: «Jede Person, die nicht über die erforderlichen Mittel verfügt, hat Anspruch auf unentgeltliche Rechtspflege (UP), wenn ihr Rechtsbegehren nicht aussichtslos erscheint. Soweit es zur Wahrung ihrer Rechte notwendig ist, hat sie ausserdem Anspruch auf unentgeltlichen Rechtsbeistand (URB).» Der Staat muss also – wenn Sie selber die Mittel dazu nicht haben – sowohl die Gerichts- wie auch Ihre Anwaltskosten übernehmen, sofern das Verfahren nicht aussichtslos ist und es sich nicht um eine Bagatellstreitigkeit handelt, die Sie ohne den fachkundigen Rat selber führen können.

Das in der Bundesverfassung garantierte Recht wird in zweifacher Hinsicht eingeschränkt: Zum einen gibt es kantonale Gerichte – wie beispielsweise das Appellationsgericht des Kantons Basel-Stadt –, die

Gesuche um unentgeltliche Rechtspflege vorschnell mit dem pauschalen und unbegründeten Hinweis auf die Aussichtslosigkeit des Verfahrens ablehnen. Andere Gerichte verlangen für die Begründung des Gesuchs derart viele Unterlagen, dass mittellose Parteien von selber auf ein Gesuch verzichten.

Zum anderen gilt der Anspruch auf unentgeltliche Rechtspflege nur für natürliche Personen und – nach der Rechtsprechung – für die Kollektiv- und Kommanditgesellschaft, wenn weder die Gesellschaft selbst noch die unbeschränkt haftenden Gesellschafter in der Lage sind, für die Prozesskosten aufzukommen. Für juristische Personen – zum Beispiel Aktiengesellschaften, GmbHs oder Genossenschaften – lehnten die kantonalen Prozessordnungen die unentgeltliche Rechtspflege bisher ab. Das Bundesgericht hat die Frage offen gelassen.

Wer kann die unentgeltliche Prozessführung verlangen?
Unentgeltliche Prozessführung und einen vom Staat bezahlten Rechtsvertreter können Sie also nur verlangen, wenn Ihr Geschäft als Einzelfirma bzw. Kollektiv- oder Kommanditgesellschaft organisiert ist und zusätzlich die folgenden Voraussetzungen erfüllt sind:

- **Mittellosigkeit:** Ihnen – und allenfalls den übrigen Teilhabern Ihrer Firma – müssen die Mittel fehlen, um neben Ihrem Lebensunterhalt und demjenigen Ihrer Familie für die Gerichts- und Anwaltskosten aufzukommen. Ab welchem Einkommen und Vermögen diese Bedingung als erfüllt gilt, ist von Kanton zu Kanton verschieden. Im Kanton Zürich nehmen die Gerichte Mittellosigkeit an, wenn das Nettoeinkommen einer Einzelperson das betreibungsrechtliche Existenzminimum zuzüglich Steuern um nicht mehr als 1000 Franken übersteigt und das Vermögen höchstens einen Notgroschen ausmacht (zum Existenzminimum siehe Seite 195).
- **Kein aussichtsloses Verfahren:** Ihr Fall darf nicht aussichtslos sein. Im Kanton Zürich gilt folgende Faustregel: Die Gewinnaussichten dürfen nicht schlechter als 1:5 stehen.
- **Vertretung notwendig:** Die Bestellung einer unentgeltlichen Rechtsanwältin setzt zusätzlich voraus, dass Sie auf fachkundigen Rat angewiesen sind. Das ist vor allem dann der Fall, wenn der Sachverhalt komplex ist und die sich stellenden Rechtsfragen schwierig sind.

Verlieren Sie den Prozess, müssen Sie trotz unentgeltlicher Rechtspflege die Prozessentschädigung an die Gegenpartei bezahlen. Zudem haben Sie eine Nachzahlungspflicht: Verfügen Sie zu einem späteren Zeitpunkt wieder über genügend finanzielle Mittel, müssen Sie die Gerichts- und Anwaltskosten nachträglich bezahlen.

Tipp *Fragen Sie Ihren Anwalt, ob Sie Anspruch auf unentgeltliche Rechtspflege haben. Er wird für Sie das Gesuch mit den nötigen Belegen beim Gericht einreichen, das auch Ihre Klage behandelt.*

6. Die Betreibung einleiten

Sie besitzen eine Schuldanerkennung Ihres Kunden oder Sie haben den Forderungsprozess gegen ihn gewonnen. Nun wollen Sie die Betreibung einleiten. Wer ist für die Phase eins des Betreibungsverfahrens zuständig? Was tun, wenn der Kunde Rechtsvorschlag erhebt? Übergeben Sie den Fall besser einem Inkassobüro?

Ein Gesetz für die ganze Schweiz

Das Ziel des Betreibungsverfahrens ist klar: Der Gläubiger soll sein Geld erhalten, und zwar aus dem Vermögen der Schuldnerin. Der Weg dazu ist in zwei Etappen unterteilt:
- In der ersten Phase, dem Einleitungsverfahren, wird abgeklärt, ob der betreibende Gläubiger eine vollstreckbare Forderung gegen die Schuldnerin besitzt. Um Teil eins des Betreibungsverfahrens geht es in diesem Kapitel.
- Ist klar, dass die Forderung besteht, beginnt die zweite Phase, das eigentliche Zwangsvollstreckungsverfahren. Das Betreibungs- oder Konkursamt nimmt der Schuldnerin ihre Vermögenswerte oder einen Teil davon weg, verwertet sie und verteilt den Erlös an den oder die Gläubiger. Teil zwei des Betreibungsverfahrens wird in den folgenden zwei Kapiteln besprochen.

Zwei unterschiedliche Betreibungsarten

- **Generalexekution:** Dabei wird das gesamte Vermögen des Schuldners verwertet und unter alle Gläubiger verteilt. Zu dieser Betreibungsart gehören die Konkursbetreibung und als Spezialfall davon die Wechselbetreibung.
- **Spezialexekution:** Bei dieser Betreibungsart wird nur so viel Vermögen gepfändet und verwertet, wie zur Bezahlung des betreibenden Gläubigers erforderlich ist. Dazu zählen die Pfändung und als Spezialfall die Pfandverwertung.

Am häufigsten sind Sie als Gläubiger mit der Betreibung auf Pfändung und der Konkursbetreibung konfrontiert. Das Einleitungsverfahren verläuft bei beiden Arten gleich. Anschliessend bestimmt das Betreibungsamt, auf welchem Weg die Betreibung fortgesetzt werden muss.

Hinweis *Eine Betreibung auf Pfandverwertung (bei pfandgesicherten Forderungen) oder eine Wechselbetreibung (gestützt auf einen Check oder Wechsel; nur gegen im Handelsregister eingetragene Schuldner) müssen vom Gläubiger gleich zu Beginn des Verfahrens ausdrücklich verlangt werden. In der Regel haben Sie jedoch weder ein Pfand für Ihre*

Forderung, das Sie verwerten lassen könnten, noch lassen Sie sich einen Check oder Wechsel ausstellen, mit dem die Wechselbetreibung möglich wäre. Auf diese beiden Betreibungsarten geht der Ratgeber daher beim Einleitungsverfahren nicht weiter ein.

Betreiben: das Wichtigste in Kürze

Eine Betreibung ist weit weniger kompliziert als ein ordentlicher Prozess. Die gesetzliche Regelung im Bundesgesetz über Schuldbetreibung und Konkurs (SchKG) ist einfach und klar und für die ganze Schweiz

---

Das Bundesgesetz über Schuldbetreibung und Konkurs

Bis 1892 besass jeder Kanton sein eigenes Betreibungsrecht. Es gab damals also 25 verschiedene Betreibungsordnungen, die zum Teil stark voneinander abwichen. Seit 1892 regelt das Bundesgesetz über Schuldbetreibung und Konkurs – kurz SchKG – das Eintreiben von Geldforderungen für die ganze Schweiz. Es gilt für sämtliche Geldforderungen, ob sie nun der Staat oder eine Privatperson durchsetzen will.

Die Kantone haben nicht mehr viel zu sagen. Nur gewisse organisatorische Belange liegen zum Teil noch in ihrer Kompetenz. Diese Einschränkung hat den Vorteil, dass Sie sich heute nicht zuerst mit einem anderen Betreibungsrecht und einem fremden Betreibungssystem auseinander setzen müssen, wenn Sie ein Guthaben in einem anderen Kanton eintreiben wollen.

Am 1. Januar 1997 trat eine überarbeitete Fassung des SchKG in Kraft, nachdem jahrzehntelang darüber nachgedacht, geschrieben und debattiert worden war. Die Revision führte nicht zu tief greifenden Änderungen, sondern entsprach eher einem Facelifting. Sie hielt an vermeintlich Bewährtem fest, was zur Folge hatte, dass das Gesetz eine Baustelle blieb, auf der ständig kleinere Reparaturen vorgenommen wurden und werden. Nach dem Zusammenbruch der Swissair wurde der Ruf nach einer umfassenden Reform wieder lauter. Das Sanierungsrecht erwies sich nach Ansicht verschiedener Parlamentarier als nicht mehr zeitgemäss. Bis zur Drucklegung dieses Ratgebers ist – ausser einem Bericht der Expertengruppe Nachlassverfahren, der beim Bundesamt für Justiz liegt – noch nichts Konkretes geschehen.

einheitlich. Wer sich die Mühe macht, kann sämtliche notwendigen Schritte für die Durchsetzung einer Forderung selber dem Gesetz entnehmen. Zudem geben viele Behörden Formulare mit ausführlichen und verständlichen Erklärungen ab. Bei Unklarheiten helfen die Beamten sogar persönlich weiter. In einem Betreibungs- oder Konkursverfahren werden Sie nicht mit derart schwierigen Problemen konfrontiert, dass Sie sie nicht selber lösen könnten. Sind Sie also bereit, den Aufwand auf sich zu nehmen, können Sie eine Betreibung selber einleiten und durchziehen.

Hinweis *Wie so oft bei Gesetzen regelt auch das SchKG nicht abschliessend alle Fragen über Schuldbetreibung und Konkurs. Details werden in einer Fülle von Verordnungen, Kreisschreiben, Anweisungen, Schreiben und Bescheiden geregelt und auch andere Gesetze wie das Zivilgesetzbuch (ZGB) oder das Obligationenrecht (OR) enthalten betreibungsrechtliche Bestimmungen. Für insolvente Banken und Gemeinden bestehen sogar umfassende Spezialgesetze – erinnert sei an den Zusammenbruch der Spar + Leihkasse Thun und an das Finanzdebakel von Leukerbad.*

Die Initiative liegt bei Ihnen

Auch im Betreibungsverfahren gilt: «Wo kein Kläger ist, da ist kein Richter.» Die Betreibungs- und Konkursämter werden nie von sich aus die Initiative ergreifen. Sie als Gläubiger müssen jeden Verfahrensschritt selbst beantragen. Tun Sie es nicht, schläft die Betreibung ein. Umgekehrt kann auch Ihr einstiger Vertragspartner, der Schuldner, das Verfahren zum Stillstand bringen, indem er Rechtsvorschlag erhebt, oder er kann es beenden, indem er die betriebene Forderung bezahlt.

Behörden

In einem Betreibungsverfahren sind ganz verschiedene Behörden involviert: das Betreibungsamt, das Konkursamt, die Aufsichtsbehörde, das Gericht, Hilfsorgane (zum Beispiel die Polizei) und andere Organe (etwa die Gläubigerversammlung oder eine ausseramtliche Konkursverwaltung).

Beispiel *Sie haben die Betreibung gegen die AG für Übersetzungen eingereicht und das Betreibungsamt stellt der Schuldnerin den Zahlungsbefehl zu. Nachdem diese Rechtsvorschlag erhoben hat, verlangen Sie dessen Beseitigung beim Gericht. Weil sich das Betreibungsamt damit zu viel Zeit lässt, beschweren Sie sich bei der Aufsichtsbehörde. Schliesslich soll der AG für Übersetzungen die Konkursandrohung zugestellt werden. Dazu ist die Hilfe der Polizei nötig, weil sich die Verantwortlichen weigern, das Papier entgegenzunehmen. Nachdem der Konkursrichter den Konkurs eröffnet hat, nimmt das mit der Durchführung betraute Konkursamt das Konkursinventar auf. An der Gläubigerversammlung wird eine ausseramtliche Konkursverwaltung gewählt, die das Verfahren gegen die AG für Übersetzungen zu Ende bringen soll.*

Welches Amt oder Gericht in Ihrem Kanton im konkreten Fall zuständig ist, lässt sich nicht immer leicht herausfinden. Fragen Sie auf der Gemeindeverwaltung am Wohnsitz bzw. Firmensitz Ihres Schuldners nach oder suchen Sie im Internet. Auf der Website der Schatzmann Inkasso + Treuhand AG (www.schatzmann-inkasso.ch) können Sie für 150 Franken pro Jahr die Adressen sämtlicher Behörden und Gerichte jedes Kantons abfragen, die eine Rolle bei der betreibungsrechtlichen Durchsetzung einer Forderung spielen. Eine Zusammenstellung der in einer Betreibung involvierten Instanzen finden Sie auch im Anhang (Seite 286).

Betreibungsgegenstand
Betreiben können Sie gemäss SchKG Ansprüche auf Geldzahlung oder Sicherheitsleistung (bekanntes Beispiel die Mieterkaution). Lautet die Forderung auf eine fremde Währung, müssen Sie diese in Schweizer Franken umwandeln. Wurde im Vertrag ausdrücklich abgemacht, dass der Betrag nur in der ausländischen Währung geschuldet ist (so genannte Effektivklausel), ist eine Umwandlung ausgeschlossen. Dann handelt es sich aus Sicht des SchKG nicht um eine Geld-, sondern um eine Sachschuld – wie etwa Edelmetalle oder Wertpapiere. Solche Schulden können nicht betrieben, sondern müssen nach kantonalem Zwangsvollstreckungsrecht durchgesetzt werden.

Hinweis *WIR-Schulden sind Sachschulden und wären daher ebenfalls von der Betreibung ausgeschlossen. Die Allgemeinen Geschäftsbedingungen der WIR Bank, die für die WIR-Teilnehmer verbindlich sind, sehen jedoch eine automatische Umwandlung des WIR-Guthabens in Bargeld vor (1 WIR-Franken = 1 Franken). Überträgt ein WIR-Schuldner das WIR-Guthaben nicht fristgerecht – in der Regel innert 30 Tagen nach Rechnungsstellung – auf den WIR-Gläubiger, muss ihm der Gläubiger eine siebentägige Nachfrist ansetzen. Verstreicht auch diese unbenutzt, wird die automatische Umwandlung vollzogen und das Guthaben kann betrieben werden (zum WIR-Geld siehe auch Seite 86).*

Fristen und wie sie berechnet werden

Sobald eine Betreibung eingeleitet ist, müssen Fristen eingehalten werden: Unterlässt Ihr Kunde es beispielsweise, rechtzeitig Rechtsvorschlag zu erheben, können Sie das Betreibungsverfahren ungehindert fortführen. Verpassen Sie Ihrerseits die Frist für die Fortsetzung, erlischt die ganze Betreibung und Sie müssen von vorn beginnen.

Die Berechnung der Fristen ist nicht ganz einfach. Wird eine Frist **nach Tagen** bestimmt, wird der Tag, an dem sie beginnt, nicht mitgezählt.

Beispiel *Ihrem Schuldner wird am 11. Januar 2006 der Zahlungsbefehl zugestellt. Dann hat er zehn Tage Zeit, um Rechtsvorschlag zu erheben. Er muss dies also bis am 21. Januar 2006 um 24 Uhr getan haben.*

Wird eine Frist **nach Monaten oder Jahren** bestimmt, endet sie am Tag, der seiner Zahl nach dem Tag entspricht, an dem sie zu laufen begann.

Beispiel *Der Zahlungsbefehl, der Ihrem Schuldner am 11. Januar 2006 zugestellt wurde, bleibt ein Jahr gültig. Sie haben also bis spätestens am 11. Januar 2007 Zeit, die Fortsetzung der Betreibung zu verlangen.*

Die Frist endet am letzten Tag um Mitternacht. Dann spätestens muss das Dokument der Poststelle in der Schweiz übergeben werden. Als

Beweis gilt der Aufgabestempel der Post oder – wenn der Schalter geschlossen ist – zur Not die Aussage von Dritten, die schriftlich bezeugen, dass das Schriftstück vor Mitternacht in den Briefkasten geworfen wurde.

Fällt der letzte Tag einer Frist – egal, ob nach Tagen oder Monaten bzw. Jahren bestimmt – auf einen Samstag, einen Sonntag oder einen im Kanton bzw. in der ganzen Schweiz anerkannten Feiertag, endet sie erst am nächsten Werktag. Fällt das Ende der Frist in eine Schonzeit (siehe unten), verlängert sie sich um drei Tage über das Ende dieser Zeit hinaus.

Schonzeiten
Das Gesetz räumt der Schuldnerin Schonzeiten ein, während denen sie Ruhe vor den Gläubigern haben soll. Es sind dies:
- Zeiten, in denen die Ämter üblicherweise geschlossen sind, also zwischen 20 Uhr und 7 Uhr sowie an Sonn- und Feiertagen
- Betreibungsferien: sieben Tage vor und sieben Tage nach Ostern und Weihnachten sowie während der Sommerferien zwischen dem 15. und dem 31. Juli
- Rechtsstillstand: individuelle Schonzeiten für die Schuldnerin, zum Beispiel bei Nachlassstundung, während Militär-, Zivil- oder Zivilschutzdienst, bei Todesfall in der Familie, Tod, Verhaftung oder einer schweren Erkrankung

Beispiele *Sie wollen Lucrezia F. in Maienfeld betreiben, weil diese die per Internet bestellten CDs nie bezahlt hat. Am 27. Dezember 2005 stellen Sie beim Betreibungsamt Maienfeld das Betreibungsbegehren. Dieses wird den Zahlungsbefehl wegen der Betreibungsferien frühestens am 3. Januar 2006 zustellen.*

Die Finanzen AG in Stans verspricht die Vermittlung von Grossdarlehen. Interessenten müssen im Voraus eine hohe Kommission bezahlen. Das Geld sehen sie nie mehr, denn die versprochenen Darlehen sind Lug und Betrug. Die Polizei kommt den Machenschaften auf die Spur und verhaftet am 10. Januar 2006 den Geschäftsführer und die drei Verwaltungsräte der Finanzen AG. Davon erfährt auch das Betreibungs- und Konkursamt Stans, bei dem bereits Betrei-

bungsbegehren gegen die betrügerische Firma eingegangen sind. Da sämtliche Organe der Aktiengesellschaft in Untersuchungshaft sitzen und ein Ende der Haft nicht absehbar ist, setzt ihnen das Amt eine Frist von 20 Tagen an, um einen Vertreter zu bestimmen. Während dieser Zeit darf das Betreibungsamt die Zahlungsbefehle nicht zustellen.

Während der Schonzeiten dürfen die Behörden keine Betreibungshandlungen vornehmen, also keine Handlungen, die den Gläubiger näher zu seinem Ziel bringen und die in die Rechte des Schuldners eingreifen. Missachtet die Behörde die Schonzeiten, kann dies je nach Vorgang dazu führen, dass die unternommene Betreibungshandlung als nichtig erklärt wird oder vom Schuldner angefochten werden kann. Andere Betreibungshandlungen – beispielsweise die Zustellung eines Zahlungsbefehls während der Betreibungsferien – müssen nicht einmal angefochten werden, sie entfalten ihre Wirkung einfach erst nach Ablauf der Schonfrist.

Hinweis *Der Kanton haftet für die Beamten, Angestellten und Hilfspersonen der Betreibungs- und Konkursämter, wenn diese bei der Durchführung von Betreibungshandlungen widerrechtlich einen Schaden verursachen. Lässt zum Beispiel ein Konkursamt Ihren Fall wegen Personalmangel längere Zeit unbearbeitet liegen, muss der Staat dafür aufkommen, wenn Ihnen durch die Verspätung ein Schaden entstanden ist. Die Schadensersatzklage gegen den Kanton müssen Sie innerhalb eines Jahres, nachdem der Schaden bekannt wurde, einreichen.*

Betreibungskosten

Die Betreibungsbehörden erheben für ihre Handlungen Gebühren. Massgebend ist die Gebührenverordnung zum SchKG. Die Tarife sind von der Höhe der betriebenen Forderung abhängig. Als Gläubiger müssen Sie diese Betreibungskosten vorschiessen. Sie werden Ihnen vom Schuldner ersetzt, wenn Sie im Verfahren obsiegen – und er noch genügend Vermögenswerte hat. Eine Auflistung der Kosten finden Sie im Anhang (Seite 282).

Die vier Stadien des Einleitungsverfahrens

Das Einleitungsverfahren umfasst vier Stadien: Es beginnt mit dem Betreibungsbegehren der Gläubigerin. Darauf erlässt das Betreibungsamt einen Zahlungsbefehl und stellt ihn dem Schuldner zu. Erhebt der Schuldner dagegen Rechtsvorschlag, muss die Gläubigerin beim Richter Rechtsöffnung verlangen oder ihren Anspruch im ordentlichen Prozess einklagen. Mit der Beseitigung des Rechtsvorschlags ist das Einleitungsverfahren abgeschlossen.

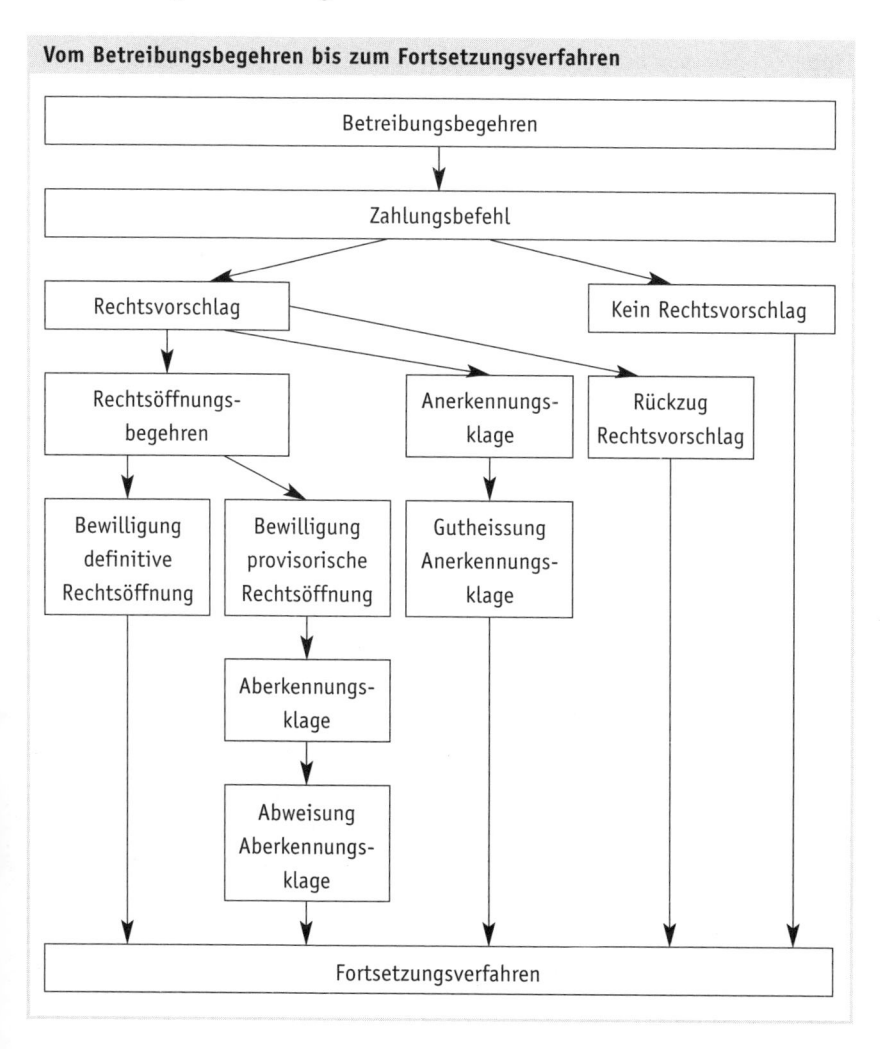

Vom Betreibungsbegehren bis zum Fortsetzungsverfahren

```
Betreibungsbegehren
        │
        ▼
Zahlungsbefehl
   ┌────┴────┐
   ▼         ▼
Rechtsvorschlag       Kein Rechtsvorschlag
   │
   ├──────────────┬──────────────┐
   ▼              ▼              ▼
Rechtsöffnungs-   Anerkennungs-  Rückzug
begehren          klage          Rechtsvorschlag
   │    │            │
   ▼    ▼            ▼
Bewilligung   Bewilligung   Gutheissung
definitive    provisorische Anerkennungs-
Rechtsöffnung Rechtsöffnung klage
                │
                ▼
           Aberkennungs-
           klage
                │
                ▼
           Abweisung
           Aberkennungs-
           klage
   │            │            │            │
   ▼            ▼            ▼            ▼
        Fortsetzungsverfahren
```

Das Betreibungsbegehren

Jedes Betreibungsverfahren beginnt mit dem Betreibungsbegehren, das Sie als Gläubiger beim zuständigen Betreibungsamt stellen müssen. Dazu verwenden Sie am besten das offizielle Formular; Sie können aber auch selber einen Brief verfassen oder Sie gehen zum Betreibungsamt und lassen das Betreibungsbegehren vom Sachbearbeiter nach Ihren Angaben ausfüllen.

Tipp *Mit dem offiziellen Formular sind Sie sicher, dass Sie keine der vom Gesetz vorgeschriebenen Angaben vergessen. Sie können es beim Betreibungsamt beziehen oder von der Website der Schweizer Betreibungs- und Konkursbeamten herunterladen (www.betreibung-konkurs.ch).*

Was muss im Betreibungsbegehren stehen?

Sie müssen alle nötigen Angaben machen, damit das Betreibungsamt Ihr Begehren ausführen kann. Einzelne der Angaben sind zwingend, andere freiwillig, aber zu empfehlen. Zum Schluss müssen Sie das Betreibungsbegehren eigenhändig unterschreiben. Ein ausgefülltes Muster finden Sie im Anhang (Seite 264).

Schuldner

Das Betreibungsamt muss wissen, wem es den Zahlungsbefehl zustellen soll. Es braucht daher den Namen, Vornamen und die genaue Wohnadresse des Schuldners bzw. die Firma und den Sitz bei einer juristischen Person oder Gesellschaft. Ist das Betreibungsbegehren gegen eine Firma gerichtet, müssen Sie zusätzlich den Namen eines berechtigten Vertreters angeben, dem der Zahlungsbefehl zugestellt werden kann; bei einer AG etwa ist dies ein Mitglied des Verwaltungsrats, eine Direktorin oder ein Prokurist. Können Sie diese Angaben nicht machen, ist das Betreibungsamt nicht verpflichtet, selber Nachforschungen anzustellen.

Gläubiger

Der Schuldner hat ein grosses Interesse daran zu wissen, wer ihn betreibt, denn nur dann kann er sich dagegen zur Wehr setzen. Er soll auch die Möglichkeit haben, direkt mit dem Gläubiger Kontakt aufzunehmen. Deshalb müssen der genaue Name, Vorname – bei einer juristischen Person oder Gesellschaft die Firma – und die Adresse des Gläubigers im Betreibungsbegehren aufgeführt sein. Beauftragen Sie ein Inkasso- oder Anwaltsbüro mit der Durchführung der Betreibung, müssen Sie dessen Namen und Adresse ebenfalls angeben.

Tipp *Damit der Schuldner – wenn er die Schuld doch noch freiwillig bezahlen will – nicht ans Betreibungsamt gelangen muss, sollten Sie auch Ihr Post- oder Bankkonto bzw. dasjenige Ihres Vertreters aufführen.*

Forderungssumme und Zins

Als Gläubiger müssen Sie den genauen Forderungsbetrag nennen. Lautet die Forderung auf eine fremde Währung, müssen Sie sie selbst in Schweizer Franken umrechnen, und zwar zum Kurs am Tag des Betreibungsbegehrens (siehe auch Seite 153).

Fordern Sie Verzugszins, müssen Sie die Höhe des Zinssatzes angeben und den Tag, seit dem Sie ihn verlangen. Der gesetzliche Verzugszins beträgt fünf Prozent. Haben Sie vertraglich einen höheren Zins vereinbart, können Sie natürlich diesen verlangen.

Der Zinslauf beginnt mit dem Eintritt des Verzugs. Also entweder am Tag nach Ablauf der Zahlungsfrist – die Sie im Vertrag vereinbart oder dem Schuldner auf der Rechnung gesetzt haben – oder am Tag, nachdem Sie den Schuldner gemahnt haben. Einer Mahnung gleichgestellt wird die Zustellung des Zahlungsbefehls (siehe Seite 165), sodass Sie spätestens ab diesem Datum einen Verzugszins von mindestens fünf Prozent verlangen können.

Verspätungsschaden

Diesen Schaden können Sie nur verlangen, wenn er grösser ist als der Verzugszins und Sie den Umfang beweisen können. Beides ist bei simplen Geldforderungen in der Regel nicht der Fall, weshalb Sie besser darauf verzichten – es sei denn, sie haben beispielsweise Mahnspesen vertraglich vereinbart (siehe Seite 50).

Lassen Sie Ihre Forderung durch ein Inkassobüro eintreiben, macht dieses unter dem Titel Verspätungsschaden oft enorme Honorarforderungen und hohe Spesen geltend. Das ist unzulässig, denn nach Gesetz dürfen die Kosten für die Vertretung vor den Betreibungsbehörden nicht auf den Schuldner übertragen werden. Schalten Sie ein Inkassobüro ein, müssen Sie es selber bezahlen.

Forderungsurkunde oder Forderungsgrund
Der Schuldner muss wissen, welche Forderung die Gläubigerin eintreibt. Deshalb müssen Sie angeben, auf welche Urkunde (Forderungstitel) von welchem Datum Sie sich stützen. Also zum Beispiel: «Kaufvertrag vom 12. Mai 2005», «Rechnung vom 13. Dezember 2005» oder «Urteil vom 2. Februar 2006».

Den Forderungstitel müssen Sie zwar bezeichnen, aber dem Betreibungsamt nicht einreichen, weil das Amt nicht überprüft, ob die Forderung begründet ist. Besitzen Sie keine Urkunden, müssen Sie mindestens die Art der Forderung angeben: Kaufpreis, Mietzins etc. Auch hier ist wichtig, dass der Schuldner erkennen kann, aufgrund welcher Forderung er betrieben wird.

Weitere Bemerkungen
In diese Rubrik gehört beispielsweise ein Gesuch an das Betreibungsamt, Ihnen eine Empfangsbescheinigung für das Betreibungsbegehren auszustellen. Für diese Bestätigung, die Sie zum Beispiel als Beweis für die Verjährungsunterbrechung benötigen (siehe Seite 98), wird Ihnen nur das Briefporto verrechnet. Dieses müssen Sie Ihrem Betreibungsbegehren beilegen.

Kostenvorschuss
Als Gläubiger müssen Sie – wie schon erwähnt – die Betreibungskosten vorschiessen, also auch die Kosten für die Ausfertigung und Zustellung des Zahlungsbefehls. Wie viel das ist, hängt von der Höhe der betriebenen Forderung ab. Für eine Summe von 800 Franken beispielsweise sind es gemäss der Gebührenverordnung zum SchKG 50 Franken (Tarifliste im Anhang, Seite 282). Den Kostenvorschuss müssen Sie entweder zusammen mit dem Betreibungsbegehren bar bezahlen oder auf das Konto des Betreibungsamts überweisen. Die Art der Zahlung sollten Sie auf dem Betreibungsbegehren vermerken.

Leisten Sie keinen Vorschuss, wird das Betreibungsamt in der Regel mit dem Erlass des Zahlungsbefehls zuwarten und Ihnen eine Frist ansetzen, damit Sie das Geld doch noch einzahlen. Läuft die Frist unbenutzt ab, wird dies ohne weiteres als Rückzug des Betreibungsbegehrens betrachtet.

Hinweis *Grössere städtische Betreibungsämter wie diejenigen der Stadt Zürich verzichten häufig auf einen Kostenvorschuss und stellen die Gebühren erst nach Zustellung des Zahlungsbefehls in Rechnung.*

Welches Betreibungsamt ist zuständig?

Den richtigen Betreibungsort und das zuständige Betreibungsamt zu finden ist Aufgabe der Gläubigerin und nicht etwa der Betreibungsbehörden. Diese prüfen nach Eingang des Betreibungsbegehrens nur, ob sie örtlich zuständig sind. Wenn nicht, schicken sie das Betreibungsbegehren an die Gläubigerin zurück.

Die Zuständigkeit des Betreibungsamts richtet sich nach dem Betreibungsort des Schuldners. In der Regel ist dies sein Wohnsitz bzw. Firmensitz.

- **Privatpersonen**, aber auch Inhaber einer Einzelfirma – ob eingetragen oder nicht – müssen Sie an ihrem Wohnsitz betreiben. Hat Ihr Schuldner weder in der Schweiz noch im Ausland einen Wohnsitz, können Sie ihn dort betreiben, wo er sich gegenwärtig in der Schweiz aufhält.
- Im Handelsregister eingetragene **juristische Personen** – also Aktiengesellschaften oder GmbHs sowie Kollektiv- und Kommanditgesellschaften – betreiben Sie am eingetragenen Sitz. Das gilt auch, wenn es sich um die Zweigniederlassung einer Firma handelt. Ist eine Firma nicht im Handelsregister eingetragen, müssen Sie sie am Hauptsitz ihrer Verwaltung betreiben.

Haben Sie den Betreibungsort festgestellt, müssen Sie als Nächstes das dafür zuständige Betreibungsamt herausfinden. Jeder Kanton ist in einen oder mehrere Betreibungskreise eingeteilt; ein Betreibungsamt ist jeweils für einen Kreis zuständig. Die Einteilung der Kantone ist unterschiedlich. Häufig fällt der Kreis mit dem Bezirk zusammen (zum Beispiel Freiburg) oder entspricht der Gemeinde (St. Gallen und Zug). Es gibt aber auch Kantone wie Glarus und Nidwalden, deren Gebiet einen Betreibungskreis bildet und die daher nur ein Betreibungsamt haben (siehe Zusammenstellung im Anhang, Seite 286).

Tipp *Kennen Sie das für Ihre Betreibung zuständige Amt nicht, schauen Sie auf der Website der Schweizer Betreibungs- und Konkursbeamten nach (www.betreibung-konkurs.ch). Dort finden Sie Links zu fast allen kantonalen Websites, auf denen Sie das von Ihnen gesuchte Betreibungsamt finden können. Auskunft erhalten Sie auch bei der Gemeindeverwaltung am Betreibungsort Ihres Schuldners.*

Lohnt sich der Beizug eines Inkassobüros?

Das Eintreiben einer Forderung auf dem Betreibungsweg ist keine Hexerei. Die einzelnen Verfahrensschritte sind klar und lassen sich mit Hilfe der zur Verfügung stehenden Formulare einfach einhalten. Sie können sich also den Beizug eines professionellen Inkassobüros sparen.

Scheuen Sie jedoch den Aufwand, eine nicht bezahlte Rechnung selber einzutreiben, kann ein Inkassobüro Ihnen diesen abnehmen. Am günstigsten kommt Sie das zu stehen, wenn Sie eine Entschädigung auf Erfolgsbasis abmachen. In der Regel verlangen Inkassofirmen ein erfolgsabhängiges Honorar von 7 bis 12 Prozent der einzutreibenden Forderung inklusive Kosten. Führt die Betreibung nicht zum Ziel – beispielsweise weil beim Schuldner nichts zu holen ist –, müssen Sie als Gläubiger lediglich eine Grundgebühr von 30 bis 50 Franken sowie die von den Behörden verrechneten Kosten bezahlen. Die Entschädigung für den Zeitaufwand des Inkassobüros entfällt.

Beispiel *Die Hans A. GmbH schuldet Ihnen aus einem Kauf 5000 Franken. Sie übergeben diese Forderungen dem Inkassobüro C. Die Grundgebühr für die Übernahme des Mandats beträgt 50 Franken, die Erfolgsprovision 10 Prozent der Forderung inklusive Betreibungskosten. Für den Fall des Misserfolgs sind nur die Grundgebühr und die Betreibungskosten geschuldet.*

Variante 1: Die Betreibung ist erfolgreich. Die Hans A. GmbH zahlt kurz vor der Konkurseröffnung die geschuldeten 5000 Franken sowie die bis dahin angefallenen Betreibungskosten von 440 Franken. Dem Inkassobüro C. schulden Sie also ein Erfolgshonorar von 544 Franken.

Variante 2: Die Betreibung scheitert. Kurz nach der Zustellung Ihrer Konkursandrohung wird über die Hans A. GmbH auf Antrag eines anderen Gläubigers, dessen Betreibung schon weiter fortgeschritten ist, der Konkurs eröffnet. Die bis dahin angefallenen Betreibungskosten betragen ebenfalls 440 Franken. Sie schulden dem Inkassobüro diese Kosten plus die Grundgebühr, also 490 Franken.

Mit einer erfolgsabhängigen Entschädigung halten Sie Ihr Kostenrisiko gering. Der Nachteil dieser Art von Honorierung liegt allerdings darin, dass sie Inkassobüros dazu verleiten kann, mit fragwürdigen Methoden gegen Schuldner vorzugehen. Das Einkassieren von Forderungen wird zwar beschönigend «Forderungsmanagement» genannt und unter dem Motto «Fair Play … please!» wird für eine respektvolle Behandlung des Schuldners geworben. Die praktische Umsetzung sieht jedoch häufig anders aus: Der Ton, den Inkassofirmen anschlagen, ist oft sehr direkt und wirkt einschüchternd. Auch kommt es vor, dass Rechnungen für schon bezahlte Beträge oder für ungerechtfertigte Taxen gestellt oder aber Forderungen an die falsche Adresse geschickt werden. Und schliesslich versuchen die meisten Inkassofirmen, unter dem Titel Verzugsschaden ihren eigenen Aufwand in die Forderung zu schmuggeln, was – wie bereits erwähnt – unzulässig ist.

Beispiel *Denise K. bestellte im April 2004 bei der Provea Unterwäsche für ihre vier Kinder und bezahlte die Rechnung. Später schickte ihr das Versandhaus weitere Kleidungsstücke, obwohl Frau K. diese nie bestellt hatte, und verlangte dafür Fr. 39.60. Denise K. reklamierte schriftlich, doch das nützte nichts. Nach der sechsten (!) Mahnung erhielt sie im Juni 2004 eine Zahlungserinnerung der Inkassofirma I. Gefordert wurde der ausstehende Betrag und ein Zuschlag von 48 Franken für Verzugsschaden. Im November 2004 machte der Beobachter publik, dass die Firma Provea unbestellte Waren verschickte. Das liess* *die Inkassofirma unberührt. In einer «letzten Mahnung» mit der Aufforderung: «Zahlen Sie den Betrag sofort», wurden Frau K. rechtliche Schritte angedroht; zudem sollte sie einen weiteren Zuschlag von 10 Franken für «Rechtsberatung» bezahlen. Zu guter Letzt wurde ihr eine ganze Palette von Unannehmlichkeiten in Aussicht gestellt – Betreibung, Eintrag in die Bonitätsdatenbank und Pfändung. Dies alles geschrieben in einem rüden Ton, notabene für ein paar Unterhosen im Wert von Fr. 39.60, die Denise K. nie bestellt hatte.*

Ein weiterer Grund für solche Auswüchse liegt in der mangelnden Regulierung und Überwachung der Schuldeneintreiber. Einzelne Kantone wie Luzern machen die gewerbsmässige Vertretung zwar vom Besitz des Sachwalterpatents oder eines anderen Fähigkeitszeugnisses abhängig. In vielen Kantonen, beispielsweise in Zürich, bestehen jedoch keine Zulassungsbeschränkungen. Ohne Berufskenntnisse und einen guten Leumund vorweisen zu müssen, kann jedermann Forderungen für Gläubiger eintreiben, weshalb sich auch das eine oder andere schwarze Schaf in die Branche eingeschlichen hat.

Seit 1941 besteht der Verband Schweizerischer Inkassotreuhand-Institute (VSI, www.vsi1941.ch), dessen Ziel es unter anderem ist, Missbräuche im Inkassowesen zu bekämpfen. Die Mitglieder müssen auf Massnahmen verzichten, die der Einschüchterung der Schuldner dienen. Zudem verfügt der Verband über eine Beschwerdekommission, an die sich Gläubiger wie Schuldner wenden können. Der Einfluss dieses Verbands darf jedoch nicht überschätzt werden, sind ihm doch nur 50 der schätzungsweise 1000 im Inkassowesen tätigen Firmen angeschlossen.

Tipp *Als Gläubiger, der die Geduld mit dem säumigen Zahler schon lange verloren hat, stossen Sie sich möglicherweise nicht daran, dass Ihr Inkassobüro forsch gegen diesen vorgeht. Bedenken Sie aber, dass ein allzu rabiates Auftreten auch Ihrem Image schaden kann. Suchen Sie daher besser eine Inkassofirma, die einen gewissen Anstand wahrt. Holen Sie Offerten bei verschiedenen Anbietern ein und berücksichtigen Sie nicht das billigste Inkassobüro, sondern dasjenige, das korrekt auftritt.*

Der Zahlungsbefehl

Haben Sie das Betreibungsbegehren beim zuständigen Amt eingereicht und den Kostenvorschuss geleistet, sind Ihre Aufgaben erfüllt. Nun ist es am Betreibungsamt, den Zahlungsbefehl zu erlassen.

Vorerst prüft das Amt, ob es für die Betreibung zuständig ist und ob im Begehren die nötigen Angaben enthalten sind. Ist das eine oder andere nicht der Fall, wird das Begehren zurückgewiesen. Nicht kümmern darf das Betreibungsamt, ob die betriebene Forderung tatsächlich besteht, denn nach schweizerischem Vollstreckungsrecht kann ein Gläubiger eine Betreibung einleiten, ohne die Berechtigung seiner Forderung in diesem Stadium nachweisen zu müssen.

Ist das Betreibungsbegehren vollständig und an das zuständige Betreibungsamt gerichtet und bestehen auch keine Schonfristen, erlässt das Amt auf einem amtlichen Formular den Zahlungsbefehl im Doppel. Dieser wiederholt alle Angaben im Betreibungsbegehren, damit die Schuldnerin weiss, wer was warum von ihr fordert. Die Schuldnerin wird aufgefordert, entweder die betriebene Forderung samt Betreibungskosten zu bezahlen – oder aber sie zu bestreiten, indem sie Rechtsvorschlag erhebt.

Trotz seiner Bezeichnung ist der Zahlungsbefehl also kein bedingungsloser amtlicher Befehl zu zahlen, sondern eine blosse Zahlungsaufforderung. Nur wenn die Schuldnerin die Hände in den Schoss legt und nichts dagegen unternimmt, können Sie als Gläubiger die Betreibung fortsetzen.

Wie wird der Zahlungsbefehl zugestellt?

Der Betreibungsbeamte stellt der Schuldnerin den Zahlungsbefehl entweder persönlich oder durch die Post zu. Da mit dieser Zustellung die Betreibung beginnt, muss sichergestellt sein, dass die betriebene Person den Zahlungsbefehl auch tatsächlich erhält. Sie soll die Möglichkeit haben, die Betreibung auf der Stelle mit einem Rechtsvorschlag zu stoppen. Deshalb muss der Zahlungsbefehl förmlich zugestellt und der betriebenen Person ausgehändigt werden. Es reicht nicht, ihn einfach in den Briefkasten zu werfen, und auch ein eingeschriebener Brief genügt nicht. Wird die Schuldnerin nicht angetroffen, muss die Zustellung wiederholt werden; wenn nötig lässt das Betreibungsamt den Zahlungsbefehl durch die Polizei zustellen. Nur wenn alle Stricke reissen, ersetzt eine Publikation des Zahlungsbefehls im Schweizerischen Handelsamtsblatt und im kantonalen Amtsblatt die Zustellung.

Ist die Schuldnerin eine natürliche Person, wird ihr der Zahlungsbefehl an ihrem Wohn- oder Arbeitsort zugestellt. Ist sie dort nicht anzutreffen, kann das Papier auch einer zum Haushalt gehörenden erwachsenen Person oder einem Angestellten übergeben werden.

Bei juristischen Personen (AG, GmbH etc.) und bei der Kollektiv- oder Kommanditgesellschaft erfolgt die Zustellung im Geschäftslokal, und zwar an den im Betreibungsbegehren bezeichneten Vertreter der Gesellschaft. Ist der Vertreter abwesend, kann der Zahlungsbefehl einem anderen Angestellten übergeben werden. Fehlen Geschäftslokalitäten, wird der Zahlungsbefehl in der Praxis auch an die Privatadresse von verantwortlichen Personen, beispielsweise von Mitgliedern des Verwaltungsrats, zugestellt.

Reaktionsmöglichkeiten des Schuldners

Der Schuldner hat verschiedene Möglichkeiten, auf den Zahlungsbefehl zu reagieren. Was er in den nächsten zehn bzw. zwanzig Tagen unternimmt, bestimmt den weiteren Verlauf des Verfahrens.

Die Schuld wird bezahlt

Im besten Fall zahlt der Schuldner Ihnen oder dem Betreibungsamt innert 20 Tagen die Forderung, den Verzugszins und die Betreibungskosten. Zahlt er ans Betreibungsamt, verlangt dieses zwar fünf Promille der Summe für die Entgegennahme und die Überweisung an die Gläubigerin. Dafür endet die Betreibung automatisch; die Gläubigerin kann sie nicht mehr weiterführen. Zahlt der Schuldner dagegen direkt an die Gläubigerin, endet die Betreibung nicht von selbst und es genügt auch nicht, dass der Schuldner beim Betreibungsamt die Quittung vorweist. Setzt die Gläubigerin die Betreibung trotz Zahlung fort, muss der Schuldner das Gericht anrufen und die Aufhebung der Betreibung verlangen. Das kann er sich sparen, wenn er die betriebene Forderung dem

Betreibungsamt bezahlt – welches dann das Geld an die Gläubigerin überweist.

Der Schuldner erhebt Rechtsvorschlag

Will ein Schuldner Ihre Forderung bestreiten, kann er innert zehn Tagen Rechtsvorschlag erheben. Damit blockiert er die Betreibung und es liegt an Ihnen als Gläubiger, das Verfahren wieder in Gang zu bringen und den Rechtsvorschlag zu beseitigen (siehe Seite 170).

Vorlage der Beweismittel

Es gibt Schuldner, die nicht zuverlässig einschätzen können, wie weit die betriebene Forderung überhaupt besteht, und die deshalb die Beweismittel des Gläubigers einsehen wollen, bevor sie sich für oder gegen einen Rechtsvorschlag entscheiden. Das können sie schriftlich oder mündlich vom Betreibungsamt verlangen. Darauf werden Sie als Gläubiger aufgefordert, die Beweismittel innerhalb der zehntägigen Frist für die Erhebung des Rechtsvorschlags auf dem Amt zur Einsicht vorzulegen.

Kommen Sie dieser Aufforderung nicht oder nicht rechtzeitig nach, hat dies vorerst keine unmittelbaren Auswirkungen auf das Betreibungsverfahren. Die Fristen laufen weiter und der Schuldner muss Rechtsvorschlag erheben, wenn er die Betreibung stoppen will. Im späteren Prozess über die Beseitigung des Rechtsvorschlags wird das Gericht jedoch berücksichtigen, dass der Schuldner die Beweismittel nicht einsehen konnte. Gewinnen Sie den Prozess, wird Ihnen der Richter trotzdem die Prozesskosten auferlegen und dem Schuldner eine Entschädigung zusprechen, wenn sich herausstellt, dass er sich der Betreibung zu Recht widersetzte, weil er die Beweismittel nicht kannte.

Tipp *Wollen Sie dieses Kostenrisiko vermeiden, sollten Sie die Beweismittel für Ihre Forderung einreichen, wenn Sie vom Betreibungsamt dazu aufgefordert werden.*

Beschwerde des Schuldners

Der Schuldner hat das Recht, die Zustellung des Zahlungsbefehls bei der Aufsichtsbehörde mit Beschwerde anzufechten, wenn er der Ansicht ist, dass betreibungsrechtliche Vorschriften über den Inhalt, die

Form oder die Art der Zustellung des Zahlungsbefehls verletzt wurden. Erhebt der Schuldner – zu Recht oder zu Unrecht – Beschwerde und wird dieser aufschiebende Wirkung erteilt, müssen Sie als Gläubiger mit der Fortsetzung der Betreibung zuwarten, bis die Aufsichtsbehörde entschieden hat (zur betreibungsrechtlichen Beschwerde siehe Seite 185).

Keine Reaktion
Die Schuldnerin reagiert nicht auf den Zahlungsbefehl: Weder erhebt sie Rechtsvorschlag noch bezahlt sie die Forderung. Der Weg zur zweiten Phase der Betreibung, dem Zwangsvollstreckungsverfahren, steht nun offen. Nach Ablauf der zehntägigen Frist für die Erhebung des Rechtsvorschlags erhalten Sie vom Betreibungsamt das Doppel des Zahlungsbefehls. Damit können Sie – sobald die zwanzigtägige Zahlungsfrist verstrichen ist – die Fortsetzung der Betreibung verlangen (siehe Kapitel 7, Seite 189).

Der Eintrag im Betreibungsregister

Jede eingeleitete Betreibung wird im Betreibungsregister vermerkt und erscheint im Betreibungsregisterauszug des Schuldners. Bezahlt er die Forderung später, bewirkt dies keine automatische Löschung des Eintrags. Die Betreibung erscheint weiterhin in seinem Auszug: bei Bezahlung an das Betreibungsamt mit dem Vermerk «Zahlung an das Betreibungsamt», bei Bezahlung an den Gläubiger mit dem Vermerk «Zahlungsmeldung des Gläubigers ohne Rückzug» oder wenn der Gläubiger die Zahlung nicht gemeldet hat, weiterhin mit «Zahlungsbefehl».

Keine Betreibung kann spurlos zum Verschwinden gebracht werden, weil das Betreibungsregister ein amtliches Protokoll ist. Man kann nur dafür sorgen, dass sie im Auszug nicht mehr aufgeführt wird. Dies ist bei Forderungen, die zu Recht bestehen, nur dann möglich, wenn der Gläubiger selber die Betreibung zurückzieht. Das sollten Sie tun, wenn Ihnen der Schuldner die Bezahlung der Forderung anbietet oder zumindest eine akzeptable Teilzahlung vorschlägt. So kommen Sie schneller zu Ihrem Geld oder einem Teil davon, denn Ihr Schuldner hat ein Interesse an einem blanken Registerauszug.

Beispiel *Die Audio AG in Winterthur betreibt am 3. Februar 2006 ihren Kunden Jürg J. aus Wila wegen einer offenen Rechnung von 290 Franken. Nachdem das Betreibungsamt Wila Herrn J. den Zahlungsbefehl Nr. 133 (Kosten: 30 Franken) zugestellt hat, ruft er die Audio AG am 5. Februar 2006 an und schlägt vor, die Rechnung zuzüglich Betreibungskosten bis Ende Februar 2006 zu bezahlen. Im Gegenzug soll die Audio AG die Betreibung zurückziehen. Die Gläubigerin ist einverstanden und schickt Herrn J. eine Vereinbarung.*

Muster: Vereinbarung zur Löschung der Betreibung

Vereinbarung
zwischen Audio AG, Hauptstrasse 4, 8400 Winterthur
und Jürg J., Dorfstrasse 2, 8321 Wila

1. Jürg J. überweist der Audio AG bis spätestens Ende Februar 2006 290 Franken zuzüglich Betreibungskosten von 30 Franken auf deren PC-Konto 80-123 456-7.

2. Nach Eingang der Zahlung erklärt die Audio AG dem Betreibungsamt Wila innert 20 Tagen schriftlich den Rückzug der Betreibung Nr. 133. Sie stellt Jürg J. eine Kopie der Rückzugserklärung zu.

3. Mit dem Eingang der Zahlung und dem Rückzug der Betreibung sind die Parteien per Saldo aller gegenseitigen Ansprüche auseinander gesetzt.

Winterthur, 6. Februar 2006

Audio AG   Jürg J.

Haben Sie eine solche Vereinbarung abgeschlossen und hat Ihnen Ihr Schuldner die betriebene Forderung bezahlt, sollten Sie die Betreibung auf jeden Fall zurückziehen. Ein kurzer Brief ans Betreibungsamt genügt (siehe Muster auf der nächsten Seite). Lassen Sie den Eintrag nicht etwa «aus Rache» stehen. Dann könnte der Schuldner nämlich ans Gericht gelangen, die Vereinbarung und den Zahlungsbeleg vorlegen und den Rückzug der Betreibung verlangen. Für seine Umtriebe und die Kosten eines solchen Verfahrens müssten Sie aufkommen.

Muster: Betreibungsrückzug

Audio AG
Hauptstrasse 4
8400 Winterthur

Betreibungsamt Wila
Postfach 72
8492 Wila

Winterthur, 3. März 2006

Rückzug der Betreibung

Sehr geehrte Damen und Herren

Herr Jürg J. hat unsere Forderung inkl. Betreibungskosten bezahlt. Wir ziehen daher die Betreibung Nr. 133 zurück.

Besten Dank für Ihre Bemühungen.

Freundliche Grüsse
Audio AG

Der Rechtsvorschlag

So einfach, wie die Gläubigerin eine Betreibung einleiten kann, kann sie der Schuldner auch wieder zum Stehen bringen. Laut Statistik wird ca. jeder zehnte Zahlungsbefehl durch einen Rechtsvorschlag bestritten. Die Gründe sind unterschiedlich. Schuldner erheben Rechtsvorschlag, um die Berechtigung, die Höhe oder die Fälligkeit der Forderung zu bestreiten. Sie können damit aber auch bloss Zeit gewinnen wollen, um die Mittel für die Bezahlung des Gläubiges zu beschaffen – oder sie wollen den Gläubiger schlicht ärgern.

Das Betreibungsamt teilt Ihnen als Gläubiger den Rechtsvorschlag auf dem für Sie bestimmten Doppel des Zahlungsbefehls sofort mit. Unterbleibt der Rechtsvorschlag, wird Ihnen nach Ablauf der zehntägigen Frist auch dies mitgeteilt. Der Rechtsvorschlag bringt die Betreibung zum Stillstand. Sie als Gläubiger müssen wieder die Initiative ergreifen und ihn durch den Richter beseitigen lassen, wenn Sie das Verfahren fortsetzen wollen.

Ist der Rechtsvorschlag korrekt erhoben?

Der Schuldner muss den Rechtsvorschlag dem Betreibungsamt – und nicht etwa der Gläubigerin – erklären. Dazu hat er verschiedene Möglichkeiten:

- In der Regel wird der Rechtsvorschlag direkt beim Überbringen des Zahlungsbefehls erhoben. Der Zustellungsbeamte vermerkt dies auf dem Original und dem Doppel des Zahlungsbefehls.
- Will der Schuldner den Rechtsvorschlag später in der zehntägigen Frist erklären, kann er dazu auf dem Betreibungsamt vorbeigehen und die Erklärung zu Protokoll geben.
- Auch ein telefonischer Rechtsvorschlag ist möglich. Nur wenn das Betreibungsamt an der Identität des Anrufers zweifelt, darf es den telefonischen Rechtsvorschlag ablehnen und den Anrufer auffordern, seine Erklärung schriftlich abzugeben oder auf dem Amt vorbeizukommen. Dasselbe gilt, wenn der Rechtsvorschlag per Fax oder per E-Mail erhoben wird.
- Reicht der Schuldner den Rechtsvorschlag schriftlich ein, muss er den Fax, das E-Mail oder den Brief spätestens am zehnten Tag nach der Zustellung des Zahlungsbefehls abschicken. Zur Beweissicherung sollte er sich den Empfang vom Betreibungsamt bestätigen lassen.

Aus der Erklärung des Schuldners muss eindeutig hervorgehen, dass er die betriebene Forderung bestreitet. Dazu bedarf es nicht vieler Worte. Es genügt, wenn er schreibt: «Ich erhebe Rechtsvorschlag.» Auch andere Formulierungen – zum Beispiel: «Ich weise die Betreibung zurück», «Ich habe mit der Sache nichts zu tun», «Ich zahle nicht.» – oder die blosse Unterschrift in der für den Rechtsvorschlag vorgesehenen Rubrik des Zahlungsbefehls reichen. Kein gültiger Rechtsvorschlag sind hingegen Erklärungen wie: «Ich anerkenne die Forderung nicht und werde Rechtsvorschlag erheben», oder: «Keine Arbeit, kann nicht zahlen.» Und auch das kommentarlose Zurückschicken oder das Zerreissen des Zahlungsbefehls gilt nicht als Rechtsvorschlag.

Überprüft das Betreibungsamt die Zulässigkeit des Rechtsvorschlags?

Abgesehen von wenigen Ausnahmen muss der Schuldner seinen Rechtsvorschlag nicht begründen. Tut er dies trotzdem und schreibt beispielsweise, die Forderung sei verjährt, ist er in einem späteren Prozess nicht an diese Aussage gebunden.

Da der Schuldner Rechtsvorschlag erheben kann, ob er den betriebenen Betrag nun schuldet oder nicht, prüft das Betreibungsamt nicht, ob der Rechtsvorschlag sachlich gerechtfertigt ist. Es prüft nur, ob er formgültig und innert der zehntägigen Frist erhoben wurde. Gegen den Entscheid des Betreibungsamts kann sowohl die Gläubigerin wie auch der Schuldner Beschwerde erheben: die Gläubigerin, weil das Amt ihrer Ansicht nach einen ungültigen Rechtsvorschlag entgegengenommen hat, und der Schuldner, weil das Amt seiner Ansicht nach einen gültigen Rechtsvorschlag abgelehnt hat (zur betreibungsrechtlichen Beschwerde siehe Seite 185).

Den Rechtsvorschlag beseitigen

Mit dem Rechtsvorschlag hat der Schuldner Ihnen zu verstehen gegeben, dass es ohne Einschaltung des Gerichts nicht weitergeht. Der Richter muss feststellen, wer Recht hat. Ihnen obliegt es, den Rechtsvorschlag zu beseitigen, indem Sie beweisen, dass Ihre Forderung tatsächlich besteht. Dazu haben Sie drei Möglichkeiten.

- **Anerkennungsklage:** Sie führen einen ordentlichen Prozess und lassen das Gericht darüber urteilen, ob Ihnen der Anspruch zusteht (siehe Seite 183).
- **Definitive Rechtsöffnung:** Haben Sie den Streit um die Forderung bereits vor Einleitung der Betreibung ausgetragen, besitzen Sie einen Gerichtsentscheid zu Ihren Gunsten. Sie müssen also nicht nochmals einen langen Prozess durchlaufen. Sie können die Beseitigung des Rechtsvorschlags im einfachen Verfahren der Rechtsöffnung verlangen (siehe nächste Seite).
- **Provisorische Rechtsöffnung:** Dieses kostengünstige Verfahren steht Ihnen auch offen, wenn Sie eine Urkunde besitzen, die der Schuldner

unterzeichnet hat und aus der klar hervorgeht, dass der von Ihnen behauptete Anspruch berechtigt ist (siehe Seite 176).

Bei allen drei Möglichkeiten müssen Sie beachten, dass der Zahlungsbefehl nur ein Jahr gültig ist. Der Rechtsvorschlag unterbricht diese Frist nicht. Sie steht erst still, wenn Sie die Klage zur Beseitigung des Rechtsvorschlags beim Gericht einreichen, und beginnt dann wieder zu laufen, wenn dieses Verfahren erledigt ist. Verpassen Sie die Einjahresfrist, müssen Sie mit der Betreibung nochmals von vorne beginnen.

Beispiel *Sie betreiben die Futterbau AG wegen einer offenen Rechnung von 1000 Franken. Das Betreibungsamt stellt ihr den Zahlungsbefehl am 22. Oktober 2005 zu. Dagegen erhebt die Schuldnerin am 25. Oktober Rechtsvorschlag, der Ihnen vom Betreibungsamt am 29. Oktober per Post zugestellt wird. Die Jahresfrist beginnt am 22. Oktober 2005 und endet am 22. Oktober 2006, sofern Sie weder ein Rechtsöffnungsverfahren noch einen Anerkennungsprozess anstrengen.*

Definitive Rechtsöffnung

Die definitive Rechtsöffnung ist der einfachste Weg zur Beseitigung des Rechtsvorschlags. Sie können sie verlangen, wenn Sie ein rechtskräftiges und vollstreckbares Gerichtsurteil gegen den Schuldner in der Hand haben. Dasselbe gilt, wenn Sie im Forderungsprozess mit Ihrem Schuldner vor Gericht einen Vergleich abgeschlossen haben oder wenn er Ihre damalige Klage ganz oder teilweise anerkannt hat. Der gerichtliche Vergleich und die gerichtliche Klageanerkennung sind dem Urteil gleichgestellt.

Wie kann sich der Schuldner gegen die definitive Rechtsöffnung wehren?

Legen Sie dem Gericht einen definitiven Rechtsöffnungstitel vor, sind die Abwehrmöglichkeiten Ihres Schuldners sehr beschränkt. Dies mit gutem Grund: Ihre Forderung beruht ja auf einem Urteil und der Schuldner hatte im damaligen Prozess bereits Gelegenheit, seine Einwände vorzutragen. Er kann auch nicht geltend machen, das Urteil sei falsch, denn das Gericht hat entschieden und der Entscheid ist rechtskräftig (zur Rechtskraft siehe Seite 134).

Der Schuldner kann die Rechtsöffnung nur noch abwenden, wenn er beweist, dass die betriebene Schuld seit dem Urteil nicht mehr besteht. Er kann zum Beispiel einwenden, die Forderung sei bezahlt oder mit einer Gegenforderung verrechnet worden, sie sei ihm gestundet worden oder sie sei seit dem Urteil verjährt. Diese Einreden muss der Schuldner mit Urkunden beweisen; blosse Behauptungen genügen nicht, auch wenn sie einleuchtend sind.

Beispiel *Der Schuldner legt eine Postquittung vor, die beweist, dass er Ihnen die betriebene Forderung bezahlt hat. Oder er legt ein Schreiben vor, in dem Sie ihm den im Vergleich vereinbarten Betrag bis Ende Jahr gestundet haben.*

So stellen Sie das definitive Rechtsöffnungsgesuch korrekt

Das Gericht benötigt mindestens den Zahlungsbefehl und das Urteil, auf das Sie Ihr Rechtsöffnungsgesuch stützen. Das Urteil muss rechtskräftig sein. Geht die Rechtskraft daraus nicht hervor, reichen Sie zu-

---

Diese Angaben gehören ins Gesuch um definitive Rechtsöffnung

- Name und Adresse des Gerichts
- Datum und Ort
- Bezeichnung als definitives Rechtsöffnungsbegehren
- Name und Adresse der Klägerin (Gläubigerin), allenfalls mit Vertreter
- Name und Adresse des Beklagten (Schuldners)
- Rechtsbegehren («Der Rechtsvorschlag in der Betreibung Nr. .... des Betreibungsamts .... sei zu beseitigen und der Klägerin sei definitive Rechtsöffnung zu erteilen unter Kosten- und Entschädigungsfolgen zulasten des Beklagten.»)
- Bezeichnung des definitiven Rechtsöffnungstitels (Urteil, Vergleich etc.)
- Bezeichnung der Beilagen (Zahlungsbefehl, definitiver Rechtsöffnungstitel)
- Unterschrift der Klägerin oder allenfalls ihres Vertreters

Im Anhang (Seite 266) finden Sie ein Muster für ein definitives Rechtsöffnungsbegehren.

sätzlich eine Rechtskraftbescheinigung ein, die Sie vom Gericht erhalten, das den Entscheid gefällt hat.

Einige Betreibungsämter – zum Beispiel im Kanton Aargau (www.ag.ch → Betreibung und Konkurs) – stellen Formulare für Rechtsöffnungsbegehren zur Verfügung, die Sie im Internet herunterladen können. Am besten verwenden Sie ein solches Formular, damit Sie nichts Wichtiges vergessen. Auch verschiedene Gerichte haben ihr eigenes Formular für die Rechtsöffnung kreiert und stellen dieses ebenfalls auf dem Internet zur Verfügung (zum Beispiel Luzern: www.lu.ch → Gerichte → Formulare). Das Bezirksgericht Zürich bietet zudem ein Beilagenverzeichnis an, das Sie schon ab drei Dokumenten zwingend und nach genauen Vorschriften erstellen müssen (www.bezirksgericht-zh.ch → Betreibung und Konkurs).

Tipp *Wenn Sie Ihr Rechtsöffnungsgesuch bei einem Gericht einreichen, das ein eigenes Formular kennt, sollten Sie dieses verwenden und die Anweisungen beachten. So erleichtern Sie dem Gericht die Arbeit und erhöhen Ihre Chancen, den Prozess zu gewinnen. Fragen Sie beim zuständigen Gericht nach (Zusammenstellung im Anhang, Seite 286).*

Wirkungen des definitiven Rechtsöffnungsentscheids

Hat die Rechtsöffnungsrichterin den Schuldner angehört oder von diesem eine schriftliche Stellungnahme verlangt und erhalten, fällt sie ihren Entscheid:

- Sind die Voraussetzungen erfüllt, bewilligt die Richterin die definitive Rechtsöffnung und beseitigt damit den Rechtsvorschlag. Sie als Gläubiger können das Betreibungsverfahren fortsetzen, sobald der Entscheid rechtskräftig ist, also nicht mehr mit einem Rechtsmittel angefochten werden kann. Die Rechtsmittelfrist ist kantonal geregelt und dauert zwischen zehn und dreissig Tagen.
- Verweigert die Richterin die definitive Rechtsöffnung, bleibt der Rechtsvorschlag bestehen und das Betreibungsverfahren weiterhin blockiert. Wurde das Gesuch abgewiesen, weil Sie keinen brauchbaren Rechtsöffnungstitel vorlegten, können Sie nur noch die Beseitigung des Rechtsvorschlags im ordentlichen Prozess mit der Anerkennungsklage versuchen (siehe Seite 183).

Ob Sie oder der Schuldner den Entscheid der Rechtsöffnungsrichterin an eine obere kantonale Gerichtsbehörde weiterziehen können, bestimmt das kantonale Recht. Je nach Kanton besteht ein ordentliches Rechtsmittel, bei dem die höhere Instanz alle Fragen prüfen kann, oder ein ausserordentliches Rechtsmittel, das der oberen Instanz nur eine eingeschränkte Überprüfung gestattet. Vor Bundesgericht können Sie den letzten kantonalen Entscheid nur noch mit der staatsrechtlichen Beschwerde anfechten. Die Erfolgschancen dieses Rechtsmittels sind aber gering, weshalb Sie besser die Finger davon lassen.

Provisorische Rechtsöffnung

Die wenigsten Gläubiger können einen definitiven Rechtsöffnungstitel vorlegen. Wenn es Ihnen auch so geht, haben Sie aber vielleicht andere Dokumente, die den Bestand Ihrer Forderung belegen. Solche Urkunden nennt man provisorische Rechtsöffnungstitel und auch damit können Sie die Rechtsöffnung verlangen.

Was sind provisorische Rechtsöffnungstitel?

Der provisorische Rechtsöffnungstitel ist eine Schuldanerkennung, die entweder in einer öffentlichen Urkunde festgehalten wurde oder die der Schuldner selber unterzeichnet hat. Zu den öffentlichen Urkunden gehören beispielsweise der vom Notar öffentlich beurkundete Kaufvertrag über ein Grundstück, aber auch Bescheinigungen aus früheren Betreibungsverfahren (Pfändungs- und Konkursverlustschein sowie der Pfandausfallschein). Weit häufiger ist jedoch die schriftliche Schuldanerkennung des Schuldners (mehr dazu auf Seite 46).

Im Idealfall besitzen Sie eine einseitige Schuldanerkennung Ihres Schuldners, die Sie dem Gericht vorlegen können: «Ich, Fritz M., bestätige, dass ich Martina H. seit dem 10. Januar 2006 den Betrag von 6000 Franken schulde. Ort, Datum und Unterschrift.»

Der Schuldner kann eine solche einseitige Erklärung jederzeit unterzeichnen. Dazu verpflichtet ist er aber nicht. In der Praxis haben daher die meisten Gläubiger bloss einen zweiseitigen Vertrag als Schuldanerkennung. Doch unter Umständen taugt dieser nur bedingt als Rechtsöffnungstitel. Denn mit dem Abschluss eines Vertrags verpflichten sich die Parteien gegenseitig und machen ab, in welcher Reihenfolge er erfüllt werden muss. Oft wird vereinbart, dass die Zahlung erst fällig ist, nachdem der Vertragspartner seine Leistung erbracht hat.

Beispiel *Die Textilimport AG hat mit Carola P. einen Vertrag über die Lieferung von vier Ballen Baumwolle für 10 000 Franken abgeschlossen. Die Baumwolle soll sogleich geliefert, die Rechnung 20 Tage nach Lieferung beglichen werden. Das Geld trifft nicht ein. Die Textilimport AG stellt das Betreibungsbegehren im Vertrauen, dass der Vertrag ja ihre Forderung beweise. Doch im Rechtsöffnungsverfahren behauptet Frau P., die Baumwolle sei nie bei ihr eingetroffen, sodass sie zur Zahlung gar nicht verpflichtet sei.*

In der Praxis taugen die zweiseitigen Verträge als provisorische Rechtsöffnungstitel nur in den folgenden Fällen:
- wenn nicht Sie vorleistungspflichtig sind, sondern der Schuldner zuerst hätte leisten müssen
- wenn der Schuldner nicht bestreitet, dass Sie Ihre Leistung erbracht haben
- wenn der Schuldner zwar bestreitet, dass Sie Ihre Leistung erbracht haben, diese Behauptung aber offensichtlich haltlos ist oder Sie mit einem von ihm unterschriebenen Lieferschein das Gegenteil belegen können
- wenn der Schuldner behauptet, Sie hätten den Vertrag mangelhaft erfüllt, aber die Frist zur Mängelrüge verpasst hat

Das Zahlungsversprechen des Schuldners muss im Übrigen nicht zwingend in einer einzigen Urkunde enthalten sein. Es kann sich auch aus mehreren Schriftstücken zusammensetzen, solange klar ist, dass die Dokumente in einem Zusammenhang stehen.

Beispiel *Die Textilimport AG schickt Carola P. am 2. März 2006 eine Rechnung für die 10 000 Franken. Am 19. März erhält die Firma einen Brief der Schuldnerin, in dem diese mitteilt, sie werde die Rechnung vom 2. März 2006 in zehn Tagen bezahlen.*

Wie kann sich der Schuldner gegen die provisorische Rechtsöffnung wehren?

Anders als bei der definitiven Rechtsöffnung steht der Schuldnerin bei der provisorischen Rechtsöffnung ein ganzes Arsenal von Verteidigungsmitteln zur Verfügung. Sie kann nicht nur mit der Bezahlung, Stundung oder Verjährung der Forderung argumentieren, sondern alles vorbringen, was Zweifel am Bestand und am Umfang der Forderung aufkommen lässt: Zum Beispiel, dass sie sich beim Vertragsabschluss geirrt habe oder dass ihre Unterschrift gefälscht worden sei.

Hinzu kommt, dass die Schuldnerin ihre Einwände nicht beweisen muss. Es genügt, wenn sie sie glaubhaft macht, sie mit einigen Indizien untermauern kann. Bei der Beurteilung, ob eine Aussage glaubhaft ist oder nicht, besteht ein grosser Ermessensspielraum. Die Anforderungen, die an die Einwände der Schuldnerin gestellt werden, sind daher von Kanton zu Kanton, von Gericht zu Gericht, ja sogar von Richter zu Richter am selben Gericht verschieden.

Beispiel *Andrea B. bestellt beim Verlag Z. schriftlich eine Spezialausgabe der Werke von Johann Wolfgang von Goethe für 752 Franken. Die Bücher werden ihr geliefert, die Rechnung bezahlt sie aber nie. Als der Verlag die Betreibung einleitet, erhebt Frau B. Rechtsvorschlag. Im Rechtsöffnungsverfahren legt der Verlag die schriftliche Bestellung vor und verlangt provisorische Rechtsöffnung. An der Verhandlung behauptet Andrea B., die Bücher seien mangelhaft. Der Richter weist diesen Einwand mit der Begründung ab, dass Frau B. dem Verlag gegenüber nie eine Mängelrüge erhoben hat. Die Beanstandung erst in der Verhandlung kommt zu spät. Deshalb erhält der Verlag Z. die provisorische Rechtsöffnung.*

So stellen Sie das provisorische Rechtsöffnungsgesuch korrekt

Das Gericht benötigt den Zahlungsbefehl sowie die Schuldanerkennung oder diejenigen Dokumente, aus denen sich die Schuldanerkennung zusammensetzt. Allenfalls müssen Sie dem Gericht weitere Dokumente einreichen, die belegen, dass Sie Ihre Leistung erbracht haben. Grundsätzlich genügen Kopien, solange die Schuldnerin die Echtheit nicht bestreitet.

Diese Angaben gehören ins Gesuch um provisorische Rechtsöffnung

- Name und Adresse des Gerichts
- Datum und Ort
- Bezeichnung als provisorisches Rechtsöffnungsbegehren
- Name und Adresse des Klägers (Gläubigers), allenfalls mit Vertreter
- Name und Adresse der Beklagten (Schuldnerin)
- Rechtsbegehren («Der Rechtsvorschlag in der Betreibung Nr. .... des Betreibungsamts .... sei zu beseitigen und dem Kläger sei provisorische Rechtsöffnung zu erteilen unter Kosten- und Entschädigungsfolgen zulasten der Beklagten.»)
- Bezeichnung des provisorischen Rechtsöffnungstitels (Kaufvertrag, Auftrag etc.)
- Bezeichnung der Beilagen (Zahlungsbefehl, provisorischer Rechtsöffnungstitel)
- Unterschrift des Klägers oder allenfalls seines Vertreters

Im Anhang (Seite 268) finden Sie ein Muster für ein provisorisches Rechtsöffnungsbegehren.

Wirkungen des provisorischen Rechtsöffnungsentscheids

Der Rechtsöffnungsrichter fällt seinen Entscheid wiederum nach Anhörung der Schuldnerin bzw. nachdem diese zum Gesuch schriftlich Stellung genommen hat:

- Sind die Voraussetzungen erfüllt, gewährt der Richter die provisorische Rechtsöffnung. Damit beseitigt er den Rechtsvorschlag, allerdings nur provisorisch. Die Schuldnerin hat die Möglichkeit, mit der so genannten Aberkennungsklage innert 20 Tagen ans Gericht zu gelangen und zu verlangen, dass dieses den Streit umfassend prüft (siehe Seite 181). Tut sie dies, bleibt die Rechtsöffnung provisorisch und Sie als Gläubiger können die Betreibung nicht fortsetzen. Reicht die Schuldnerin die Aberkennungsklage nicht oder verspätet ein, wird die provisorische Rechtsöffnung definitiv und die Betreibung kann weitergehen.
- Lehnt der Richter die Rechtsöffnung ab, bleibt der Rechtsvorschlag bestehen und das Betreibungsverfahren blockiert. Sie als Gläubiger haben nun noch die Möglichkeit, mit der Anerkennungsklage den ordentlichen Prozessweg zu beschreiten (siehe Seite 183). Unterlassen Sie dies, bleibt die Betreibung eingestellt.

Ob Sie oder die Schuldnerin gegen den provisorischen Rechtsöffnungsentscheid ein Rechtsmittel haben, regelt wie bei der definitiven Rechtsöffnung das kantonale Recht (siehe Seite 176).

So läuft das Rechtsöffnungsverfahren ab

Das Verfahren der definitiven und der provisorischen Rechtsöffnung findet wie ein Prozess vor dem Richter statt, es ist jedoch viel einfacher, kürzer und günstiger. Man bezeichnet es deshalb als summarisches Verfahren.

Das Rechtsöffnungsverfahren wird nicht von Amtes wegen eingeleitet, sondern nur auf Antrag des Gläubigers. Sie müssen also selbst aktiv werden und das Gesuch beim Gericht am Ort der Betreibung einreichen. Den Betreibungsort kennen Sie bereits vom Stellen des Betreibungsbegehrens, nun müssen Sie nur noch herausfinden, welcher Richter sachlich für die Behandlung des Gesuchs zuständig ist. Dies wird durch das kantonale Recht bestimmt. In der Regel ist ein Einzelrichter zuständig – etwa im Kanton Zürich der Einzelrichter im summarischen Verfahren – oder der Präsident des erstinstanzlichen Gerichts. In Basel-Stadt ist der Zivilgerichtspräsident nur für Forderungen bis 20 000 Franken zuständig, für höhere müssen Sie sich an das Dreiergericht wenden (Zusammenstellung der Instanzen im Anhang, Seite 286).

Das Verfahren ist je nach Kanton schriftlich oder mündlich. Der Schuldner muss Gelegenheit erhalten, zum Gesuch Stellung zu nehmen. Entweder wird ihm eine kurze Frist angesetzt, damit er eine schriftliche Stellungnahme einreichen kann, oder er wird zusammen mit Ihnen zu einer Verhandlung vorgeladen, an der er sich mündlich verteidigen kann. Für Sie als Gläubiger ist die Teilnahme an der Verhandlung freiwillig. Sie können das Gericht anhand Ihres schriftlichen Rechtsöffnungsbegehrens und der eingereichten Dokumente entscheiden lassen.

Tipp *Ist zu erwarten, dass Ihr Schuldner an der Verhandlung Einwände gegen Ihren Rechtsöffnungstitel erhebt, sollten Sie selber auch hingehen, damit Sie sich gegen unberechtigte Behauptungen wehren können.*

Die Kosten des Rechtsöffnungsverfahrens werden nach der Gebührenverordnung des SchKG berechnet. Sie hängen vom Umfang der betriebenen Forderung ab; für eine Forderung von 5000 Franken beispielsweise beträgt die Spruchgebühr zwischen 50 und 300 Franken. Da die Gebühren tief sind, verlangen die Gerichte in der Regel das Maximum. Als Gläubiger müssen Sie die Gerichtskosten bezahlen – selbst wenn Sie das Verfahren gewinnen. Sie können sie aber vom Schuldner zurückfordern. Das wird Ihnen insofern erleichtert, als die Gerichtskosten als Betreibungskosten gelten. Das heisst: Sie müssen sie – anders als die Kosten eines ordentlichen Prozesses – nicht separat betreiben, sondern können sie bei der Fortsetzung der Betreibung zusätzlich zu Ihrer Forderung verlangen.

Gewinnen Sie den Prozess, können Sie für Zeitaufwand und Auslagen – zu denen auch das Honorar des beigezogenen Anwalts gehört – eine Entschädigung verlangen. In der Regel ist diese aber tief und beträgt für eine Forderung von 5000 Franken ein paar hundert Franken (siehe auch Seite 115). Auch diese Entschädigung gehört zu den Betreibungskosten, kann also bei der Fortsetzung der Betreibung mitverlangt werden.

Wenn der Schuldner eine Aberkennungsklage anstrengt

Die Aberkennungsklage ist das letzte Verteidigungsmittel der Schuldnerin gegen die vom Richter bewilligte provisorische Rechtsöffnung. Mit dieser Klage leitet sie einen ordentlichen Prozess ein. Das Gericht überprüft nicht mehr bloss, ob eine schriftliche Schuldanerkennung vorliegt, sondern es setzt sich jetzt mit der Frage auseinander, ob die Forderung wirklich besteht.

Im Unterschied zum normalen Forderungsprozess sind die Parteirollen vertauscht: Die Schuldnerin ist Klägerin und verlangt vom Gericht die Feststellung, dass die Schuld nicht besteht. Ihr Rechtsbegehren lautet also – in Juristendeutsch: «Es sei festzustellen, dass die Forderung von … Franken, für welche die provisorische Rechtsöffnung erteilt worden ist, nicht besteht, unter Kosten- und Entschädigungsfolgen zulasten des Beklagten.» Sie als Gläubiger sind Beklagter und beantragen die Abweisung der Klage. An der Beweislastverteilung ändern die vertauschten Parteirollen aber nichts. Wie im normalen Prozess müssen Sie den Bestand und die Höhe Ihrer Forderung beweisen. Auch was die Art des Verfahrens, die Zulässigkeit von Rechtsmitteln und die Berechnung der Gerichts- und Parteikosten betrifft, gelten die gleichen Regeln wie in einem ordentlichen Zivilprozess (siehe Seite 122).

Der einzige Unterschied besteht darin, dass die Klage beim sachlich zuständigen Gericht am Betreibungsort eingereicht werden muss, und zwar innerhalb von 20 Tagen nach der Rechtsöffnung. Die Frist beginnt zu laufen, sobald der Rechtsöffnungsentscheid rechtskräftig ist. Dies ist in Kantonen, die gegen den Entscheid nur ein ausserordentliches Rechtsmittel vorsehen, sogleich der Fall, in anderen Kantonen mit ordentlichen Rechtsmitteln erst nach Ablauf der Rechtsmittelfrist, sofern diese nicht benützt wurde.

So reagieren Sie richtig

Als Gläubiger und Beklagter erhalten Sie Gelegenheit, zur Aberkennungsklage mündlich oder schriftlich Stellung zu nehmen. Ihre Stellungnahme hat die Form der Klageantwort. Es empfiehlt sich, sie zu unterteilen: Im ersten Teil beantragen Sie die Abweisung der Klage und begründen Ihre Forderung, indem Sie den Sachverhalt chronologisch darstellen und die Beweismittel nennen. Im zweiten Teil beantworten Sie die Ausführungen der Schuldnerin der Reihe nach Punkt für Punkt. So gehen Sie sicher, dass Sie keine Behauptung, die das Gericht als wesentlich betrachtet, übersehen und unbeantwortet lassen.

Tipp *Da es sich um einen ordentlichen Forderungsprozess handelt und Sie als Gläubiger Ihren Anspruch beweisen müssen, sollten Sie sich von einer Anwältin vertreten oder zumindest beraten lassen. Sonst riskieren Sie, den Prozess zu verlieren.*

Wirkungen des Urteils im Aberkennungsprozess

Weist das Gericht die Aberkennungsklage Ihrer Schuldnerin ab und gewinnen Sie den Prozess, wird die provisorische Rechtsöffnung definitiv. Sobald das Urteil rechtskräftig ist – also nicht mehr mit einem Rechtsmittel angefochten werden kann (siehe Seite 134) – können Sie das Betreibungsverfahren fortsetzen, wie wenn die Schuldnerin die Aberkennungsklage nie erhoben hätte.

Verlieren Sie aber den Prozess und heisst das Gericht die Aberkennungsklage gut, bedeutet dies, dass Ihre Forderung nicht besteht. Die provisorische Rechtsöffnung fällt dahin und das Betreibungsverfahren ist – wenn Sie kein Rechtsmittel ergreifen – beendet. Ist das Urteil rechtskräftig, gilt es auch für spätere Prozesse zum selben Streitpunkt zwischen den gleichen Parteien. Daher ist auch eine Anerkennungsklage nicht mehr möglich, da diese dieselbe Frage nochmals überprüfen würde.

Anerkennungsklage: Ihre letzte Möglichkeit

Wenn Sie weder einen definitiven noch einen provisorischen Rechtsöffnungstitel besitzen, um den Rechtsvorschlag Ihres Schuldners zu beseitigen, bleibt Ihnen nur die Anerkennungsklage. Diese können Sie auch einreichen, wenn Ihnen das Gericht im Rechtsöffnungsverfahren die Rechtsöffnung verweigert hat.

Der Anerkennungsprozess ist ein ganz normaler Forderungsprozess, den Sie auch vor der Einleitung der Betreibung hätten bestreiten können. Das Spezielle daran ist, dass Sie die Betreibung bereits eingeleitet haben – und per Rechtsvorschlag gestoppt worden sind. Nun müssen Sie beim Gericht mit der Klage nicht nur beantragen, dass Ihre Forderung anerkannt, sondern auch, dass der Rechtsvorschlag aufgehoben wird. Versäumen Sie dies, müssten Sie, nachdem Sie den Prozess gewonnen haben, nochmals beim Rechtsöffnungsrichter vorsprechen und die Beseitigung des Rechtsvorschlags beantragen. Um sich diesen Aufwand zu ersparen, formulieren Sie Ihr Rechtsbegehren von Anfang an korrekt (siehe Kasten).

Muster: Rechtsbegehren in einer Anerkennungsklage

Es sei der Beklagte zu verpflichten, der Klägerin 25 000 Franken zuzüglich Zins von 5 Prozent seit dem 25. Dezember 2005 zu bezahlen, und es sei der Rechtsvorschlag in der Betreibung Nr. 987 des Betreibungsamts Lachen zu beseitigen, unter Kosten- und Entschädigungsfolgen zulasten des Beklagten.

Für die Anerkennungsklage besteht im Gegensatz zur Aberkennungsklage keine Frist, innerhalb der sie einzureichen ist. Trotzdem müssen Sie auf den Zeitablauf achten: Wollen Sie die Betreibung nach Erledigung des Prozesses weiterführen, müssen Sie die Klage während der Gültigkeit des Zahlungsbefehls – also innerhalb eines Jahres seit seiner Zustellung – eingereicht haben. Verpassen Sie diese Frist, erlischt die Betreibung und Sie müssen nochmals ganz von vorn beginnen.

Im Übrigen gelten für die Anerkennungsklage die Regeln des normalen Zivilprozesses. Weil ein solcher Prozess immer mit Risiken verbunden ist, müssen Sie vor Einreichen der Klage entscheiden, ob Sie sich durch eine Anwältin im Verfahren vertreten oder mindestens vor der Klageerhebung beraten lassen wollen (mehr zum Zivilprozess in Kapitel 5, Seite 121).

Wirkungen des Urteils im Anerkennungsprozess

Gewinnen Sie den Prozess, hebt das Gericht den Rechtsvorschlag auf und Sie können die Betreibung fortsetzen. Weist das Gericht Ihre Klage ab und verlieren Sie den Prozess, bleibt der Rechtsvorschlag bestehen. Das Urteil ist rechtskräftig, wenn Sie kein Rechtsmittel ergreifen (siehe Seite 134), und das Betreibungsverfahren ist beendet.

Der Schuldner zieht den Rechtsvorschlag selbst zurück

Der Rechtsvorschlag muss nicht zwingend durch ein Gericht aufgehoben werden. Der Schuldner kann ihn freiwillig selber zurückziehen. Dies wird er dann tun, wenn er einsieht, dass die betriebene Forderung offenkundig besteht. Oft versuchen Schuldner auch, beim Gläubiger eine Gegenleistung für den Rückzug herauszuholen und zu vereinbaren, dass nicht die ganze Forderung bezahlt werden muss.

Ein solcher Rückzug ist jederzeit möglich, ist dann aber unwiderruflich. Damit er gültig ist, muss ihn der Schuldner selber beim Betreibungsamt erklären. Gibt der Schuldner die Rückzugserklärung nur Ihnen gegenüber ab, ist es besser, wenn er Sie ausdrücklich dazu ermächtigen, die Erklärung auch an das Betreibungsamt weiterzuleiten (siehe Muster). Denn es ist auch schon vorgekommen, dass Betreibungsämter Rückzugserklärungen ohne eine solche Ermächtigung nicht anerkannt haben, obwohl dies laut Bundesgericht unzulässig ist.

> **Muster: Rückzug des Rechtsvorschlags**
>
> Die unterzeichnete Schuldnerin Yvonne K. (Waldweg 6, 3257 Grossaffoltern) zieht ihren Rechtsvorschlag in der Betreibung Nr. 123 vom 6. Februar 2006 vollumfänglich zurück und ermächtigt die Gläubigerin Nähbedarf GmbH (Bahnhofstrasse 6, 3250 Lyss), diese Rückzugserklärung an das zuständige Betreibungsamt weiterzuleiten.
>
> Grossaffoltern, 15. Februar 2006   Yvonne K.

Nicht einverstanden mit der Behörde

Die in das Verfahren involvierten Ämter können Fehler machen. Gegen unangemessene oder rechtswidrige Verfügungen können sich die Schuldnerin, der Gläubiger und auch Dritte mit einer Beschwerde wehren. Dasselbe gilt, wenn eine Behörde zu Unrecht untätig bleibt.

Die betreibungsrechtliche Beschwerde

Sind Sie der Meinung, eine Verfügung sei nicht korrekt, müssen Sie Ihre Beschwerde innert zehn Tagen ab Empfang bei derjenigen Behörde einreichen, welche die Aufsicht über das Amt hat, das Ihrer Ansicht nach im Fehler ist. Den Entscheid dieser Aufsichtsbehörde können Sie an die obere kantonale Behörde weiterziehen, wenn der Kanton – wie beispielsweise Thurgau – eine zweite Aufsichtsinstanz hat. Danach ist noch die Beschwerde an das Bundesgericht möglich, genauer: an dessen Schuldbetreibungs- und Konkurskammer. Eine Zusammenstellung der zuständigen Instanzen finden Sie im Anhang (Seite 286).

Die Beschwerde hat von sich aus keine aufschiebende Wirkung. Besteht die Gefahr, dass die Durchführung einer angefochtenen Verfügung einen nicht wieder gutzumachenden Schaden anrichtet – beispielsweise dass ein zu Unrecht gepfändetes Haus versteigert wird –, muss der Beschwerdeführer die aufschiebende Wirkung beantragen.

Das Beschwerdeverfahren ist kostenlos und es dürfen auch keine Parteientschädigungen zugesprochen werden. Nur wenn jemand böswillig Beschwerde führt, muss er die Verfahrenskosten tragen und kann zudem mit einer Busse bis zu 1500 Franken bestraft werden. Mit der Kostenauflage sind die Behörden aber sehr zurückhaltend. Eine geschickte Schuldnerin hat es daher in der Hand, das Betreibungsverfahren mit aussichtslosen Beschwerden ganz erheblich zu verzögern.

Tipp *Der Schuldner hat das Recht, sich mit einer Beschwerde gegen eine Betreibungshandlung zu wehren. Lassen Sie sich dadurch nicht aus der Ruhe bringen. Sie erhalten auf jeden Fall Gelegenheit, sich schriftlich zur Beschwerde zu äussern. Verpflichtet sind Sie aber nicht dazu. Sofern Sie der Ansicht sind, die Beschwerde sei völlig aussichtslos, teilen Sie dies der Aufsichtsbehörde mit. Ist Ihre Antwort gut begründet und überzeugt sie auch die Aufsichtsbehörde, sind die Chancen gross, dass die Beschwerde innert kurzer Zeit abgewiesen wird. Dann können Sie das Verfahren zügig weiterführen.*

So formulieren Sie die Beschwerde

Da Sie keine Entschädigung erhalten, selbst wenn Sie gewinnen, lohnt sich der Beizug eines Anwalts für die Beschwerde in der Regel kaum. Die anwaltliche Hilfe ist in diesem Fall aber auch nicht so wichtig wie in einem Prozess, denn die Aufsichtsbehörde muss den Sachverhalt von Amtes wegen abklären. Das heisst, sie muss die für den Entscheid erheblichen Umstände selber zusammentragen.

Tipp *Auf eine kurze Beratung durch Ihre Anwältin sollten Sie dennoch nicht verzichten. Sie soll Ihre Chancen beurteilen, abklären, welche Aufsichtsbehörde zuständig ist, das Rechtsbegehren formulieren und Ihnen ein paar Tipps für Ihre Beschwerdeschrift geben.*

Wie eine Beschwerdeschrift auszusehen hat, ist von Kanton zu Kanton unterschiedlich. Grundsätzlich sollte die Beschwerde jedoch schriftlich sein, eingeschrieben und im Doppel eingereicht werden und die im nebenstehenden Kasten genannten Punkte enthalten.

Diese Angaben gehören in eine Beschwerde

- Name und Adresse des Gerichts
- Datum und Ort
- Bezeichnung als Beschwerde
- Name und Adresse des Beschwerdeführers, allenfalls mit Vertreter
- Name und Adresse des verfügenden oder säumigen Amtes
- Gegenstand des Verfahrens
- Anträge: Welcher Entscheid wird angefochten, was soll geändert werden?
- Formelles: Bevollmächtigung des Vertreters, Frist, Zuständigkeit der Behörde
- Begründung: chronologische Darstellung des Sachverhalts und eine Begründung, weshalb durch den Entscheid oder das Verhalten des Amtes Vorschriften verletzt wurden, samt Angabe der Beweismittel
- Unterschrift des Beschwerdeführers oder allenfalls seines Vertreters
- Verzeichnis der Beilagen

Im Anhang (Seite 270) finden Sie ein Muster für eine betreibungsrechtliche Beschwerde.

Beispiel *Silvan S. in Luchsigen wird von der iPod GmbH wegen einer Schuld von 2500 Franken betrieben. Das Betreibungs- und Konkursamt Glarus pfändet seinen Lohn und setzt die pfändbare Quote auf 400 Franken fest. Bei der Berechnung des Existenzminimums berücksichtigt das Amt den vollen Betrag von 1400 Franken für die Miete der Dreizimmerwohnug. Die iPod GmbH ist der Meinung, der Betrag sei zu hoch, und erhebt daher gegen die festgesetzte Pfändungsquote Beschwerde bei der kantonalen Aufsichtsbehörde (Direktion des Innern).*

7. Die Betreibung fortsetzen

Sie konnten den Rechtsvorschlag beseitigen, das Einleitungsverfahren ist beendet. Zahlt der Schuldner immer noch nicht, beginnt nun die eigentliche Zwangsvollstreckung. Wie Sie auch dieses Verfahren gut über die Runden bringen, zeigen Ihnen die folgenden Ausführungen.

Drei mögliche Fortsetzungen

Soll das Betreibungsverfahren nach Abschluss der ersten Phase weitergehen, müssen Sie wieder aktiv werden und die Fortsetzung verlangen. Und hier beginnen nun die Unterschiede: Je nach Person des Schuldners oder Art der Forderung geht das Verfahren als Betreibung auf Pfändung, auf Konkurs oder auf Pfandverwertung weiter.

Als Gläubiger können Sie nicht wählen, auf welche Art Ihr Schuldner betrieben werden soll. Das bestimmt allein das Gesetz. Nur selten haben Sie für Ihre Forderung ein Pfand, sodass die Betreibung auf Pfandverwertung zur Anwendung kommt. Zu diesem Verfahren finden Sie daher lediglich eine grobe Übersicht gleich anschliessend. Auf Pfändung betrieben werden Privatpersonen sowie Inhaber von Einzelfirmen, die nicht im Handelsregister eingetragen sind. Mehr dazu erfahren Sie ab Seite 194. Der grösste Teil Ihrer Kunden werden allerdings eingetragene Firmen sein, weshalb ab Seite 201 vor allem die Konkursbetreibung ausführlich besprochen wird.

Selten: Betreibung auf Pfandverwertung

Sie besitzen für Ihre Forderung ein Pfand als Sicherheit – zum Beispiel weil Sie mit Ihrem Kunden bei Vertragsabschluss eine Hypothek vereinbart haben oder weil er Ihnen später, als er nicht mehr zahlen konnte, Gegenstände verpfändete. Wenn Ihr Kunde die Rechnung weiterhin nicht zahlt, können Sie das Pfand in Anspruch nehmen. Sie dürfen den Pfandgegenstand aber nicht einfach verkaufen. Sie müssen Ihren Kunden auf Pfandverwertung betreiben und das Pfand vom Betreibungsamt verwerten lassen. Dieses Verwertungsbegehren stellen Sie, wenn Sie das Einleitungsverfahren erfolgreich abgeschlossen haben.

Der Pfandgegenstand wird dann in der Regel öffentlich versteigert und aus dem Erlös wird Ihre Forderung bezahlt. Reicht das Geld nicht aus, um die Schuld voll zu tilgen, erhalten Sie einen Pfandausfallschein. Mit diesem können Sie den Rest der Forderung von Ihrem Schuldner auf dem Weg der Pfändung oder des Konkurses eintreiben. Tun Sie dies innerhalb eines Monats, müssen Sie das Einleitungsverfahren nicht nochmals durchlaufen, sondern können direkt das Fortsetzungsbegehren stellen.

Beispiel *Die Handels AG schuldet Ihnen 70 000 Franken für Lieferungen, die bereits über ein Jahr zurückliegen. Im Mai 2005 hat sie Ihnen daher ein Gemälde von Miró verpfändet und übergeben. Vorgesehen war, dass die Schuld bis zum 15. August 2005 bezahlt wird. Als dies nicht geschieht, leiten Sie die Betreibung auf Pfandverwertung ein. Die Versteigerung des Gemäldes bringt nach Abzug der Kosten einen Erlös von 46 000 Franken. Für den ungedeckten Betrag erhalten Sie vom Betreibungsamt einen Pfandausfallschein, der Ihnen am 20. Februar 2006 zugestellt wird. Ab diesem Tag können Sie gegen die Handels AG während eines Monats die Fortsetzung der Betreibung auf Konkurs verlangen. Verpassen Sie die Frist, müssen Sie die Konkursbetreibung nochmals mit dem Einleitungsverfahren beginnen.*

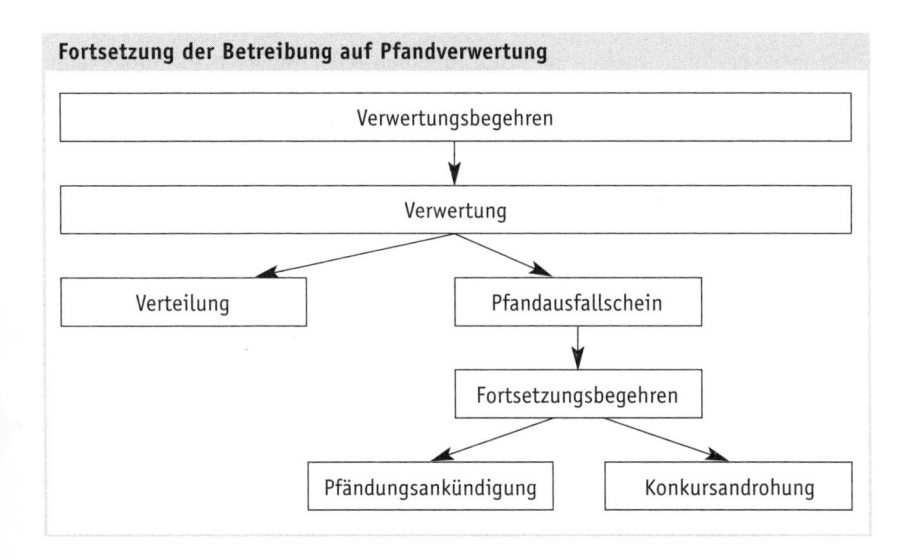

Fortsetzung der Betreibung auf Pfandverwertung

Verwertungsbegehren
↓
Verwertung
↙ ↘
Verteilung   Pfandausfallschein
↓
Fortsetzungsbegehren
↙ ↘
Pfändungsankündigung   Konkursandrohung

Für Pfändung und Konkurs: das Fortsetzungsbegehren

Besitzen Sie kein Pfand, das verwertet werden könnte, geht die Betreibung mit dem Fortsetzungsbegehren weiter. Dieses müssen Sie als Gläubiger beim Betreibungsamt einreichen. Wie beim Betreibungsbegehren (siehe Seite 158) kann dies mündlich oder schriftlich, mit einem selbst verfassten Brief oder auf dem amtlichen Formular geschehen. Am besten verwenden Sie das offizielle Formular, das Sie vom Betreibungsamt beziehen oder von der Internetseite der Schweizer Betreibungs- und Konkursbeamten (www.betreibung-konkurs.ch) herunterladen können. So gehen Sie sicher, dass Sie im Begehren alle wichtigen Angaben machen.

Das Fortsetzungsbegehren enthält im Wesentlichen dieselben Angaben wie das Betreibungsbegehren (ein Muster finden Sie im Anhang, Seite 272):

- **Schuldner und Gläubiger:** Name und Adresse gemäss Betreibungsbegehren
- **Forderungssumme:** Diese entspricht dem im Zahlungsbefehl aufgeführten Betrag. Auf keinen Fall darf sie höher sein. Hat der Schuldner seither einen Teil der Forderung bezahlt oder wurde, nachdem er Rechtsvorschlag erhoben hatte, nur für einen Teilbetrag Rechtsöffnung erteilt, müssen Sie die Summe anpassen. Forderungen in fremder Währung können Sie nochmals umrechnen, und zwar zum Kurs am Tag des Fortsetzungsbegehrens. Dies werden Sie natürlich nur dann tun, wenn der Frankenkurs mittlerweile gefallen und der Forderungsbetrag somit höher geworden ist.
- **Betreibungs- und Rechtsöffnungskosten:** Neben der betriebenen Forderung können Sie die Kosten des Zahlungsbefehls und allenfalls des Rechtsöffnungsverfahrens (Gerichtskosten und Parteientschädigung) verlangen. Anders bei den Kosten eines ordentlichen Prozesses, also eines Anerkennungs- oder Aberkennungsprozesses: Diese zählen nicht zu den Betreibungskosten und müssen daher mit einer separaten Betreibung eingefordert werden.
- **Kostenvorschuss:** Als Gläubiger müssen Sie die Kosten für die Ausfertigung und Zustellung der Konkursandrohung vorschiessen. Diese bemessen sich wie beim Betreibungsbegehren nach der Höhe der Forderung und betragen für eine Summe von 800 Franken wieder 50 Franken (Tarifliste im Anhang, Seite 282). Zahlen Sie – auch nachdem Ihnen das Betreibungsamt eine Frist angesetzt hat – den Vorschuss nicht, fällt das Fortsetzungsbegehren dahin. Nicht jedoch die Betreibung: Solange der Zahlungsbefehl noch gültig ist – also bis ein Jahr nach seiner Zustellung –, können Sie das Fortsetzungsbegehren jederzeit neu stellen.

- **Bemerkungen:** In dieser Rubrik ersuchen Sie das Amt, Ihnen den Empfang des Fortsetzungsbegehrens zu bestätigen, was keine Gebühren kostet. Sie müssen lediglich das Briefporto bezahlen, das Sie am besten gleich beilegen. Daneben können Sie an dieser Stelle Gegenstände des Schuldners aufführen, auf die Sie das Betreibungsamt aufmerksam machen wollen.
- **Beilagen:** Den Zahlungsbefehl müssen Sie Ihrem Fortsetzungsbegehren nur dann beilegen, wenn er von einem anderen Betreibungsamt erlassen wurde. Hat der Schuldner gegen den Zahlungsbefehl Rechtsvorschlag erhoben, müssen Sie entweder seine Rückzugserklärung beilegen oder den Gerichtsentscheid (inklusive Rechtskraftbescheinigung), mit dem der Rechtsvorschlag beseitigt wurde, also das definitive Rechtsöffnungs- oder Anerkennungsurteil. Wurde die Rechtsöffnung provisorisch bewilligt, müssen Sie mit einer Bestätigung nachweisen, dass der Schuldner keine Aberkennungsklage eingereicht hat oder dass diese rechtskräftig abgewiesen wurde.

So stellen Sie das Fortsetzungsbegehren korrekt

Das Fortsetzungsbegehren müssen Sie an das zuständige Betreibungsamt am Wohnsitz bzw. Firmensitz des Schuldners richten (siehe Seite 161). Hat der Schuldner seinen Sitz seit dem Beginn der Betreibung gewechselt, ist das Amt am neuen Ort zuständig.

Der Zahlungsbefehl ist ein Jahr gültig. War ein Gerichtsverfahren zur Beseitigung des Rechtsvorschlag nötig, verlängert sich die Frist um die Dauer dieses Verfahrens. Verpassen Sie die Frist, fällt die Betreibung dahin und Sie müssen – wie beim Leiterli-Spiel – zurück zum Anfang und nochmals von vorn beginnen.

Beispiel *Das Betreibungsamt stellte der Molke AG in Winterthur am 3. Mai 2005 den Zahlungsbefehl zu. Dagegen erhob die Firma am 10. Mai 2005 Rechtsvorschlag. Am 2. Juni 2005 verlangten Sie provisorische Rechtsöffnung, die Ihnen die zuständige Rechtsöffnungsrichterin am Bezirksgericht Winterthur am 4. Juli 2005 gewährte. Das Urteil, gegen das kein ordentliches Rechtsmittel gegeben ist, erhielten Sie am 13. Juli 2005. Die Molke AG legte weder ein ausserordentliches Rechtsmittel ein noch erhob sie Aberkennungsklage. Wann läuft die Frist für*

Ihr Fortsetzungsbegehren ab? Begonnen hat die Frist am 3. Mai 2005 mit der Zustellung des Zahlungsbefehls; am 2. Juni 2005 mit der Postaufgabe Ihres Rechtsöffnungsgesuchs wurde sie unterbrochen. Mit der Zustellung des Rechtsöffnungsentscheids am 13. Juli 2005 begann die Frist wieder zu laufen. Demnach läuft sie nach einem Jahr und 42 Tagen ab, also am 14. Juni 2006.

Die Betreibung auf Pfändung

Weder besitzen Sie ein Pfand als Sicherheit für Ihre Forderung noch ist Ihr Kunde im Handelsregister eingetragen. Deshalb kommt nun die Betreibung auf Pfändung zum Zug: Nachdem Sie beim Betreibungsamt das Fortsetzungsbegehren gestellt haben, schreitet dieses sofort zur Pfändung. Es beschlagnahmt also in den Räumen des Schuldners verwertbare Gegenstände. Dabei muss der Schuldner anwesend sein, weshalb ihm die Pfändung vorher angekündigt wird. Was bei der Pfändung beschlagnahmt wurde, hält der Beamte in einer Pfändungsurkunde fest.

Was kann gepfändet werden?

Das Betreibungsamt darf nur so viele Gegenstände beschlagnahmen, wie für die Deckung der Forderung inklusive Verzugszins und Betreibungskosten nötig sind. Zuerst werden bewegliche Gegenstände und Vermögensposten gepfändet. Das Betreibungsamt beschlagnahmt davon in erster Linie leicht verwertbares Gut wie Bargeld, Bankguthaben, Wertpapiere oder das Einkommen des Schuldners. Dann folgen bewegliche Gegenstände, für die ein sicherer Markt besteht (zum Beispiel Schmuck oder eine Briefmarkensammlung). Liegenschaften dürfen erst gepfändet werden, wenn das bewegliche Vermögen nicht zur Deckung der Forderung ausreicht.

Eine ganze Reihe von Vermögenswerten des Schuldners – die so genannten Kompetenzstücke – sind aus wirtschaftlichen, sozialen und ethischen Gründen unpfändbar. Dazu gehören unter anderem:
- Gegenstände, die dem Schuldner und seiner Familie zum täglichen Gebrauch dienen (Kleider, Möbel, Haushaltsgeräte)

- Gegenstände, die der Schuldner für die Ausübung seines Berufs benötigt (das Klavier der Musiklehrerin oder das Fahrzeug des Ein-Mann-Taxiunternehmens)
- Leistungen der Sozialhilfe, der AHV und IV sowie die Ergänzungsleistungen

Andere Vermögenswerte, beispielsweise die Lohnansprüche des Schuldners, sind pfändbar, aber nur so weit, wie sie sein betreibungsrechtliches Existenzminimum, den so genannten Notbedarf, überschreiten. Das heisst, einem Schuldner darf das Einkommen nur in dem Umfang entzogen werden, wie er es nicht für eine minimale Existenz für sich und seine Familie braucht.

Das Existenzminimum setzt eine Grenze

Das Existenzminimum, das nicht gepfändet werden darf, ist kein einheitlich festgelegter Betrag. Es wird für jeden Schuldner individuell berechnet. Wie dies geschehen muss, steht nicht im Gesetz, sondern in den Richtlinien, welche die Schweizer Betreibungs- und Konkursbeamten herausgeben. Die meisten Kantone – zum Beispiel Bern und Thurgau – haben diese Richtlinien unverändert übernommen. Andere wie Aargau, St. Gallen und Zürich haben sie leicht angepasst.

Tipp *Wie das Existenzminimum im Detail berechnet wird, können Sie im Internet einsehen. Die Richtlinien der Schweizer Betreibungs- und Konkursbeamten finden Sie unter www.berechnungsblätter.ch (mit Links zu den Regelungen in den Kantonen Zürich und Aargau), die Regelung im Kanton St. Gallen unter www.gerichte.sg.ch (→ Dienstleistungen → nützliche Informationen).*

Das Existenzminimum setzt sich zusammen aus einem pauschalen Grundbetrag für Nahrung und Kleider. Für Alleinstehende sind dies laut Richtlinien der Betreibungs- und Konkursbeamten 1100 Franken pro Monat, für Alleinerziehende 1250 Franken und für ein Ehepaar 1350 Franken. Dazu kommen Grundbeträge für Kinder im Haushalt sowie individuelle Zuschläge für Wohnungsmiete, Krankenkasse, Berufsauslagen, Arztkosten und Ähnliches.

Beispiel Pascal M. ist 33-jährig, allein stehend und wohnt in Bern in einer Dreizimmerwohnung, die monatlich 1000 Franken kostet. Seine Krankenkassenprämie beläuft sich auf 250 Franken pro Monat. Für die Fahrt zur Arbeit benutzt er das Tram (Abonnementskosten 69 Franken pro Monat). Weil er einen langen Arbeitsweg hat, isst er in der Mittagspause im Restaurant.

Grundbetrag	Fr. 1100.–
Wohnungsmiete	Fr. 1000.–
Krankenkasse	Fr. 250.–
Tramabonnement	Fr. 69.–
Essen auswärts (20 x pro Monat)	Fr. 200.–
Total	Fr. 2619.–

Bei einer Lohnpfändung müsste Herrn M. dieser Betrag als Existenzminimum belassen werden.

Der Lohn wird am häufigsten gepfändet

Heute ist es nicht mehr üblich, etwas auf die hohe Kante zu legen, die meisten Leute haben kaum Erspartes. Die Wohnungseinrichtungen sind häufig unpfändbar oder haben ohnehin kaum einen Verkaufswert, weil sie nicht neuwertig sind. Andere Gegenstände, wie zum Beispiel das Auto, sind geleast oder auf Abzahlung mit Eigentumsvorbehalt gekauft, können also ebenfalls nicht verwertet werden. Deshalb haben die Lohnpfändungen stark zugenommen und machen, auf die Gesamtsumme der gepfändeten Vermögenswerte gerechnet, in städtischen Gebieten über 70 Prozent aller Pfändungen aus.

Bei einer Lohnpfändung befragt der Betreibungsbeamte den Schuldner über sein Einkommen, berechnet sein Existenzminimum und teilt ihm danach in einer Verfügung mit, welcher Betrag gepfändet wird (pfändbare Lohnquote). Die Arbeitgeberin des Schuldners erhält eine Anzeige der Lohnpfändung mit der Anweisung, monatlich die pfändbare Quote vom Lohn abzuziehen und direkt ans Betreibungsamt zu überweisen. Da eine solche Anzeige manchem Schuldner peinlich ist, kann das Betreibungsamt davon absehen, die Arbeitgeberin über die Lohnpfändung zu informieren – sofern der Gläubiger damit einverstanden ist (stille Lohnpfändung). In diesem Fall ist der Schuldner verpflichtet, den gepfändeten Lohnanteil selber beim Betreibungsamt abzuliefern. Bleibt eine Zahlung aus, wird der Arbeitgeberin die Lohnpfändung unverzüglich angezeigt.

Tipp *Der Schuldner hat keinen Anspruch auf die stille Lohnpfändung. Das Betreibungsamt entscheidet in eigener Kompetenz und bewilligt sie nur, wenn der Schuldner glaubhaft verspricht, dass er den gepfändeten Monatsbetrag regelmässig selbst abliefern werde. Ihnen als Gläubiger steht es frei, in die stille Lohnpfändung einzuwilligen. Das empfiehlt sich in der Regel, weil sonst die Gefahr besteht, dass die Arbeitgeberin, nachdem sie von der Lohnpfändung erfahren hat, den Arbeitsvertrag mit dem Schuldner auflöst. Und bei einem Schuldner ohne Einkommen ist wenig zu holen.*

Der Lohn kann längstens für ein Jahr im Voraus gepfändet werden; gerechnet wird ab dem Datum der Verfügung des Betreibungsamts. Kann die Schuld in dieser Zeit nicht ganz bezahlt werden, erhalten Sie als Gläubiger für den nicht gedeckten Teil einen Verlustschein. Damit können Sie die Lohnpfändung für ein weiteres Jahr verlangen, müssen dann aber unter Umständen mit Gläubigern teilen, die bereits Schlange stehen, weil sie ihrerseits das Einkommen des Schuldners pfänden wollen.

Das Widerspruchsverfahren oder: Wem gehört was?

Der betriebene Schuldner kann behaupten, dass die gepfändeten Gegenstände gar nicht ihm gehören: Der Fernseher sei nur gemietet, die Videokamera nur geleast, die Möbel ständen unter Eigentumsvorbehalt, beim Auto handle es sich um einen Firmenwagen. Gerade bei Fahrzeugen wenden Schuldner recht häufig ein, der gepfändete Wagen gehöre der Ehefrau, der Freundin oder gar der Schwiegermutter. Aber auch eine aussen stehende Person kann einwenden, dass ein gepfändeter Gegenstand nicht dem Schuldner, sondern ihr gehöre. Beispielsweise dass das Klavier während eines längeren Auslandaufenthalts bei ihm untergestellt worden sei.

Beispiel Sie betreiben Frederik E. für eine Forderung von 38 300 Franken. Er besitzt einen beinahe neuen Alfa Romeo im Wert von 32 000 Franken. Der Fahrzeugausweis lautet auf seinen Namen. Anlässlich der Pfändung behauptet Herr E., seine 93-jährige Schwiegermutter habe den Wagen gekauft, er gehöre daher ihr. Vor der Verwertung muss nun geklärt werden, ob diese Behauptung tatsächlich stimmt, denn gepfändet und versilbert werden dürfen nur Gegenstände, die dem Schuldner gehören.

Die Frage, wem ein gepfändeter Gegenstand tatsächlich gehört, wird im so genannten Widerspruchsverfahren beantwortet. Dieses Verfahren kommt von Amtes wegen in Gang, sobald das Betreibungsamt von einem Drittanspruch an dem gepfändeten Vermögensstück erfährt. Je nachdem, ob sich der Gegenstand beim Schuldner oder bei der Drittperson befindet, verläuft das Verfahren unterschiedlich.

Wenn der umstrittene Gegenstand beim Schuldner ist

Behauptet der Schuldner, ein Gegenstand in seinem Besitz gehöre einem Dritten, vermerkt der Betreibungsbeamte dies bei der Aufnahme in die Pfändungsurkunde. Dasselbe passiert, wenn eine Drittperson das Eigentum an einem solchen Gegenstand beansprucht. Sie als Gläubiger erhalten eine Frist von zehn Tagen, innert der Sie diese Behauptung bestreiten können. Tun Sie dies nicht, gilt der Anspruch des Dritten als anerkannt und der Gegenstand fällt aus der Pfändung.

Bestreiten Sie den Anspruch, setzt das Betreibungsamt dem Dritten eine Frist von 20 Tagen an, während der er sein Recht mit einer Klage geltend machen kann. Unterlässt er dies, wird angenommen, er verzichte auf seinen Anspruch. Der umstrittene Gegenstand bleibt in der Pfändung und darf später verwertet werden. Wird Klage eingereicht, entscheidet das Gericht, wer Eigentümer ist.

Beispiel Bei der Pfändung von Frederik E. pfändet der Betreibungsbeamte den Alfa, vermerkt aber in der Pfändungsurkunde, dass das Eigentum der Schwiegermutter von Frederik E. zustehe. Sie sind überzeugt, dass dies nur eine Ausflucht ist, und bestreiten den Anspruch innert der zehntägigen Frist. Nun liegt der Ball bei der Schwiegermutter. Sie *müsste innert 20 Tagen vor Gericht klagen. Das tut sie aber nicht. Denn erstens hat Frederik E. keinerlei Beweise für seine Behauptung und zweitens ist es wenig glaubhaft, dass eine 93-Jährige einen Sportwagen besitzt. Der Alfa kann für die Deckung Ihrer Forderung verwertet werden.*

Wenn es um Gegenstände bei Dritten geht

Manchmal gehören einem Schuldner auch Gegenstände, die sich bei der Pfändung nicht in seinen Räumen befinden – zum Beispiel ein Computer, den er seiner Freundin geliehen hat. Auch solche Gegenstände können gepfändet werden. Was aber, wenn die Freundin behauptet, der Computer sei ein Geschenk und gehöre ihr? Auch dann kommt es zum Widerspruchsverfahren. Das Betreibungsamt vermerkt den Anspruch der Freundin und setzt Ihnen als Gläubiger eine Frist von 20 Tagen an, während der Sie gegen diesen Drittanspruch Klage erheben können. Verzichten Sie auf die Klage, gilt der Anspruch der Freundin als anerkannt und der Computer fällt aus der Pfändung. Erheben Sie Klage, entscheidet das Gericht, wer Eigentümer ist.

Hinweis *Sie haben das Recht, über das Betreibungsamt vom Dritten zu verlangen, dass er seine Beweismittel – beispielsweise einen Kaufvertrag, einen Leasingvertrag, eine Quittung – beim Amt zur Einsicht vorlegt. Nutzen Sie diese Möglichkeit, denn so können Sie das Prozessrisiko abschätzen und sich unter Umständen einen verlorenen Prozess ersparen.*

Wie geht es nach der Pfändung weiter?

Nachdem das Betreibungsamt die Pfändung vollzogen hat, geht das Verfahren wie bei der Betreibung auf Pfandverwertung weiter (siehe Seite 190). Frühestens einen Monat nach der Pfändung können Sie das Verwertungsbegehren stellen. Die gepfändeten Gegenstände werden anschliessend öffentlich versteigert und aus dem Erlös wird Ihre Forderung bezahlt. Für den allenfalls ungedeckten Teil der Forderung erhalten Sie einen Verlustschein. Dieser berechtigt Sie, innert sechs Monaten ohne Einleitungsverfahren sofort das Fortsetzungsbegehren zu stellen.

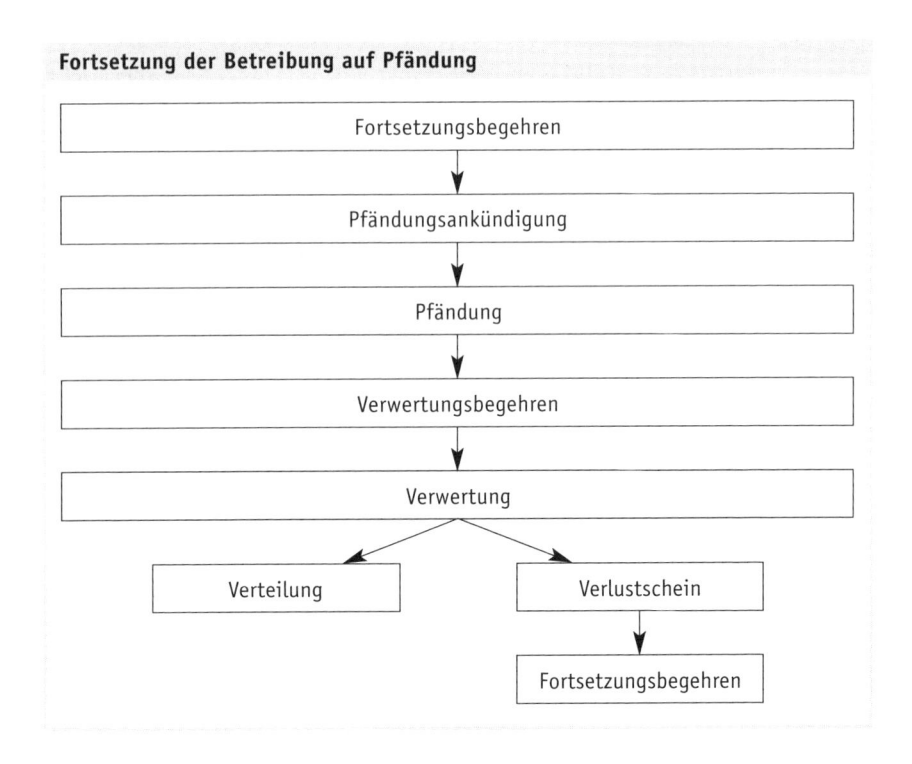

Fortsetzung der Betreibung auf Pfändung

```
Fortsetzungsbegehren
        ↓
Pfändungsankündigung
        ↓
     Pfändung
        ↓
Verwertungsbegehren
        ↓
    Verwertung
     ↙        ↘
Verteilung   Verlustschein
                ↓
         Fortsetzungsbegehren
```

Die Betreibung auf Pfändung hat – verglichen mit dem Konkurs – verschiedene Vorteile: Weder muss das ganze Vermögen der Schuldnerin verwertet werden noch haben Sie in der Regel mit anderen Gläubigern zu teilen. Es wird nur so viel gepfändet, wie zur Deckung Ihrer Forderung inklusive Verzugszins und Betreibungskosten nötig ist. Zudem fällt auch das Einkommen der Schuldnerin unter die Pfändung, was im Konkursverfahren nicht zulässig ist. Die Betreibung auf Pfändung ist daher kostengünstiger und Sie kommen erst noch schneller zum Ziel. In den Genuss dieser Vorteile gelangen Sie jedoch nur, wenn Ihre Schuldnerin der Betreibung auf Pfändung unterliegt, denn Sie können die Art der Betreibung nicht selber wählen. Ist die Schuldnerin im Handelsregister eingetragen, wird sie auf Konkurs betrieben.

Die ordentliche Konkursbetreibung

Während das Pfändungs- und das Pfandverwertungsverfahren nur einzelne Vermögenswerte des Schuldners erfassen, wird im Konkurs sein ganzes Vermögen verwertet und unter die Gläubiger verteilt. Das Gesetz kennt verschiedene Formen der Konkursbetreibung:

- In der Praxis kommt die **ordentliche Konkursbetreibung** – wie sie auf dem folgenden Seiten ausführlich beschrieben wird – am häufigsten vor. Bevor diese stattfinden kann, müssen Sie das normale Einleitungsverfahren absolvieren (siehe Kapitel 6, Seite 149).
- Die etwas raschere **Wechselbetreibung**, eine besondere Art der Konkursbetreibung, steht für Forderungen zur Verfügung, die auf einem Wechsel oder Check gründen. Sie hat ausser im Teppich-, Auto- und Baumwollhandel keine grosse Bedeutung mehr und wird in diesem Buch nicht behandelt.
- Unter gewissen Umständen kann der Konkurs eröffnet werden, ohne dass der Gläubiger vorher ein Verfahren durchlaufen muss – man spricht dann von einer **Konkurseröffnung ohne vorgängige Betreibung**. Diese

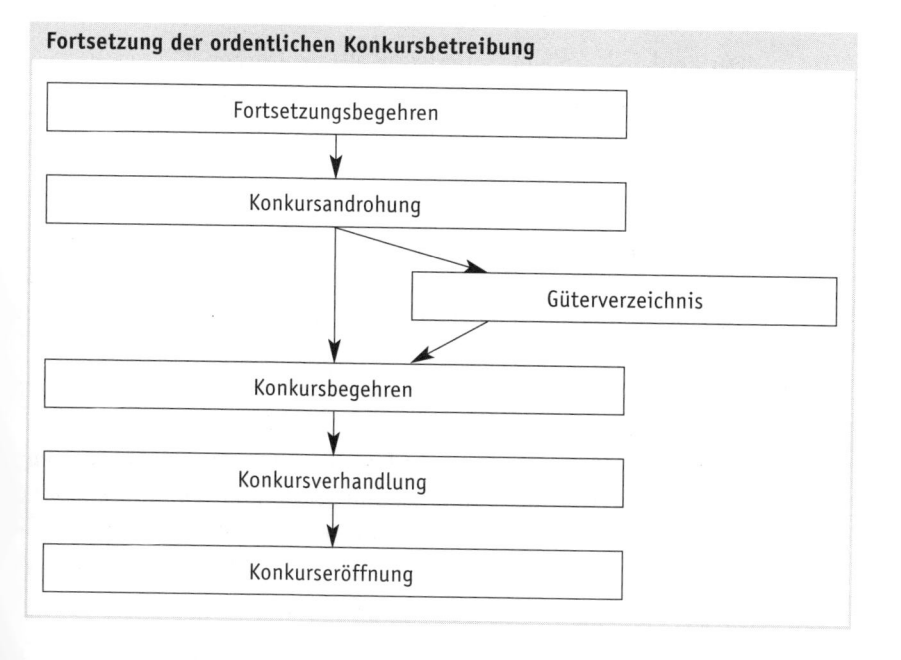

Fortsetzung der ordentlichen Konkursbetreibung

Fortsetzungsbegehren
↓
Konkursandrohung
↓ ↘
　　　Güterverzeichnis
↓ ↙
Konkursbegehren
↓
Konkursverhandlung
↓
Konkurseröffnung

ist auf Antrag des Gläubigers, aber auch auf eigenen Antrag der Schuldnerin möglich und kann aus ganz verschiedenen Gründen erfolgen: Fluchtgefahr, Zahlungseinstellung, Verheimlichen von Vermögen in der Pfändung, Überschuldung etc. In der Praxis wenig bekannt, aber für Sie als Gläubiger umso bedeutsamer ist die Möglichkeit, die Konkurseröffnung wegen Zahlungseinstellung der Schuldnerin zu verlangen. Dieser Konkursgrund wird daher am Schluss des Kapitels ebenfalls kurz besprochen.

Die Fortsetzung der ordentlichen Betreibung auf Konkurs umfasst vier Stadien: Sie beginnt mit dem Fortsetzungsbegehren des Gläubigers (siehe Seite 191). Darauf erlässt das Betreibungsamt die Konkursandrohung und stellt sie der Schuldnerin zu. Zahlt diese nicht innert 20 Tagen, kann der Gläubiger beim Konkursrichter die Konkurseröffnung verlangen. Dieser eröffnet den Konkurs, wenn die Schuldnerin die betriebene Forderung nicht bis zur Verhandlung bezahlt.

Nur für Kaufleute, Unternehmen und andere Gesellschaften

Der Konkursbetreibung unterliegen alle natürlichen und juristischen Personen, die in einer bestimmten Eigenschaft im Schweizerischen Handelsregister eingetragen sind – dies auch, wenn die Schulden nichts mit dem Geschäft zu tun haben. So wird beispielsweise der Inhaber einer eingetragenen Einzelfirma auf Konkurs betrieben, ob es sich nun um geschäftliche oder private Schulden handelt. Eine Ausnahme besteht allerdings bei gewissen Forderungen – beispielsweise Steuern, AHV- und SUVA-Beiträge oder Alimente –, für die nur die Pfändung möglich ist.

Beispiel *René S. besitzt ein florierendes Blumengeschäft in Herrliberg. Seine Einzelfirma «Blumen René S.» ist im Handelsregister des Kantons Zürich eingetragen. Nach vielen Jahren leistet er sich erstmals einen Sportwagen. Als er den Kaufpreis von 85 000 Franken nicht bezahlt, wird er vom Autohändler betrieben. René S. unterliegt als Inhaber einer eingetragenen Einzelfirma der Konkursbetreibung, obwohl er den Wagen für den privaten Gebrauch gekauft hat.*

> **Wer unterliegt der Konkursbetreibung?**
>
> - Inhaber einer eingetragenen Einzelfirma
> - Mitglied einer Kollektivgesellschaft
> - Unbeschränkt haftendes Mitglied einer Kommanditgesellschaft
> - Verwaltungsmitglied einer Kommanditaktiengesellschaft
> - Geschäftsführendes Mitglied einer GmbH
> - Kollektiv- und Kommanditgesellschaft
> - Aktiengesellschaft und Kommanditaktiengesellschaft
> - GmbH, Genossenschaft, Verein und Stiftung
>
> Die Aufzählung ist abschliessend. Andere Personen unterliegen nicht der Konkursbetreibung – auch wenn sie zum Beispiel als Verwaltungsrat, Direktor oder Prokurist einer AG im Handelsregister eingetragen sind.

Zum Zeitpunkt, in dem Sie das Fortsetzungsbegehren stellen, muss Ihr Schuldner im Handelsregister eingetragen sein. Die Konkursfähigkeit beginnt am Tag nach der Publikation des Eintrags im Schweizerischen Handelsamtsblatt (SHAB) und endet sechs Monate, nachdem die Löschung des Eintrags im SHAB veröffentlicht worden ist.

Beispiel *Sie betreiben die Retro GmbH, die im Handelsregister des Kantons Zürich eingetragen ist. Im SHAB vom 3. Februar 2006 wird die Streichung des Eintrags veröffentlicht. Die Frist läuft ab dem folgenden Tag. Sie müssen das Fortsetzungsbegehren also bis am 4. August 2006 der Post übergeben, damit die Konkursbetreibung noch möglich ist.*

Die Konkursandrohung

Haben Sie das Fortsetzungsbegehren rechtzeitig beim zuständigen Betreibungsamt eingereicht und den Kostenvorschuss bezahlt, ist wieder das Betreibungsamt an der Reihe. Das Amt prüft, ob es zuständig ist, ob der Zahlungsbefehl noch gültig ist und ob alle notwendigen Angaben im Gesuch enthalten sind. Zudem wird nochmals überprüft, ob der oder die Betriebene im Handelsregister eingetragen ist. Diese Abklärung beschränkt sich allerdings bloss auf den Betreibungskreis. Ist Ihre Schuldnerin im Register eines anderen Kreises eingetragen, müssen Sie als Gläubiger diesen Eintrag nachweisen.

Ergibt die Prüfung des Betreibungsamts, dass die Schuldnerin im Handelsregister eingetragen ist und somit der Konkursbetreibung unterliegt, erlässt es die Konkursandrohung. Diese enthält nochmals eine Zahlungsfrist von 20 Tagen. Die Schuldnerin bekommt also eine letzte Gnadenfrist eingeräumt, während der sie die Forderung bezahlen und so den wirtschaftlichen Zusammenbruch abwenden kann. Für den Fall, dass sie auch diese letzte Chance nicht nutzt, wird ihr angedroht, dass der Gläubiger die Konkurseröffnung beantragen und ihr ganzes Vermögen beschlagnahmen lassen kann.

Daneben wird die Schuldnerin erstmals auf die Möglichkeit eines Nachlassvertrags aufmerksam gemacht (siehe Seite 212) und sie wird aufgeklärt, dass sie das Recht hat, die Zulässigkeit der Konkursbetreibung anzufechten. Neben den Angaben des Betreibungsbegehrens und dem Datum des Zahlungsbefehls sind in der Androhung die betriebene Forderungssumme zuzüglich Zins und aufgelaufene Betreibungskosten (inkl. Rechtsöffnungskosten) aufgeführt.

Hinweis *Wie den Zahlungsbefehl muss das Betreibungsamt oder die Post auch die Konkursandrohung der Schuldnerin persönlich zustellen (siehe Seite 165). Sie als Gläubiger erhalten unmittelbar nach der Zustellung das Doppel der Androhung.*

Die Reaktionsmöglichkeiten des Schuldners

Der Schuldner kann in diesem Stadium nicht mehr bestreiten, dass die betriebene Forderung zu Recht besteht. Diese Frage wurde im vorangegangenen Einleitungsverfahren abschliessend beantwortet. Die Konkursandrohung ist eine letzte Zahlungsaufforderung an den Schuldner; seine Reaktionsmöglichkeiten sind daher beschränkt:

- **Bezahlung:** Zahlt der Schuldner beim Betreibungsamt oder Ihnen direkt die betriebene Forderung, den Verzugszins und die aufgelaufenen Betreibungskosten (für Zahlungsbefehl, Rechtsöffnung und Konkursandrohung), endet das Verfahren (siehe auch Seite 166).
- **Beschwerde:** Der Schuldner kann die Zulässigkeit der Konkursbetreibung mit Beschwerde bei der Aufsichtsbehörde anfechten: etwa weil er nicht im Handelsregister eingetragen ist oder weil das falsche Betreibungsamt die Konkursandrohung zugestellt hat. Solche Fehler kom-

men allerdings selten vor. Die Beschwerde wird daher häufig nur in der Absicht erhoben, das Verfahren zu verzögern (zur betreibungsrechtlichen Beschwerde siehe Seite 185).

- **Keine Reaktion:** Wenn der Schuldner weder bezahlt noch Beschwerde führt, steht der Weg zur Konkurseröffnung offen. Nach Ablauf der 20-tägigen Zahlungsfrist können Sie diese beim Richter verlangen.

Das Gesuch um ein Güterverzeichnis

Anders als beim Pfändungsvollzug (siehe Seite 194) werden dem Schuldner mit der Konkursandrohung noch keine Vermögenswerte entzogen. Die Gefahr ist daher gross, dass er die 20-tägige Zahlungsfrist dazu missbraucht, Vermögen beiseite zu schaffen, um es dem Zugriff der Gläubiger zu entziehen. Um dies zu verhindern, können Sie verlangen, dass ein Güterverzeichnis aufgestellt wird. Darin werden alle Vermögenswerte des Schuldners aufgelistet.

Der Schuldner darf die Gegenstände weiterhin behalten – sie werden ihm also weder weggenommen noch haben Sie als Gläubiger Zugriff darauf –, er ist aber verpflichtet, verkaufte Sachen zu ersetzen oder den Erlös zu behalten. Hält er sich nicht daran, macht er sich strafbar und kann «wegen Verstrickungsbruchs» mit Gefängnis bis zu drei Jahren bestraft werden.

Wann wird ein Güterverzeichnis angeordnet?

Das Verzeichnis wird nicht von Amtes wegen angeordnet, sondern auf Antrag des Gläubigers an das Gericht, das später für die Konkurseröffnung zuständig ist. Voraussetzung ist, dass der Gläubiger ein Sicherungsbedürfnis hat. Das ist zum Beispiel dann der Fall, wenn Anzeichen dafür bestehen, dass der Schuldner Vermögensbestandteile beiseite schafft oder unter ihrem Wert veräussert. Die Höhe der betriebenen Forderung spielt keine Rolle.

Sie als Gläubiger müssen die Umstände, die für ein Güterverzeichnis sprechen, glaubhaft machen, das heisst, Ihre Argumente müssen der Richterin einleuchten. Blosse Behauptungen genügen nicht. Es müssen objektive Anhaltspunkte für eine Vermögensverschiebung vorliegen. Ein solcher Nachweis ist nicht einfach zu erbringen.

Beispiel *Sie haben die Computer M. GmbH in Steckborn wegen einer Forderung von 10 000 Franken betrieben. Die Konkursandrohung wurde am 4. März 2006 vom Betreibungsamt Steckborn zugestellt. Sie erfahren nun von einem befreundeten Lieferanten, dass die Computer M. GmbH ihr Lager räume. Auf diese Aussage berufen Sie sich, als Sie vom Präsidenten des Bezirksgerichts Steckborn die Aufstellung eines Güterverzeichnisses verlangen. Doch dieser lehnt Ihr Gesuch ab, weil er auf der Grundlage Ihrer Behauptung nicht beurteilen kann, ob tatsächlich ein Sicherungsbedürfnis besteht.*

Gleicher Fall – doch nach der Zustellung der Konkursandrohung schickt Ihnen ein befreundeter Lieferant einen Flyer der Computer M. GmbH, auf dem steht: «Alles muss weg! Totalausverkauf mit Rabatt bis zu 50 %!» Sie fahren zum Geschäftslokal und sehen, dass Angestellte der Firma Geräte aus dem Laden tragen, in einen Lieferwagen verstauen und wegfahren. Diese «Zügelaktion» fotografieren Sie und verlangen mit dem Foto und dem Flyer die Aufnahme des Güterverzeichnisses. Aufgrund dieser Unterlagen wird der Richter Ihr Gesuch höchstwahrscheinlich bewilligen.

Das Güterverzeichnis müssen Sie bei der zuständigen Konkursrichterin verlangen (siehe Zusammenstellung im Anhang, Seite 286). Diese lädt Sie und den Schuldner zu einer Verhandlung vor oder holt eine schriftliche Stellungnahme des Schuldners ein. Ist die Richterin von Ihrem Standpunkt überzeugt, ordnet sie das Güterverzeichnis an, das dann vom Betreibungsamt – nicht vom Konkursamt! – aufgestellt wird. Der Schuldner muss alle Vermögenswerte angeben, die ihm gehören. Dritte – beispielsweise die Banken – sind ebenfalls auskunftspflichtig.

Die Spruchgebühr für den Entscheid der Konkursrichterin beträgt maximal 200 Franken. Für die Aufnahme des Verzeichnisses verrechnet das Betreibungsamt 40 Franken pro halbe Stunde. Bei einer kleineren Firma dauert eine solche Aufnahme im Durchschnitt 15 bis 20 Stunden. Sie müssen daher mit Kosten von 1200 bis 1600 Franken rechnen. In der Regel müssen Sie die Summe der Konkursrichterin und vor allem dem Betreibungsamt vorschiessen. In einem späteren Konkurs jedoch gehören diese Auslagen zu den so genannten Massakosten und werden zuerst aus dem Liquidationserlös bezahlt (siehe Seite 235).

Ein Güterverzeichnis kann nützlich sein

Da es nicht einfach ist, dem Schuldner eine unerlaubte Vermögensverschiebung nachzuweisen, wird äusserst selten ein Gesuch um ein Güterverzeichnis gestellt – obwohl dies ein geeignetes Mittel wäre, sanften Druck auszuüben. Das Betreibungsamt muss nämlich Dritte, die Vermögen des Schuldners verwalten, über die Aufstellung des Güterverzeichnisses informieren. So erfährt auch seine Hausbank von der bedenklichen finanziellen Situation und er läuft Gefahr, dass ihm die Kredite gekürzt oder gar gekündigt werden – was er tunlichst vermeiden will. Deshalb kann bereits das Gesuch um ein Güterverzeichnis bewirken, dass der Schuldner mit Ihnen Kontakt aufnimmt und die betriebene Forderung doch noch zahlt, ohne dass Sie dafür das Konkursbegehren stellen müssen.

Sie stellen das Konkursbegehren

Die Initiative liegt ein letztes Mal bei Ihnen. Ist die Zahlungsfrist von 20 Tagen ohne Erfolg abgelaufen, können Sie das Konkursbegehren stellen. Zuständig ist nun der Konkursrichter. Dieses Recht erlischt 15 Monate nach Zustellung des Zahlungsbefehls. Auch diese Frist verlängert sich um die Dauer des Gerichtsverfahrens, falls ein solches zur Beseitigung des Rechtsvorschlags nötig war (siehe Beispiel Seite 193).

So formulieren Sie das Konkursbegehren korrekt

Der Konkursrichter benötigt mindestens den Zahlungsbefehl und die Konkursandrohung, von denen Sie je ein Doppel haben. Einen eventuellen Entscheid, der bestätigt, dass der vom Schuldner erhobene Rechtsvorschlag gültig beseitigt wurde, müssen Sie nicht einreichen; das Betreibungsamt hat dies bereits beim Erlass der Konkursandrohung geprüft. Nur wenn unklar ist, ob der Zahlungsbefehl noch gültig ist, wird das Gericht einen solchen Entscheid anfordern.

Achtung *Lassen Sie sich im Konkurseröffnungsverfahren vertreten, muss Ihr Anwalt in einigen Kantonen – zum Beispiel in Zürich – eine Vollmacht einreichen, die ihn ausdrücklich zur Stellung des Konkursbegehrens ermächtigt.*

Sinnvoller Aufbau des Gesuchs um Konkurseröffnung

- Name und Adresse des Gerichts
- Datum und Ort
- Bezeichnung als Gesuch um Eröffnung des Konkurses
- Name und Adresse der Gläubigerin (inkl. Bankverbindung, damit der Schuldner allenfalls vor Konkurseröffnung noch zahlen kann)
- Name und Adresse des Schuldners
- Rechtsbegehren («Es sei über den Schuldner der Konkurs zu eröffnen.»)
- Bezeichnung der Forderungssumme inkl. Zins, Betreibungs- und Rechtsöffnungskosten sowie Parteientschädigung gemäss Konkursandrohung
- Bezeichnung der Beilagen (Zahlungsbefehl, Konkursandrohung und eventuell Vollmacht)
- Unterschrift der Gläubigerin oder ihres Vertreters

Im Zahlungsbefehl und in der Konkursandrohung steht alles Nötige für die Konkurseröffnung. Weitere Angaben müssen Sie dem Gericht grundsätzlich nicht machen.

Hinweis *Im Anhang (Seite 274) finden Sie ein Muster für ein Konkursbegehren. Es basiert auf dem Formular, das einige Betreibungsämter – etwa im Kanton Luzern oder Aargau – zur Verfügung stellen und das Sie vom Internet herunterladen können (www.betreibungsaemter-lu.ch). Ist in Ihrem Kanton ein solches Formular vorhanden, verwenden Sie am besten dieses, damit Sie nichts Wichtiges vergessen.*

Kostenvorschuss

Im Konkursverfahren entstehen Kosten. Dafür haftet in erster Linie das Vermögen der Schuldnerin, die so genannte Konkursmasse. Reicht diese Masse nicht aus, um das Verfahren durchzuführen, und muss es daher später mangels Aktiven wieder eingestellt werden, haftet der Gläubiger für die bis dahin angefallenen Kosten (Gerichtskosten, Gebühren und Auslagen des Konkursamts). Für die Sicherstellung dieses Betrags kann das Gericht einen Vorschuss verlangen, der je nach Kanton oder Richter zwischen 0 und 6000 Franken beträgt (Tarifliste im Anhang, Seite 282). Je nach Höhe der Forderung wird Sie dieser Betrag allenfalls davon abhalten, das Konkursbegehren zu stellen.

So läuft das Konkurseröffnungsverfahren ab

Das Verfahren findet vor dem Richter statt. Zuständig ist das Gericht am Betreibungsort, also am Wohnsitz bzw. Firmensitz der Schuldnerin. Hat diese ihren Sitz nach der Zustellung der Konkursandrohung gewechselt, bleibt der Richter am bisherigen Ort zuständig. Die sachliche Zuständigkeit regelt das kantonale Recht. Je nach Kanton ist ein Einzelrichter zuständig (zum Beispiel Schwyz) oder der Präsident des erstinstanzlichen Gerichts (etwa Thurgau; siehe Zusammenstellung im Anhang, Seite 286).

Der zuständige Konkursrichter setzt den Tag der Gerichtsverhandlung fest, lädt dazu den Gläubiger und die Schuldnerin vor und fordert den Gläubiger auf, bis zum Verhandlungstag den Kostenvorschuss zu bezahlen. Die Teilnahme an der Verhandlung ist für den Gläubiger wie für die Schuldnerin freiwillig, denn der Konkursrichter entscheidet auch in Abwesenheit der Parteien.

Die Kosten des Konkurseröffnungsverfahrens bemessen sich nach der Gebührenverordnung zum SchKG. Die Gerichtsgebühr für den Entscheid über die Konkurseröffnung beträgt zwischen 40 und 500 Franken (Tarifliste im Anhang, Seite 282). Am Bezirksgericht Zürich wird für die Konkurseröffnung eine Spruchgebühr von 400 Franken erhoben. Als Gläubiger müssen Sie die Gerichtskosten bezahlen, erhalten Ihre Auslagen jedoch später aus dem Liquidationserlös ersetzt.

Hinweis *An sich können Sie für den Fall, dass der Konkurs eröffnet wird, eine Entschädigung für Zeitversäumnis und Auslagen verlangen. Die Gerichte sprechen solche Entschädigungen aber nur ganz selten zu, weil der Zeitaufwand für das Einreichen des Konkursbegehrens gering ist und Sie an der Verhandlung nicht teilnehmen müssen. Am besten verzichten Sie von vornherein darauf.*

Rückzug des Konkursbegehrens

Möglicherweise bietet Ihnen der Schuldner nun an, einen Teil der Forderung zu begleichen, wenn Sie im Gegenzug das Konkursbegehren vor der Konkursverhandlung zurückziehen. Dazu sind Sie jederzeit berechtigt, auch noch in der Verhandlung selber. Nach dem Rückzug müssen

Sie aber mindestens einen Monat warten, bevor Sie das Begehren erneut stellen können. Dasselbe gilt, wenn Sie einer vom Schuldner vorgeschlagenen Verschiebung der Konkurseröffnung zustimmen, denn in der Gerichtspraxis wird eine solche Zustimmung als Rückzug des Begehrens gewertet.

Beispiel *Aufgrund einer offenen Rechnung von 4200 Franken stellen Sie das Konkursbegehren gegen die Franz W. Fassadenbau GmbH. Die Konkursrichterin setzt die Verhandlung auf den 24. März 2006 an. Zwei Tage vor dem Termin ruft Sie der Geschäftsführer Franz W. an und bittet um eine Verschiebung der Verhandlung für eine Woche, weil er bis dahin das nötige Geld aufgetrieben habe. Sie glauben ihm und unterzeichnen das vorbereitete Verschiebungsgesuch, das Herr W. dem Gericht einreicht. Ein paar Tage später erhalten Sie den Entscheid der Konkursrichterin, dass das Verfahren infolge Rückzugs des Konkursbegehrens beendet werde. So war's natürlich nicht gemeint – trotzdem müssen Sie einen Monat warten, bis Sie das Begehren erneut stellen dürfen.*

Ein Rückzug drängt sich manchmal auch auf, wenn Sie keine Teilzahlung erhalten. Dann nämlich, wenn Sie feststellen, dass beim Schuldner nicht genügend Aktiven für die Durchführung des Verfahrens vorhanden sind. In diesem Fall müssten Sie die ganzen Kosten selber tragen. Wenn Sie Ihr Begehren zurückziehen, fallen nur die Kosten für die gerichtliche Abschreibung des Verfahrens an und die sind viel tiefer. Frühestens nach einem Monat können Sie das Konkursbegehren wieder stellen – das ist allerdings nur sinnvoll, wenn Ihr Schuldner in der Zwischenzeit wieder zu Geld gekommen ist.

Beispiel *Die Schlüsseldienst AG schuldet Ihnen 3500 Franken. Sie sind unsicher, ob die Vermögenswerte der Schuldnerin ausreichen, um die Konkurskosten zu decken, oder ob das Verfahren mangels Aktiven eingestellt wird und Sie die Kosten selber tragen müssen. Trotz dieser Unsicherheit stellen Sie das Konkursbegehren und bezahlen den vom Gericht verlangten Vorschuss von 1500 Franken. Dadurch erhöhen Sie den Druck auf die Schlüsseldienst AG, die offene Rechnung bis* *zur Verhandlung doch noch zu zahlen. Zahlt diese die 3500 Franken nicht, ziehen Sie Ihr Konkursbegehren vor dem Verhandlungstermin oder in der Verhandlung selber zurück.* So müssen Sie nur die Kosten für die gerichtliche Abschreibung bezahlen, was in der Regel 100 bis 200 Franken ausmacht. Den Rest des Vorschusses erhalten Sie zurück.

Wie entscheidet der Konkursrichter?

Sie haben den vom Gericht verlangten Kostenvorschuss bezahlt. Die Schuldnerin hat weder etwas von sich hören lassen, noch hat sie Ihnen die betriebene Forderung bezahlt. Wenn kein Aussetzungs- oder Abweisungsgrund besteht (siehe Kasten), eröffnet der Konkursrichter am Verhandlungstag den Konkurs über Ihre Schuldnerin. Seinen Entscheid – das so genannte Konkursdekret – teilt er der Schuldnerin und Ihnen sowie dem Betreibungs-, dem Konkurs-, dem Handelsregister- und dem Grundbuchamt sofort mit.

Es kann sein, dass eine andere Behörde im hängigen Betreibungsverfahren zuerst einen Entscheid fällen muss, der für den Konkurseröffnungsentscheid von Bedeutung ist. In solchen Fällen wartet der Konkursrichter, bis die andere Behörde entschieden hat, und fällt seinen Entscheid danach. Die **Aussetzung** kommt vor allem dann hin

---

Wann weist das Gericht das Konkursbegehren ab?

- Die Schuldnerin beweist mit Urkunden, dass sie die Schuld inklusive Zins und Betreibungskosten bezahlt hat.
- Die Schuldnerin beweist mit Urkunden, dass ihr der Gläubiger einen Zahlungsaufschub gewährt hat.
- Die Aufsichtsbehörde hat die Konkursandrohung aufgehoben.
- Der Schuldnerin wurde nachträglich der Rechtsvorschlag bewilligt, weil der Gläubiger gewechselt hat. Beispiel: Der Gläubiger hat seine Forderung an einen Dritten, etwa ein Inkassobüro, zediert.
- Die Betreibung wurde nachträglich durch ein Urteil aufgehoben oder eingestellt.
- Der Schuldnerin wurde die definitive Nachlassstundung gewährt.

und wieder vor, wenn die Schuldnerin vor der Konkurseröffnung ein Gesuch um Nachlassstundung eingereicht hat (siehe unten). Ist dieses nicht völlig aussichtslos, wartet der Konkursrichter den Ausgang des Verfahrens ab. Wird die Nachlassstundung nicht bewilligt, geht das Konkursverfahren weiter und der Richter spricht die Konkurseröffnung aus.

Rechtsmittel gegen die Konkurseröffnung
Wie jeder Gerichtsentscheid kann auch der Entscheid des Konkursrichters mit einem Rechtsmittel angefochten werden – und zwar durch den Schuldner wie durch die Gläubigerin. Die Frist beträgt zehn Tage seit der Mitteilung des Entscheids.

Der Schuldner wird den Entscheid vor allem dann weiterziehen, wenn er Ihnen nach der Konkurseröffnung die betriebene Schuld samt Zinsen und Kosten doch noch bezahlt. Dann kann er vor der Rechtsmittelinstanz die Aufhebung der Konkurseröffnung verlangen, wobei er glaubhaft machen muss, dass er zahlungsfähig ist. Für diesen Nachweis muss er je nach Gericht verschiedene Unterlagen vorlegen: zum Beispiel einen Betreibungsregisterauszug, die Debitorenliste, die Jahresrechnung oder die Zwischenbilanz. Gelingt es ihm, hebt die Rechtsmittelinstanz die Konkurseröffnung wieder auf.

Der Schuldner setzt das Nachlassverfahren in Gang

Wie bereits erwähnt, kann der Schuldner ein Gesuch um Nachlassstundung einreichen. So lange dann das Nachlassverfahren läuft, wird die Konkursrichterin ihren Entscheid aussetzen. Bis Ende 2000 kamen solche Verfahren selten vor, doch seit dem Zusammenbruch der Swissair und anderer grosser Unternehmen wie Swiss Dairy Food feiern sie Hochkonjunktur. Der Bund hat sogar eine Expertengruppe namens «Nachlassverfahren» ins Leben gerufen, die dem Bundesamt für Justiz im April 2005 ihren Bericht mit Verbesserungsvorschlägen abgeliefert hat. Dieser wurde aber vorläufig schubladisiert und die Schublade wird frühestens im Herbst 2006 wieder geöffnet.

Ziel des Nachlassverfahrens ist der Abschluss eines gerichtlichen Nachlassvertrags (zum aussergerichtlichen Nachlassvertrag siehe Seite

89). Dieser kommt zustande, wenn ihm eine bestimmte Anzahl von Gläubigern zustimmt, und gilt dann auch für die nicht zustimmenden Gläubiger. Das Verfahren durchläuft drei Phasen: die Stundung, die Bestätigung und den Vollzug des Nachlassvertrags.

Zuerst die Stundung

Die erste Phase dient der Vorbereitung des Nachlassvertrags. Sie beginnt mit dem Gesuch um Stundung, das der Schuldner bei der Nachlassrichterin stellt. Besteht Aussicht auf das Zustandekommen eines Nachlassvertrags, wird die Stundung bewilligt. Dabei spielt es keine Rolle, ob dem Schuldner allenfalls Missmanagement oder ein anderes Fehlverhalten vorgeworfen werden kann. Mit der Bewilligung der Nachlassstundung setzt die Richterin auch die Dauer fest (maximal 24 Monate) und bestimmt einen Sachwalter. Unter dessen Aufsicht kann der Schuldner sein Geschäft in Ruhe weiterführen, weil er während der Stundung nicht betrieben werden darf (Rechtsstillstand, siehe Seite 155).

Der Sachwalter nimmt ein Inventar der Vermögenswerte des Schuldners auf und fordert die Gläubiger per Publikation im Schweizerischen Handelsamtsblatt auf, ihre Forderungen anzumelden (siehe Abbildung auf der nächsten Seite). Der Schuldner hat die Wahl zwischen zwei Möglichkeiten, die er seinen Gläubigern anbieten kann:

- **Dividendenvergleich:** Die Gläubiger erhalten einen prozentualen Anteil ihrer Forderung, die Dividende (Muster im Anhang, Seite 276).
- **Liquidationsvergleich:** Der Schuldner tritt sein Vermögen oder Teile davon an die Gläubiger ab, wie es beispielsweise im Nachlassvertrag der Swissair der Fall war.

Bestätigung und Vollzug

Der ausgearbeitete Nachlassvertrag wird an der Gläubigerversammlung diskutiert und vor Ablauf der Stundung der Nachlassrichterin vorgelegt. Diese kann den Vertrag bestätigen oder verwerfen (siehe Abbildungen auf Seite 215 und 216). Bestätigt wird der Nachlassvertrag nur, wenn er von einer qualifizierten Mehrheit der Gläubiger angenommen wird. Verlangt wird entweder eine Mehrheit der Gläubiger, die mindestens zwei Drittel der Forderungen vertritt, oder ein Viertel der

Gläubiger, die drei Viertel der Forderungen vertreten. Zudem muss die angebotene Dividende angemessen sein oder – beim Liquidationsvergleich – die mögliche Konkursdividende übersteigen. Eine Mindestdividende kennt das schweizerische Recht nicht.

Nachlassstundung
Sursis concordataire
Moratoria concordataria

SchKG - LP - LEF 295, 296, 300

1. *Schuldnerin:* XXXXXXXXXXX   XXXXXXXXXXX
   8604 Volketswil
2. *Dauer der Nachlassstundung:* 6 Monate bis 08.05.2006
3. *Eingabefrist für Forderungen:* 08.12.2005
4. *Sachwalter:* XXXXXXXXXXXXXXXXXXXXXXXXX
   XXXXXXX
5. *Bemerkungen:* Datum der Stundungsbewilligung: 08.11.2005 durch den Einzelrichter im summarischen Verfahren des Bezirksgerichtes Uster.
   Die Gläubiger werden hiermit aufgefordert, ihre Forderungen bis zur Eingabefrist, Wert 8. November 2005, unter Angabe allfälliger Pfand- und Vorzugsrechte beim Sachwalter anzumelden (Forderungsbelege sind beizulegen). Im Unterlassungsfalle wären sie bei den Verhandlungen nicht stimmberechtigt.
   Ebenso werden die Schuldner und Pfandgläubiger der Schuldnerin aufgefordert, sich binnen der Eingabefrist als solche anzumelden.
   Die Schuldnerin beabsichtigt, einen Nachlassvertrag mit Prozentvergleich vorzuschlagen. Einzelheiten, insbesondere das Datum der Gläubigerversammlung und der Aktenauflage, werden später bekannt gegeben.

   XXXXXXXXXXX
   8600 Dübendorf

(03110686)

Beispiel Im Nachlassverfahren der High-Tech SA mit Sitz in Lausanne haben 78 Gläubiger Forderungen von insgesamt 2,5 Millionen Franken angemeldet. Die High-Tech SA schlägt ihren Gläubigern einen Dividendenvergleich mit einer Dividende von 8 Prozent vor. Neben 18 Gläubigern mit geringen Forderungen stimmen dem Vertrag auch zwei Grossbanken mit Forderungen von über 2 Millionen Franken zu. Damit ist das qualifizierte Mehr erreicht. Da die tiefe Dividende den

---

**Verhandlung
über die Bestätigung des Nachlassvertrages**
Négociation à propos de la confirmation du concordat
Negoziato a proposito della conferma del concordato

SchKG - LP - LEF 304, 332

1. *Schuldnerin:* XXXXXXXXXXXXXXXXXXXXXXXXXXXX
   XXXX **3770 Zweisimmen**
2. *PLZ/Ort der Verhandlung:* 3792 Saanen
3. *Datum der Verhandlung:* 09.11.2005
4. *Zeit:* 14:00 Uhr
5. *Adresse:* Gerichtssaal, Amthaus Saanen
6. *Bemerkungen:* Gemäss Artikel 304 SchKG ergeht hiermit die entsprechende Einladung an die Gläubiger.
   Die Gläubiger haben die Möglichkeit, ihre Anträge und Vorbringen betreffend die Bestätigung des Nachlassvertrages mit Vermögensabtretung dem Gerichtspräsidenten 1 des Gerichtskreises XIII bis zum 4. November 2005 einzureichen oder an der Verhandlung vom 29. November 2005 vorzutragen.
   Gerichtskreis XIII Obersimmental-Saanen
   3792 Saanen

(03062324)

finanziellen Möglichkeiten der Schuldnerin entspricht, bestätigt der Richter den Nachlassvertrag.

Eine gerichtliche Bestätigung des Nachlassvertrags bedeutet, dass dieser für sämtliche Gläubiger verbindlich ist – auch wenn sie dem Vergleich nicht zugestimmt haben. Die Bestätigung des Nachlassvertrags wird im Schweizerischen Handelsamtsblatt publiziert. Lehnt die Richterin den Nachlassvertrag ab, kann jeder Gläubiger beim Konkursrichter die sofortige Konkurseröffnung über die Schuldnerin beantragen.

Bestätigung des Nachlassvertrages
Homologation du concordat
Omologazione del concordato

SchKG - LP - LEF 306+ , 308, 322

1. *Schuldnerin:* XXXXXXXXXXXXXXXXXXX, XXXXXX XXXXXXX, **9401 Rorschach**
2. *Nachlassvertrag bestätigt am:* 15.08.2005
3. *Bemerkungen:* Nachlassvertrag bestätigt am 15./22. August 2005.
   Der Nachlassvertrag wird bestätigt.
   Der bisherige Sachwalter lic.iur. XXXXXXX, Rechtsanwalt, 9435 Heerbrugg, wird mit dem Vollzug des Nachlassvertrages beauftragt; sein bisheriges Honorar wird genehmigt.
   Die Gerichtskosten, bestehend aus den bisherigen und künftigen Publikationskosten sowie der Entscheidgebühr von CHF 2'000.- werden unter Verrechnung mit den geleisteten Kostenvorschüssen von CHF 4'000.- bei der Gsuchstellerin erhoben; die Gerichtskasse wird angewiesen, den restlichen Kostenvorschuss der Gesuchstellerin zurückzuerstatten.
   Dieser Entscheid ist zwischenzeitlich in Rechtskraft erwachsen.

   Kreisgericht Rorschach
   9401 Rorschach

(03057620)

Beim Dividendenvergleich überlebt die Schuldnerin das Verfahren aus wirtschaftlicher Sicht. Nach Bezahlung der Dividende kann sie ihr Unternehmen wieder weiterführen. Beim Liquidationsvergleich dagegen verliert die Schuldnerin – wie im Konkurs – das Verfügungsrecht über ihr Vermögen, das sie den Gläubigern abgetreten hat. Die Aktiven werden durch den von der Gläubigerversammlung gewählten Liquidator verwertet und nach Durchführung des Kollokationsverfahrens (siehe Seite 231) unter die Gläubiger verteilt.

Wann soll man einem Nachlassverfahren zustimmen?

Im Nachlassverfahren soll – so die allgemeine Ansicht – die Dividende für die Gläubiger der dritten Klasse höher ausfallen als im Konkurs. Statistisch belegt ist dies allerdings nicht. Das ist aber auch unwichtig, denn in beiden Verfahren schaut für die Gläubiger nicht viel heraus. Sie können daher frei von finanziellen Überlegungen entscheiden, ob Sie dem Nachlassvertrag zustimmen oder ihn ablehnen wollen. Sind Sie enttäuscht vom Schuldner oder möchten Sie ihm sogar eins auswischen, verweigern Sie Ihre Zustimmung. Wollen Sie sich nicht von solchen Emotionen leiten lassen, stimmen Sie dem Vertrag zu.

Sonderfall: Konkursbegehren ohne vorgängige Betreibung

Eine Konkurseröffnung ist grundsätzlich nur möglich, nachdem Sie als Gläubiger das lange und komplizierte Einleitungsverfahren durchlaufen haben. Dieses Verfahren kann ausnahmsweise entfallen und Sie können direkt beim Richter die Konkurseröffnung verlangen, wenn Ihr Schuldner seine Zahlungen eingestellt hat. Vorübergehende Zahlungsschwierigkeiten reichen dafür aber nicht aus; der Schuldner muss zahlungsunfähig, das heisst auf unabsehbare Zeit ausserstande sein, die fälligen Forderungen seiner Gläubiger zu bezahlen. Dies ist in erster Linie dann der Fall, wenn der Schuldner selber seine Zahlungsunfähigkeit ausdrücklich erklärt, zum Beispiel in einem Schreiben an Sie oder an alle Gläubiger.

Beispiel *Die Bauwerk AG schuldet Ihnen 15 000 Franken. Mahnungen blieben bis anhin erfolglos. Auf Ihre neueste Nachfrage haben Sie von der Bauwerk AG ein Schreiben mit folgendem Inhalt erhalten: «Wir haben Ihre zwei Mahnungen erhalten. Gegen Ihre Forderung haben wir nichts einzuwenden. Die gelieferten Baumaterialien entsprechen der vertraglichen Abmachung. Aufgrund der herrschenden Wirtschaftslage sind wir aber nicht in der Lage, Ihre und auch andere Rechnungen zu bezahlen. Wann sich an dieser Situation etwas ändern wird, können wir nicht beurteilen.»*

Mit einer solchen schriftlichen Aussage können Sie ohne vorgängige Betreibung direkt die Konkurseröffnung verlangen. In der Regel wird sich ein Schuldner allerdings davor hüten, Sie so offen über seine missliche Finanzlage zu informieren. Für die Konkurseröffnung wegen Zahlungseinstellung genügt es aber bereits, dass die Zahlungsunfähigkeit am Verhalten des Schuldners eindeutig erkennbar ist. In der Praxis gilt diese Voraussetzung zum Beispiel als erfüllt, wenn der Schuldner unbestrittene und fällige Forderungen nicht mehr bezahlt, wenn er für öffentlich-rechtliche Forderungen bereits erfolglos gepfändet wurde oder wenn er alle seine Gläubiger bittet, ihre Forderungen zu stunden bzw. auf einen Teil davon zu verzichten (aussergerichtlicher Nachlassvertrag, siehe Seite 89).

Beispiele *Die Möbel AG schuldet Ihnen 20 000 Franken. Aus dem Betreibungsregisterauszug vom 1. September 2005 geht hervor, dass der Firma bereits im Jahr 2004 fünfmal der Konkurs angedroht wurde. Bis im August 2005 erfolgten nochmals sieben Konkursandrohungen. Diese Anhäufung von Konkursandrohungen ist ein deutliches Indiz, dass die Möbel AG ihre Zahlungen eingestellt hat.*

Die Lichteffekt GmbH schuldet Ihnen 10 000 Franken. Aus dem Betreibungsregisterauszug vom 4. Februar 2006 geht hervor, dass die Firma im Jahr 2004 und 2005 mehrmals für nicht bezahlte Mehrwertsteuern im Umfang von über 120 000 Franken auf Pfändung betrieben wurde. Beim Vollzug der Pfändung wurde jedoch kein verwertbares Vermögen vorgefunden. Die Verfahren endeten daher mit der Ausstellung von Verlustscheinen, was bedeutet, dass die Firma illiquid ist.

Die Sport AG schuldet Ihnen 4500 Franken. Im Herbst 2005 gerät sie in einen Liquiditätsengpass und kann ihre 80 Lieferanten mit offenen Forderungen von gut 90 000 Franken nicht mehr rechtzeitig und in vollem Umfang bezahlen. Die Sport AG schlägt den Lieferanten Anfang März 2006 daher vor, auf 50 Prozent der Forderungen zu verzichten, bei Zahlung der restlichen 50 Prozent einen Monat nach Unterzeichnung der Vereinbarungen. Mit diesem Vorschlag zu einem aussergerichtlichen Nachlassvertrag hat die Sport AG gezeigt, dass sie zahlungsunfähig ist. Wollen Sie sich am Nachlassvertrag nicht beteiligen, können Sie die Konkurseröffnung wegen Zahlungseinstellung verlangen.

Wie läuft das Verfahren?

Wie bei der ordentlichen Konkursbetreibung ist das Gericht am Betreibungsort der Schuldnerin zuständig (siehe Seite 209). Das Verfahren kann mündlich oder schriftlich sein. In der Regel lädt das Gericht beide Parteien zu einer Verhandlung vor und fordert vom Gläubiger einen Kostenvorschuss. Die Teilnahme an der Verhandlung wäre zwar freiwillig – als Gläubiger ist es aber ratsam, dabei anwesend zu sein, weil Sie den Konkursgrund nachzuweisen haben.

Was die Kosten- und Entschädigungsfolgen betrifft, gilt ungefähr das Gleiche wie bei der ordentlichen Konkursbetreibung (siehe Seite 209). Weil das Verfahren jedoch komplizierter ist, erheben die Gerichte in der Regel die maximale Spruchgebühr von 500 Franken. Zudem sind sie eher bereit, der obsiegenden Partei eine Entschädigung zuzusprechen, wenn diese eine verlangt hat.

Diese Unterlagen müssen Sie dem Konkursrichter einreichen

Als Erstes müssen Sie nachweisen, dass Sie überhaupt Gläubiger der Schuldnerin sind. Da Sie kein Betreibungsverfahren durchlaufen haben, können Sie keine Konkursandrohung vorlegen. Sie müssen Ihre Gläubigereigenschaft deshalb mit anderen Unterlagen belegen: etwa mit einem Vertrag, mit Rechnungen oder Mahnschreiben. Weiter müssen Sie bestätigen, dass die Schuldnerin im Handelsregister eingetragen ist, weil die Konkurseröffnung wegen Zahlungseinstellung nur bei

Schuldnern möglich ist, die der Konkursbetreibung unterliegen. Diesen Nachweis erbringen Sie mit einem Handelsregisterauszug.

Am schwierigsten wird es sein nachzuweisen, dass Ihre Schuldnerin die Zahlungen eingestellt hat. Blosse Behauptungen genügen nicht. Sie müssen Unterlagen einreichen, aus denen die Zahlungseinstellung eindeutig hervorgeht. Das kann eine Betreibungsauskunft oder ein Schreiben der Schuldnerin sein (siehe Beispiele auf Seite 218). Ohne solche Unterlagen wird der Konkurs nicht eröffnet – es sei denn, die Schuldnerin bestreitet die Zahlungsunfähigkeit nicht.

Das Gesuch enthält ungefähr dieselben Angaben wie das auf eine Betreibung gestützte Gesuch um Konkurseröffnung (siehe Kasten). Doch weil keine Betreibung vorangegangen ist, müssen Sie Ihr Begehren begründen.

Tipp *Da der Erfolg Ihres Gesuchs sehr davon abhängt, ob die Begründung korrekt formuliert ist, sollten Sie sich von einer Anwältin vertreten oder zumindest beraten lassen.*

Das gehört in ein Konkursbegehren ohne vorgängige Betreibung

- Name und Adresse des Gerichts
- Datum und Ort
- Bezeichnung als Gesuch um Eröffnung des Konkurses ohne Betreibung
- Name und Adresse der Gläubigerin (inkl. Bankverbindung, damit der Schuldner allenfalls vor Konkurseröffnung noch zahlen kann)
- Name und Adresse des Schuldners
- Rechtsbegehren («Es sei über den Schuldner der Konkurs ohne vorgängige Betreibung zu eröffnen, unter Kosten- und Entschädigungsfolgen zulasten des Schuldners.»)
- Formelles (Zuständigkeit des Gerichts, allenfalls Bevollmächtigung des Vertreters)
- Begründung (Gläubigereigenschaft, Konkursfähigkeit des Schuldners und Konkursgrund) und Nennung der Beweismittel
- Unterschrift der Gläubigerin oder allenfalls ihres Vertreters
- Verzeichnis der Beilagen

Im Anhang (Seite 278) finden Sie ein Muster für ein Begehren um Konkurseröffnung ohne vorgängige Betreibung.

Was bringt diese Art des Konkursbegehrens?

Der grösste Vorteil des direkten Konkursbegehrens liegt zweifellos darin, dass Sie das Betreibungsverfahren umgehen können. Das spart Ihnen einiges an Zeit, Geld und Nerven. Zudem führt die Vorladung des Konkursrichters zur Verhandlung möglicherweise dazu, dass sich der Schuldner bereit erklärt, einen Teil der Forderung zu bezahlen. Ihm liegt daran, dass Sie das Konkursbegehren zurückziehen und er nicht das Risiko einer Konkurseröffnung eingehen muss. Ein Konkursbegehren ohne Betreibung kann also als Druckmittel dienen und Sie näher an Ihr Ziel bringen.

Passieren kann Ihnen dabei nicht viel: Im für Sie ungünstigsten Fall weist der Konkursrichter Ihr Gesuch ab, weil Sie die Zahlungseinstellung nicht beweisen können. Dann bleibt Ihnen immer noch die Möglichkeit, Ihr Guthaben über die ordentliche Konkursbetreibung einzufordern.

8. Konkurs eröffnet – wie geht es weiter?

Das Gericht hat über Ihren Schuldner den Konkurs eröffnet. Damit wird er zum Konkursiten oder Gemeinschuldner und das Konkursverfahren beginnt. Was können Sie nun erwarten? Welches sind Ihre Rechte? Worauf Sie im Konkursverfahren achten müssen, erfahren Sie in diesem Kapitel.

Das Konkursverfahren

Das Konkursverfahren ist kompliziert und dauert lang. Es beginnt mit der Konkurseröffnung und endet mit der so genannten Schlusserkenntnis. Beide Entscheide fällt der Konkursrichter. Dazwischen wickelt das Konkursamt – nicht mehr das Betreibungsamt – das Verfahren ab. Die einzelnen Schritte werden alle im Schweizerischen Handelsamtsblatt (SHAB), im kantonalen Amtsblatt und allenfalls auch in Tageszeitungen publiziert (siehe Abbildungen auf den folgenden Seiten).

Wird über eine Firma der Konkurs eröffnet, ist das ihr wirtschaftliches Ende: Die Gesellschaft wird aufgelöst und verliert das Recht, über ihr Vermögen zu bestimmen. Dieses steht unter Konkursbeschlag und wird als so genannte Konkursmasse vom Konkursamt verwaltet. In die Konkursmasse fällt alles, was der konkursiten Gesellschaft im In- und Ausland gehört, also auch verpfändete Gegenstände oder schon früher vom Betreibungsamt gepfändete oder verarrestierte Sachen. Die konkursite Firma darf nach der Konkurseröffnung keine Zahlungen an einzelne Gläubiger mehr leisten. Betreibungen von Gläubigern gegen die Konkursite werden aufgehoben und bereits eingeleitete Zivilprozesse sistiert.

Hinweis *Eine konkursite Firma darf auch keine Zahlungen mehr entgegennehmen – selbst wenn sie noch Forderungen ausstehen hat. Zahlt ein Schuldner trotzdem und geht das Geld statt in die Konkursmasse in die Tasche des Firmeninhabers, muss der Schuldner später gegenüber der Konkursverwaltung ein zweites Mal zahlen.*

Welches Konkursamt ist zuständig?

Vom Moment der Konkurseröffnung an ist nicht mehr das Betreibungsamt zuständig, sondern ausschliesslich das Konkursamt. Die Einteilung der Kantone in Konkurskreise ist unterschiedlich: Viele Kantone haben regionale Konkurskreise gebildet, die wie in Zürich mit den Notariatskreisen oder wie in Luzern mit den Amtsbezirkskreisen zusammenfallen. In Kantonen wie Schaffhausen oder Thurgau bildet das Kantonsgebiet einen einzigen Konkurskreis; entsprechend gibt es hier

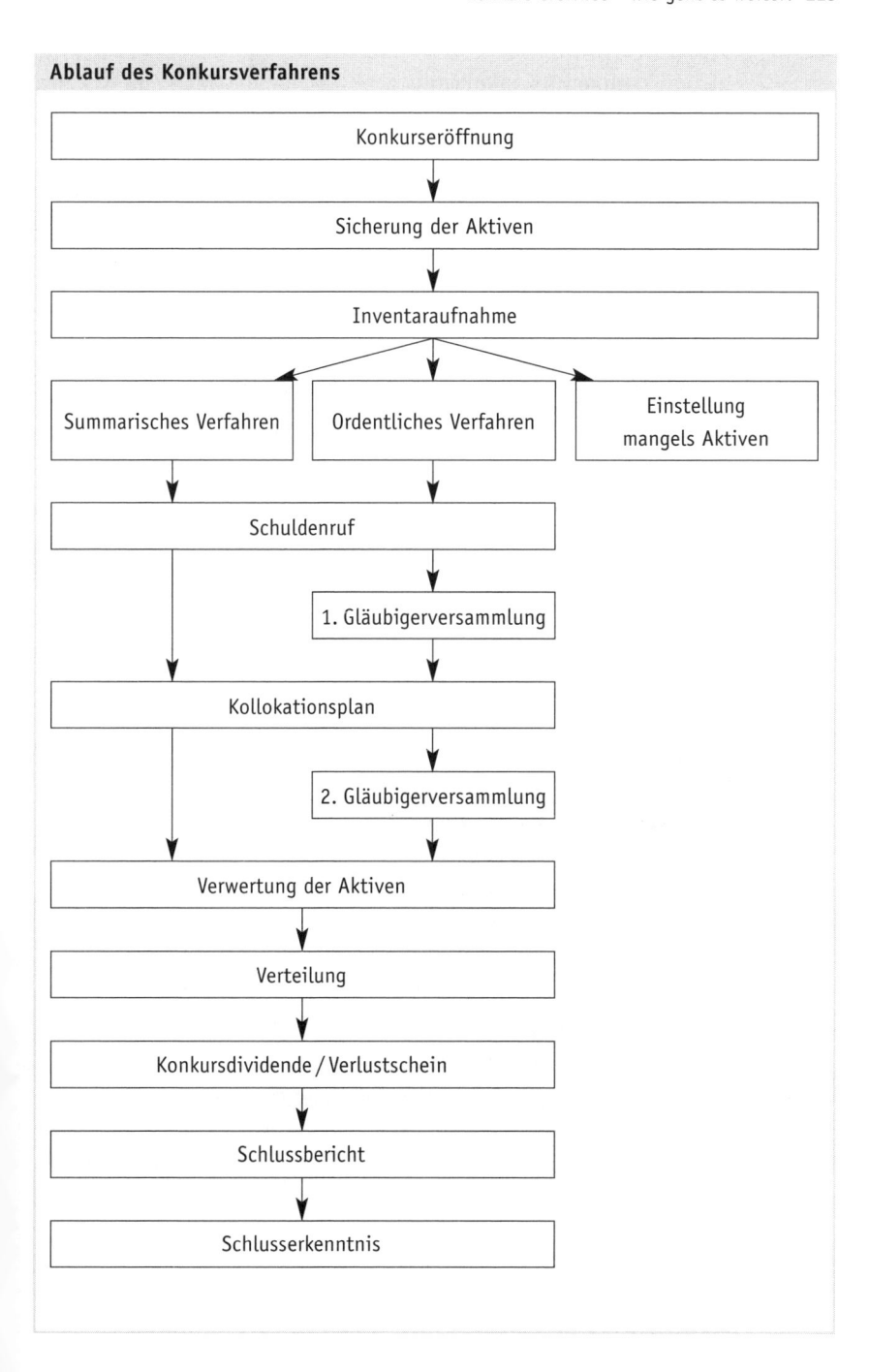

Konkurs eröffnet – wie geht es weiter? **225**

Ablauf des Konkursverfahrens

```
Konkurseröffnung
       ↓
Sicherung der Aktiven
       ↓
Inventaraufnahme
   ↙    ↓    ↘
Summarisches Verfahren | Ordentliches Verfahren | Einstellung mangels Aktiven
       ↓                       ↓
                          Schuldenruf
                               ↓
                       1. Gläubigerversammlung
       ↓                       ↓
                          Kollokationsplan
                               ↓
                       2. Gläubigerversammlung
       ↓                       ↓
              Verwertung der Aktiven
                     ↓
                 Verteilung
                     ↓
         Konkursdividende / Verlustschein
                     ↓
                Schlussbericht
                     ↓
               Schlusserkenntnis
```

nur ein kantonales Konkursamt (siehe Zusammenstellung im Anhang, Seite 286).

Hinweis *Anders als beim Betreibungsbegehren müssen Sie nicht selber abklären, welches Konkursamt für die Durchführung «Ihres» Konkurses zuständig ist. Der Konkursrichter teilt den Eröffnungsentscheid dem zuständigen Amt mit.*

Reichen die Aktiven für ein Verfahren?

Nach der Konkurseröffnung sichert das Konkursamt die Aktiven der konkursiten Firma. Zu diesem Zweck publiziert es eine vorläufige Konkursanzeige, versiegelt das Warenlager, Magazine und dergleichen und nimmt Bargeld, Wertpapiere sowie andere Vermögenswerte in Verwahrung. Danach inventarisiert das Amt das gesamte Vermögen der Konkursiten.

Ergibt das Inventar, dass der Erlös aus der Verwertung der Aktiven nicht einmal die Verfahrenskosten deckt, beantragt das Konkursamt

---

Vorläufige Konkursanzeige
Avis préalable d'ouverture de faillite
Apertura provvisoria di fallimento

1. *Schuldnerin:* XXXXXXXXXXXXXX XXXXXXXXX
   2563 Ipsach
2. *Datum der Konkurseröffnung:* 28.09.2005
   Hinweis: Die Publikation betreffend Art, Verfahren, Eingabefrist usw. erfolgt später.

   Konkursamt Berner Jura-Seeland; Dienststelle Seeland
   2501 Biel/Bienne

(00137959)

> **Einstellung des Konkursverfahrens**
> Suspension de la procédure de faillite
> Sospensione della procedura di fallimento
>
> SchKG - LP - LEF 230, 230a
>
> 1. *Schuldnerin:* XXXXXXXXXXXXXXXX XXXXXXXX
>   **7007 Chur**
> 2. *Konkurseröffnung:* 28.09.2005
> 3. *Konkurseinstellung:* 10.11.2005
> 4. *Frist gem. Art. 230 Abs2 SchKG:* 28.11.2005
> 5. *Kostenvorschuss:* CHF 5'000.00
>   *Hinweis: Das Konkursverfahren wird als geschlossen erklärt, falls nicht ein Gläubiger innert der obgenannten Frist die Durchführung verlangt und für die Deckung den erwähnten Vorschuss leistet. Die Nachforderung weiterer Kostenvorschüsse bleibt vorbehalten.*
>
> Konkursamt des Bezirks Plessur
> 7000 Chur
>
> (00139221)

dem Konkursrichter die Einstellung des Verfahrens. In der Regel verfügt er diese, was den ergebnislosen Abbruch bedeutet – es sei denn, ein Gläubiger verlangt die Durchführung des Konkurses und leistet einen entsprechenden Kostenvorschuss. Dieser beträgt mehrere tausend, bei grossen Unternehmen sogar viele zehntausend Franken. Böse Zungen behaupten, dass überlastete Konkursämter den Vorschuss nicht selten abschreckend hoch ansetzen, um kein Verfahren durchführen zu müssen. Bleibt das Verfahren eingestellt, gehen die Gläubiger völlig leer aus und erhalten auch keinen Verlustschein.

Reichen die Aktiven mindestens für die Bezahlung der Verfahrenskosten, wird der Konkurs im ordentlichen oder – wenn die Kosten nicht gedeckt bzw. die Verhältnisse nicht kompliziert sind – im summarischen Verfahren durchgeführt. Die zweite Variante kommt in der Praxis häufig zur Anwendung, weil sie einfach, schnell und kostengünstig abgewickelt werden kann.

Das Verfahren findet statt

Sobald feststeht, ob das Verfahren ordentlich oder summarisch durchgeführt wird, publiziert das Konkursamt die Konkurseröffnung und fordert die Gläubiger auf, ihre Ansprüche mit den Beweismitteln anzumelden (Schuldenruf). Ebenso ersucht das Amt Personen, die als Pfandgläubiger oder aus anderen Gründen (zum Beispiel als Mieter eines Fahrzeugs) Gegenstände des Schuldners besitzen, diese der Konkursverwaltung abzugeben.

Danach findet – im ordentlichen Verfahren – die erste Gläubigerversammlung statt, zu der die Gläubiger eingeladen werden. An der

---

Konkurspublikation/Schuldenruf
Publication de faillite/appel aux créanciers
Pubblicazione di fallimento/diffida ai creditori

SchKG 231, 232; VZG vom 23. April 1920, Art.29 und 123
LP 231, 232; ORFI, du 23 avril 1920, art. 29 et 123
LEF 231, 232; RFF del 23 aprile 1920, art. 29 et 123

1. *Schuldnerin:* XXXXXXXXXXXXXXXX XXXXXXXX
   4127 Birsfelden
2. *Konkurseröffnung:* 20.10.2005
3. *Verfahren:* summarisch
4. *Eingabefrist für Forderungen:* 19.12.2005
5. *Bemerkungen:* (Wert: 20.10.2005)
   Konkursamt Arlesheim
   4144 Arlesheim

(00139087)

> **Kollokationsplan und Inventar**
> Etat de collocation et inventaire
> Graduatoria e inventario
>
> SchKG - LP - LEF 240 - 251
>
> 1. *Schuldnerin:* XXXXXXXXXXXXXXXXX XXXXXXXXX XXXXX **5330 Zurzach**
> 2. *Auflagefrist Kollokationsplan:* 21.11.2005 bis 11.12.2005
> 3. *Anfechtungsfrist Inventar:* 21.11.2005 bis 01.12.2005
> 4. *Bemerkungen:* Klagen auf Anfechtung des Kollokationsplans sind innert 20 Tagen ab Beginn der Auflagefrist beim Bezirksgericht Zurzach, Beschwerden innert 10 Tagen beim Gerichtspräsidium Zurzach anhängig zu machen, ansonsten Plan und Inventar als anerkannt betrachtet werden. Ebenfalls innert 10 Tagen sind Begehren um Abtretung nach Art. 260 SchKG zur Bestreitung der von der Konkursverwaltung anerkannten Eigentumsansprachen schriftlich bei der Konkursverwaltung einzureichen, ansonsten Verzicht angenommen wird./la
>
> KONKURSAMT ZURZACH
> 5201 Brugg
>
> (00139617)

Versammlung berichtet das Konkursamt über den bisherigen Verlauf des Verfahrens. Die anwesenden Gläubiger entscheiden, ob das Verfahren weiterhin vom Konkursamt durchgeführt oder einer ausseramtlichen Konkursverwaltung – zum Beispiel einem Anwalt oder einer Treuhandgesellschaft – übergeben werden soll. Letzteres verteuert zwar das Verfahren, ist aber in komplizierten Fällen oder bei Überlastung des zuständigen Konkursamts notwendig. Wird eine ausseramtliche Konkursverwaltung gewählt, bestimmt die Gläubigerversammlung in der

Konkursamtliche Grundstücksteigerung
Vente aux enchères forcée d'immeubles
Vendita all'incanto forzata di fondi

SchKG - LP - LEF 257 - 259

1. *Schuldnerin:* XXXXXXXXXXXXXXX XXXXXXX XXXXX XXXXX **6010 Kriens**
2. *Ort und Datum der Steigerung:* 6000 Luzern, 21.12.2005.
3. *Zeit/Lokal:* 14.00 Uhr, AAL Neubau, Murmattweg 8
4. *Steigerungsbedingungen liegen auf vom:* 24.11.2005 bis 04.12.2005
   Ort: Konkursamt Luzern-Land, Arsenalstr. 43, Kriens
5. *Steigerungsobjekte:* Grundstück Nr. XXX, GB, Kriens, Baurecht als selbständiges und dauerndes Recht, XXXX XXXXXXXXXXXXX
   Baurecht als selbständiges und dauerndes Recht (XXXXX) auf einer Grundfläche von 4655 m2 lt. Mutation Nr. XXXX für XXXXXXXXXXXXXXXXXXXXX mit Werkstatt, Lagerhalle, Büroräumen, Austellungs- und Verkaufshallen für Gärtnereiartikel, Spezialbeläge und Sportplatzbauten, Ausstellungsgelände, Abstellflächen und Wohnraum; befristet bis: 31. Dezember 2050, z.L. Nr. XXX (Liegenschaft)
   Lagergebäude Nr. XXX vers. Fr. 362'000.00
   Gewerbegebäude Nr. XXX vers. Fr. 3'094'000.00
   Lagergebäude Nr. XXXX vers. Fr. 278'000.00
   Katasterschatzung: Fr. 2'838'400.00
   Konkursamtliche Schatzung: Fr. 3'500'000.00
6. *Bemerkungen:* Anzahlung unmittelbar vor dem Zuschlag: Fr. 160'000.00 in bar oder mit einem von einer Schweizer Bank an die Order Konkursamt Luzern-Land ausgestellten Bankcheck. Davon werden Fr. 10'000.00 für die Kosten der Eigentumsübertragung und erforderlichen Löschungen und Änderungen im Grundbuch verwendet.
   Besichtigung des Grundstückes: Dienstag, 6. Dezember 2005, 14.00 Uhr nur nach telefonischer Vereinbarung mit dem Konkursamt Luzern-Land (041 318 19 50)
   Der Zuschlag erfolgt für jeden Ausruf zum höchsten Angebot ohne Rücksicht auf die Höhe der konkursamtlichen Schatzung.
   Es wird ausdrücklich auf das Bundesgesetz über den Erwerb von Grundstücken durch Personen im Ausland vom 16. Dezember 1983, die dazugehörende Verordnung vom 1. Oktober 1984 und die seit dem 1. Oktober 1997 gültige Fassung aufmerksam gemacht.

Konkursamt Luzern-Land
6011 Kriens

(00139477)

> **Verteilungsliste und Schlussrechnung**
> Liste de répartition et décompte final
> Lista di ripartizione e conteggio finale
>
> SchKG - LP - LEF 263
>
> 1. *Schuldnerin:* XXXXXXXXXXXXX XXXXXXXXX
>   **8406 Winterthur**
> 2. *Bemerkungen:* Im Konkursverfahren der XXXXXXXXX liegt den beteiligten Gläubigern die provisorische Verteilungsliste (1. Abschlagszahlung) ab dem 28. Oktober 2005 während 10 Tagen
>   - beim Konkursamt Wülflingen-Winterthur, Stadthausstrasse 12, 8401 Winterthur, und
>   - bei der ausseramtlichen Konkursverwaltung, XXXXXXX XXXXXXXXXXXXXX 8302 Kloten (tel. Voranmeldung unter XXXXXXXXX)
>   zur Einsicht auf.
>   Die provisorische Verteilungsliste unterliegt während der Auflagefrist der Beschwerde an die Aufsichtsbehörde.
>
> XXXXXXX
> 8302 Kloten
>
> (03079732)

Regel einen Ausschuss aus ihrer Mitte, der die Konkursverwaltung überwacht.

Der Kollokationsplan

Nach der Gläubigerversammlung prüft die Konkursverwaltung die angemeldeten Forderungen und entscheidet, ob sie zugelassen oder abgewiesen werden. Das Ergebnis ihrer Entscheide hält sie im Kollokationsplan fest, der von den Gläubigern angefochten werden kann.

Im ordentlichen Verfahren findet anschliessend die zweite Gläubigerversammlung statt, zu der die noch nicht rechtskräftig abgewiesenen

> **Schluss des Konkursverfahrens**
> **Clôture de faillite**
> Chiusura della procedura di fallimento
>
> ---
>
> SchKG - LP - LEF 268
>
> 1. *Schuldnerin:* XXXXXXXXXXXXXXXXXXX XXXXX XXXXXX **2502 Biel**
> 2. *Datum des Schlusses:* 03.11.2005
>   Konkursamt Berner Jura-Seeland; Dienststelle Seeland
>   2501 Biel/Bienne
>
> (00137953)

Gläubiger eingeladen werden. An der Versammlung informiert die Konkursverwaltung umfassend über den Verfahrensablauf und den Vermögensstatus. Die Gläubiger können die bisherige Konkursverwaltung bestätigen oder eine neue wählen.

In der Zwischenzeit zieht die Konkursverwaltung Forderungen des konkursiten Unternehmens ein und verwertet die Aktiven, indem sie diese öffentlich versteigert oder – wenn die Gläubiger dies beschliessen – freihändig verkauft.

Abschluss des Verfahrens

Sobald die Verwertung der Aktiven abgeschlossen und der Kollokationsplan rechtskräftig erstellt ist, stellt die Konkursverwaltung die Verteilungsliste auf und zahlt den anerkannten Gläubigern die Konkursdividende aus. Für den nicht gedeckten Teil seiner Forderung erhält jeder Gläubiger einen Verlustschein bzw. einen Verlustausweis, falls der Konkursite eine juristische Person ist. Nach der Verteilung erklärt der Konkursrichter gestützt auf den Schlussbericht der Konkursverwaltung das Verfahren als geschlossen. Im Handelsregister eingetragene Gesellschaften und juristische Personen werden gelöscht und hören damit zu existieren auf.

Vorrechte und Klassen im Konkurs: die Rangordnung

In George Orwells Roman «Farm der Tiere» wichen die Schweine, nachdem sie die Macht übernommen hatten, vom Gleichheitsgebot ab und ersetzten dieses durch: «Alle Tiere sind gleich, aber einige Tiere sind gleicher als die anderen.» Dasselbe tat der Gesetzgeber im schweizerischen Konkursrecht mit den Gläubigern.

Im Konkursverfahren wird das Vermögen des Schuldners vollständig liquidiert und gleichmässig unter die Gläubiger verteilt. Der Konkurs bezweckt die Gleichbehandlung der Gläubiger – jedoch nur so lange, wie der Verwertungserlös ausreicht, um alle Forderungen zu befriedigen. Das ist selten bis gar nie der Fall. Kommt es zu Verlusten, weicht das Gesetz von der Gleichbehandlung ab und privilegiert gewisse Gläubiger.

- **Pfandgesicherte Forderungen:** Die vom Schuldner vor Konkurseröffnung verpfändeten Vermögenswerte – als Pfand gelten die vertraglichen wie die gesetzlichen Pfandrechte (Faustpfand, Retentionsrechte, Grundpfand siehe Seite 65 und 66) – fallen ebenfalls in die Konkursmasse und werden zusammen mit dem anderen Vermögen verwertet. Die Pfandgläubiger werden aber vorab aus dem Erlös der Pfandsache bezahlt (so genanntes Pfandprivileg).
- **Ungesicherte Forderungen:** Die Forderungen ohne Pfandrechte werden in drei Klassen eingereiht. Die ersten zwei Klassen sind – unter anderem aus sozialpolitischen Gründen – gegenüber der dritten Klasse bevorzugt. Sie werden daher privilegierte Forderungen genannt (siehe Kasten auf der nächsten Seite).

Aus dem Erlös von verpfändeten Vermögenswerten der konkursiten Firma werden also zuerst die Forderungen der Pfandgläubiger und die Verwertungskosten bezahlt. Reicht der Pfanderlös für die Bezahlung dieser Forderungen nicht aus, kommen die Pfandgläubiger für den ungedeckten Teil (Ausfallforderung) in eine der drei Klassen der ungesicherten Forderungen, in der Regel in die dritte. Ein eventueller Überschuss aus dem Pfanderlös verbleibt in der Konkursmasse und wird zusammen mit den anderen Vermögenswerten zur Deckung der Forderungen aus der ersten bis dritten Klasse verwendet.

Dabei gilt, dass Gläubiger einer nachfolgenden Klasse erst dann etwas erhalten, wenn alle Forderungen der vorangehenden voll gedeckt wurden. Reicht der Erlös auch für die erste Klasse nicht aus,

Die Rangordnung

Erste Klasse

- **Arbeitnehmerprivileg:** Forderungen von Arbeitnehmerinnen und Arbeitnehmern aus dem Arbeitsvertrag, die in den letzten sechs Monaten vor Konkurseröffnung entstanden oder fällig wurden, gehören in die erste Klasse, ebenso Forderungen wegen vorzeitiger Auflösung des Arbeitsverhältnisses aufgrund des Konkurses der Arbeitgeberin. Dazu gehören der Lohn, der 13. Monatslohn und die Lohnbestandteile. Verwaltungsräte, Geschäftsführer und Direktoren sind nach der (uneinheitlichen) Gerichtspraxis nicht privilegiert.
- Ansprüche der Versicherten aus der **Unfallversicherung** (zum Beispiel für Heilbehandlung) und aus der **nicht obligatorischen beruflichen Vorsorge** bei Insolvenz der Unfallversicherung bzw. Vorsorgeeinrichtung
- Ansprüche der **Pensionskasse** gegenüber einer angeschlossenen konkursiten Arbeitgeberin
- **Familienrechtliche Unterhalts- und Unterstützungsansprüche**, also Alimentenforderungen, die in den letzten sechs Monate entstanden

Zweite Klasse

- Forderungen von Personen, deren Vermögen kraft elterlicher Gewalt dem Schuldner anvertraut war, also das **Kindesvermögen**
- Beitragsforderungen der **AHV/IV, Unfall- und Arbeitslosenversicherung** sowie der **Erwerbsersatzordnung**
- Prämien- und Kostenbeteiligungsforderungen der **sozialen Krankenversicherung**, also nur die Forderungen für die obligatorische Grundversicherung
- Beitragsforderungen der **Familienausgleichskasse**

Dritte Klasse

- **Alle übrigen Ansprüche** (so genannte Kurrentforderungen) wie Forderungen aus Warenlieferungen, Handwerkerrechnungen, aber auch Steuerforderungen erhält jeder Gläubiger in dieser Klasse einen prozentualen Anteil, die so genannte Konkursdividende. Können alle Gläubiger der ersten Klasse voll befriedigt werden, hat die zweite Klasse einen Anspruch auf den Erlös. Sind auch diese Gläubiger bezahlt, kommt schliesslich die dritte Klasse zum Zug.

Hinweis *Vor der Verteilung des Verwertungserlöses an die nicht pfandgesicherten Gläubiger müssen zuerst die Kosten des Konkursverfahrens bezahlt werden. Dazu gehören die so genannten Massakosten, also die aus der Eröffnung und Durchführung des Konkurses entstehenden Verfahrenskosten wie Auslagen und Gebühren der Konkursverwaltung oder Kosten für die Aufnahme eines Güterverzeichnisses (siehe Seite 205). Auch die seit Konkurseröffnung zulasten der Konkursmasse neu eingegangenen Verbindlichkeiten, die Massaschulden, müssen zuerst bezahlt sein. Dazu gehören etwa Honorare für Experten oder öffentliche Abgaben wie Mehrwertsteuer.*

Lieferanten, Handwerkerinnen und Dienstleistungserbringer, deren Forderungen in die dritte Klasse fallen, gehen oft leer aus oder erhalten nur eine minimale Dividende. Das hat verschiedene Gründe: Zum einen können die privilegierten Lohnforderungen sehr hoch sein, wenn eine Firma mehrere Angestellte hat. Zudem kennt das Lohnprivileg keine betragsmässige Begrenzung, sodass alle Lohnbestandteile, Bonuszahlungen und sonstigen «fringe benefits» zugelassen werden müssen. Und schliesslich sind die übrigen privilegierten Forderungen sehr zahlreich – wie das folgende Beispiel zeigt.

Beispiel *Über die im Handelsregister eingetragene Einzelfirma von Daniela I., die die Cafeteria «Daniela» in Zürich führte, wird am 31. Januar 2006 der Konkurs eröffnet. Folgende Forderungen werden im Konkurs eingegeben: Lieferantenforderungen von 25 000 Franken; Lohnforderungen des Kellners Ernst Z. für Dezember 2005 und Januar 2006, insgesamt 8000 Franken; Lohnforderungen von Daniela I. als Geschäftsführerin von 24 000 Franken; offene Staats- und Gemeindesteuern von 3000 Franken; Alimentenforderungen des Sohnes Eugen aus der geschiedenen Ehe von Frau I. für die letzten sieben Monate* vor Konkurseröffnung von je 700 Franken; faustpfandgesichertes Bankdarlehen von 40 000 Franken (die Verwertung des Pfands ergab nach Abzug der Kosten einen Reinerlös von 28 000 Franken); Forderung der AHV für Arbeitgeberbeiträge von 2500 Franken. Das Konkursamt kolloziert die Ansprüche folgendermassen:

Pfandgesicherte Forderungen
– Bankdarlehen: 40 000 Franken; gedeckt   Fr. 28 000.–

Ungesicherte Forderungen
Erste Klasse
– Lohnanspruch Ernst Z.   Fr. 8 000.–

Zweite Klasse
– Alimentenforderung Eugen I. für sechs Monate
  (nur diese sind privilegiert)   Fr. 6 000.–
– AHV-Beiträge   Fr. 2 500.–
  Total   Fr. 6 700.–

Dritte Klasse
– Lieferantenforderungen   Fr. 25 000.–
– Lohnforderung Daniela I.
  (nicht privilegiert, da Geschäftsführerin)   Fr. 24 000.–
– Staats- und Gemeindesteuer   Fr. 3 000.–
– Alimentenforderung Eugen I. für einen Monat   Fr.   700.–
– Pfandausfallforderung Bankdarlehen   Fr. 12 000.–
  Total   Fr. 64 700.–

So nehmen Sie am Konkursverfahren teil

Beispiel *Moritz B. hat der Drogerie AG in Aarau Naturheilmittel für 3800 Franken geliefert. Die Rechnung wurde trotz zweier Mahnungen nie bezahlt. Herrr B. ist drauf und dran, beim Betreibungsamt Aarau das Betreibungsbegehren zu stellen. Da teilt ihm ein befreundeter Konkurrent mit, er habe im Schweizerischen Handelsamtsblatt (SHAB) gelesen, dass über die Drogerie AG der Konkurs eröffnet worden sei. Ein Blick ins SHAB via Internet (www.shab.ch) bestätigt diese Nach-*

richt. *Moritz B. meldet sich daher bei der Amtsstelle Oberentfelden, dem für Aarau zuständigen Konkursamt.*

Damit Sie am Konkursverfahren über Ihren Schuldner teilnehmen können, müssen Sie Ihre Forderung beim zuständigen Konkursamt schriftlich anmelden. Anders als beim Betreibungs- und beim Fortsetzungsbegehren ist dies kostenlos. Falls Sie dem Amt mit Namen und Adresse bekannt sind, fordert es Sie individuell dazu auf. Die Frist für die Forderungseingabe beträgt einen Monat seit der Konkurspublikation im SHAB (siehe Seite 228). Melden Sie sich später an, müssen Sie allenfalls die dadurch verursachten Kosten tragen.

Sie können Ihren Anspruch mit einem selbst verfassten Brief anmelden. Verschiedene Konkursämter – zum Beispiel diejenigen der Kantone Aargau, Basel-Land, Genf, Thurgau oder Zürich – bieten jedoch selbst kreierte Eingabeformulare an, die Sie auch vom Internet herunterladen können (für Thurgau: www.konkursamt.tg.ch → Formular Download). In fortschrittlichen Kantonen können Sie Ihre Forderung bereits online anmelden (zum Beispiel St. Gallen: www.konkurs.sg.ch).

Was muss in der Forderungseingabe stehen?

Die Forderungseingabe muss in etwa dieselben Angaben enthalten wie das Betreibungs- und Fortsetzungsbegehren (ein Muster finden Sie auch im Anhang, Seite 280):

- Bezeichnung der Schuldnerin
- Bezeichnung des Gläubigers: Geben Sie neben Namen, Adresse und Telefonnummer auch Ihr Bank- oder Postkonto an, damit die Konkursdividende dorthin überwiesen werden kann.
- Bezeichnung des Vertreters: Falls Sie sich im Konkursverfahren vertreten lassen, muss Ihr Vertreter eine Vollmacht einreichen.
- Forderungsbetrag: Als Konkursforderungen kommen alle vermögensrechtlichen Ansprüche in Betracht, die Sie im Zeitpunkt der Konkurseröffnung gegen die Schuldnerin haben – und zwar unabhängig davon, ob der Anspruch bereits fällig ist. Die Konkurseröffnung selber bewirkt die Fälligkeit. Lautet Ihre Forderung auf eine fremde Währung, müssen Sie sie in Schweizer Franken umrechnen, und zwar zum De-

visenmittelkurs am Tag der Konkurseröffnung. Haben Sie nicht Anspruch auf einen Geldbetrag, sondern auf eine Leistung – zum Beispiel auf eine Warenlieferung –, müssen Sie Ihre Forderung in Geld umrechnen.

- Zins: Neben der Hauptforderung können Sie den Verzugszins von fünf Prozent verlangen; einen höheren Zins müssen Sie beweisen. Der Zinslauf beginnt mit dem Eintritt des Zahlungsverzugs und endet mit der Konkurseröffnung.
- Betreibungskosten: Hierzu gehören neben den Kosten des Betreibungsamts für den Zahlungsbefehl und die Konkursandrohung auch die Rechtsöffnungskosten. Inkassospesen und Mahngebühren fallen nicht darunter, es sei denn, sie sind ausdrücklich vereinbart worden.
- Forderungsgrund: Hier müssen Sie – wie beim Betreibungsbegehren (siehe Seite 160) – die Art Ihrer Forderung angeben, zum Beispiel «Kaufvertrag vom 15. März 2005».
- Vorrechte und beanspruchte Klasse: Pfandgläubiger sowie verschiedene andere Gläubiger sind von Gesetzes wegen privilegiert (siehe Seite 234). In der Regel haben Sie gegen eine Schuldnerin aus Ihrer Geschäftstätigkeit kein Pfand für Ihre Forderung und können auch keine privilegierte Klasse geltend machen. Ihre Forderung gehört daher in die dritte und letzte Konkursklasse.
- Beweismittel: Im Gegensatz zum Betreibungsamt muss das Konkursamt die eingegebenen Forderungen prüfen und entscheiden, ob sie berechtigt sind. Deshalb müssen Sie die Beweismittel mindestens in Kopie einreichen: einen Vertrag, eine Rechnung, Mahnschreiben, Lieferscheine und Ähnliches. Um die Betreibungs- und Rechtsöffnungskosten zu belegen, reichen Sie das Fortsetzungsbegehren ein, falls Sie dieses bereits gestellt hatten.

Ihre Rechte im Konkursverfahren

Als Gläubiger in einem Konkursverfahren sind Sie vor allem an der Konkursdividende interessiert. Diese ist für Gläubiger der dritten Klasse, zu denen Sie in der Regel gehören, jedoch häufig sehr gering, wenn nicht gleich Null. Ihr Engagement im Konkursverfahren wird sich daher auf ein Minimum beschränken. Wollen Sie dennoch am Verfahren teilnehmen, um möglicherweise neben der Konkursdividende etwas für sich oder die Konkursmasse herauszuholen, stehen Ihnen verschiedene Rechte zu.

Hinweise ans Konkursamt
Vielleicht hat die Schuldnerin kurz vor der Konkurseröffnung noch Vermögenswerte beiseite geschafft und Sie wissen, wo sich diese befinden. Oder Sie haben stichhaltige Hinweise darauf, dass die Organe der konkursiten Firma ihre Verantwortung miserabel wahrgenommen und die Firma mit ihren Entscheidungen in den Ruin getrieben haben. Für beide Hinweise wird Ihnen das Konkursamt dankbar sein.

Tipp *Geht eine Firma Konkurs und sind die Gründe, die dazu geführt haben, noch unklar, kommt rasch der Verdacht auf, dass etwas nicht mit rechten Dingen zugegangen sei. Vorschnell ist gar von Wirtschaftskriminalität die Rede. Blossen Verdächtigungen aber kann das Konkursamt nicht nachgehen und Sie halten es nur von der Arbeit ab, wenn Sie solche vorbringen. Melden Sie sich beim Amt also nur dann, wenn Sie konkrete Informationen über Machenschaften haben und diese auch mit Unterlagen oder durch Zeugen belegen können.*

Aussonderung
Befinden sich in der Konkursmasse Gegenstände, die Ihnen gehören, können Sie diese vom Konkursamt zurückverlangen. Stossen Sie auf Widerstand, müssen Sie Klage erheben (Aussonderungsklage). Nicht mehr herausverlangen können Sie Gegenstände, die Sie dem Konkursiten verkauft und vor der Konkurseröffnung übertragen haben. Dies gilt auch dann, wenn Sie sich das Recht vertraglich vorbehalten haben, es sei denn, Sie hätten einen Eigentumsvorbehalt im Register eingetragen (siehe Seite 40).

Beispiel *Christof H. aus Güttingen, Inhaber der Einzelfirma Christof H. Pneuhandel, bestellt am 10. Januar 2006 bei der Firma X. & Co. in Zürich verschiedene Maschinen und Apparate für 28 000 Franken. Der Kaufpreis soll mit einer Anzahlung von 8000 und zwei monatlichen Ratenzahlungen von je 10 000 Franken entrichtet werden. Im*

Vertrag steht folgende Klausel: «Die Ware bleibt bis zur restlosen Bezahlung in unserem Eigentum.» Christof H. holt die Ware fünf Tage nach der Bestellung ab. Am 23. März 2006 wird über ihn der Konkurs eröffnet. Als die Firma X. & Co. vom Konkursamt des Kantons Thurgau die verkaufte, aber noch nicht ganz bezahlte Ware herausverlangt, verweigert dieses zu Recht die Herausgabe, weil der Eigentumsvorbehalt vor Konkurseröffnung nicht im Register eingetragen wurde. Der Gläubigerin bleibt nichts anderes übrig, als ihre offenen Kaufpreisforderungen im Konkurs anzumelden.

Verrechnung

Haben Sie noch Schulden gegenüber dem konkursiten Unternehmen, können Sie diese mit Ihrer eigenen Forderung verrechnen, wenn sowohl die Forderung wie auch Schuld bereits vor der Konkurseröffnung bestanden.

Abtretung von Rechtsansprüchen

Zweifelhafte oder schwer einbringliche Forderungen einer Schuldnerin (Anfechtungs- und Verantwortlichkeitsansprüche, bestrittene Forderungen etc.) verfolgt das Konkursamt in der Regel nicht selber, weil ihm das Geld für einen Prozess fehlt. Sie und jeder andere Gläubiger können sich solche Ansprüche von der Konkursmasse abtreten lassen und sie selber auf eigenes Risiko und eigene Kosten einfordern oder einklagen.

Das bedeutet, dass Sie die Kosten des Forderungsprozesses, sollten Sie ihn verlieren, selber tragen. Haben Sie aber Erfolg, können Sie Ihre Ausgaben und Ihre Konkursforderung mit dem Prozessgewinn verrechnen. Sollte ein Überschuss bleiben, müssen Sie diesen an die Konkursmasse abliefern.

Beispiel *Im Konkurs der E. Sportmarketing AG haben Sie eine Forderung von 250 000 Franken angemeldet, die zur dritten Klasse gehört. Die mutmassliche Konkursdividende für diese Klasse ist Null. Bekannt ist, dass sich die Revisionsstelle der E. Sportmarketing AG kurz vor Konkurseröffnung noch offene Rechnungen von 45 000 Franken hat bezahlen lassen. Da die Konkursverwaltung gegen die Revisionsstelle* nicht vorgehen will, lassen Sie sich als einziger Gläubiger den Anfechtungsanspruch abtreten. Im Prozess gegen die Revisionsstelle werden Ihnen 45 000 Franken zugesprochen. Damit bezahlen Sie Ihre Anwaltskosten von 5000 Franken und verwenden den Rest zur Deckung Ihrer Konkursforderung. So sind Sie doch noch zu einer Dividende von 16 Prozent gekommen.

Kaufofferten

Sofern das Konkursamt Grundstücke des Konkursiten oder Vermögenswerte von besonderem Wert nicht versteigert, sondern freihändig verkauft, haben Sie einerseits die Möglichkeit, selber ein höheres Angebot einzureichen und die Gegenstände zu kaufen. Andererseits können Sie, wenn Sie sich in der Branche auskennen oder von Kaufinteressenten wissen, Ihre Informationen ans Konkursamt weitergeben. Das wird das Verwertungsergebnis verbessern.

Beispiel *Die konkursite Record AG handelte mit Tonträgern aller Art (Kassetten, Platten, CD, Minidiscs etc.). Ihr Warenlager, das einen Buchwert von 900 000 Franken hat, wird vom Konkursamt Basel-Stadt – wie so üblich – lediglich auf 135 000 Franken geschätzt. Etliche ehemalige Lieferanten der Record AG melden sich beim Konkursamt und weisen dieses auf potenzielle Kaufinteressenten hin. Das Konkursamt fordert sämtliche Interessenten auf, ein Angebot einzureichen. So gelingt es schliesslich, das Warenlager für 480 000 Franken inklusive Räumung zu verkaufen.*

Akteneinsicht

Als Gläubiger haben Sie das Recht, sämtliche Konkursakten unbeschränkt einzusehen. Sie dürfen damit aber das Verfahren nicht behindern.

Ihr Akteneinsichtsrecht ist unbeschränkt. Machen Sie aber nur dann davon Gebrauch, wenn das für Sie auch etwas bringt. Das ist beispielsweise der Fall, wenn Sie entscheiden müssen, ob Sie sich bestrittene und zur Abtretung offerierte Ansprüche abtreten lassen wollen oder ob Sie gegen einen anderen Gläubiger Kollokationsklage erheben wollen (siehe nächste Seite).

Gläubigerversammlung und Gläubigerausschuss

Im selten durchgeführten ordentlichen Konkursverfahren können Sie an der Gläubigerversammlung teilnehmen und sich in den Gläubigerausschuss wählen lassen. Die Aufgaben, die sich den Mitglieder dieses Ausschusses stellen, sind vielfältig und anspruchsvoll. Wichtig ist, dass es sich dabei um Gläubiger handelt, die aus der gleichen Branche stammen wie das konkursite Unternehmen. So können sie die Konkursverwaltung mit ihren Branchenkenntnissen zum Beispiel beim Verkauf von Unternehmensteilen unterstützen. Haben Sie einem konkursiten Stahlbauunternehmen Büromaterial geliefert, ist es sinnvoller, wenn nicht Sie sich um den Einsitz in den Gläubigerausschuss bewerben, sondern Stahlhändler.

Beschwerde

Sind Sie mit einer Handlung des Konkursamts nicht einverstanden, können Sie sich dagegen mit der betreibungsrechtlichen Beschwerde wehren (siehe Seite 185).

Tipp *Die Konkursämter und die ausseramtlichen Konkursverwaltungen arbeiten in der Regel gut. Bedenken Sie auch, dass diese das Verfahren im Interesse aller Gläubiger abwickeln. Sollten Sie einmal einen Entscheid nicht verstehen oder der Ansicht sein, dass das Verfahren vorangetrieben werden müsse, greifen Sie nicht gleich zum Mittel der Beschwerde. Sprechen Sie zuerst mit dem Amt. Häufig lassen sich so offene Fragen beantworten oder Sie verstehen nach dem Gespräch besser, weshalb sich das Verfahren verzögert hat.*

Klagen gegen den Kollokationsplan

Das Konkursamt prüft sämtliche Forderungen und entscheidet über die Zulassung oder Abweisung sowie über ihren Rang (siehe Seite 234). Das Ergebnis dieser Prüfung hält es im Kollokationsplan fest. Sobald der Plan vollständig ist, wird er beim Konkursamt aufgelegt und die Auflage im SHAB publiziert (siehe Abbildungen Seite 229). Gläubigern, deren Forderungen ganz oder teilweise abgewiesen wurden oder die nicht den beanspruchten Rang erhielten, wird die Auflage speziell

Beispiel: Teilabweisung einer Forderung im Kollokationsplan

Ausserordentliche
Konkursverwaltung Y. GmbH
Bleichestrasse 2
Postfach
8022 Zürich

Einschreiben
Kerstin M. AG
Frau Kerstin M.
Bachstrasse 1
8304 Wallisellen

Zürich, 26. Januar 2006

Konkursverfahren Bildplus AG
Kollokation Kerstin M. AG Wallisellen / Verfügung Nr. 428

Sehr geehrte Frau M.

Sie haben im Konkurs der Bildplus AG für die Kerstin M. AG Wallisellen folgende Forderungen in der 3. Klasse angemeldet:

Forderungsbetrag	CHF 624.95
Zins	CHF 1.20
Total	CHF 626.15

I. Verfügung

Wir haben zu Ihrer Forderung folgende Verfügung getroffen:
- CHF 364.80 werden anerkannt und in der 3. Klasse zugelassen;
- CHF 261.35 werden abgewiesen.

II. Begründung

Die geltend gemachten zwei Teilbeträge von insgesamt CHF 624.95 sowie der Zins von CHF 1.20 sind in der Kreditorenliste der Konkursitin enthalten oder sonstwie ausgewiesen, weshalb der Anspruch grundsätzlich in der 3. Klasse zuzulassen wäre. Der Bildplus AG steht jedoch eine Gegenforderung von CHF 261.35 für eine Doppelzahlung zu. Im Umfang dieser Gegenforderung erklärt die Konkursverwaltung hiermit die Verrechnung, weshalb in dieser Höhe die Forderung auch abgewiesen wird. Im Restbetrag von CHF 364.80 wird die geltend gemachte Forderung in der 3. Klasse zugelassen.

III. Auflage des Kollokationsplans

Der Kollokationsplan liegt beim Konkursamt Zürich-Höngg, Wislergasse 10, 8049 Zürich sowie bei der ausseramtlichen Konkursverwaltung Y. GmbH, Bleichestrasse 2, 8022 Zürich, ab dem 28. Januar 2006 zur Einsicht auf.

Seite 1 von 2

angezeigt. Die Abweisung wird zudem in einer Verfügung begründet (siehe Beispiel Seite 243). Haben Sie also als Gläubiger keine solche Spezialanzeige erhalten, können Sie davon ausgehen, dass Ihre angemeldete Forderung uneingeschränkt anerkannt wurde.

Positive Kollokationsklage
Hat das Konkursamt Ihre Forderung nicht oder nicht vollständig berücksichtigt, können Sie den Kollokationsplan mit der positiven Kollokationsklage anfechten. Diese richtet sich gegen die Konkursmasse und muss innert 20 Tagen ab der Veröffentlichung der Auflage im Handelsamtsblatt beim Gericht am Konkursort eingereicht werden. Verpassen Sie diese Frist, gilt der Entscheid des Konkursamts, auch wenn er nach Ihrer Ansicht falsch ist.

Bevor Sie Klage erheben, sollten Sie beim Konkursamt die mutmassliche Konkursdividende für Ihre Klasse abklären. Ist die Dividendenprognose schlecht – was für Forderungen in der dritten Klasse die Regel ist –, lohnt sich ein Prozess nicht. Denn selbst wenn die Richterin Ihre Forderung anerkennen würde oder in einem höheren Betrag zuliesse, würden Sie am Schluss des Konkursverfahrens nicht viel mehr erhalten, als wenn Sie keine Klage erhoben hätten. Beträgt die mutmass-

Checkliste: positive Kollokationsklage

- Lesen Sie die Begründung der Abweisungsverfügung. Verstehen Sie diese nicht, bitten Sie das Konkursamt, Ihnen den Grund der Abweisung nochmals zu erklären.
- Befriedigt Sie die Erklärung nicht oder erhalten Sie keine Antwort, erkundigen Sie sich nach der voraussichtlichen Dividende für Ihre Konkursklasse (in der Regel dritte Klasse).
- Ist die Dividendenprognose schlecht, verzichten Sie auf eine Klage.
- Rechnet das Konkursamt mit einer hohen Dividende, klären Sie Ihre Prozesschancen bei einer Anwältin ab.
- Bestehen gute Chancen, reichen Sie je nach Streitwert selber Klage gegen die Konkursmasse ein oder beauftragen Ihre Anwältin mit der Prozessführung.
- Achtung: Die Klage muss innert 20 Tagen ab der publizierten Auflage des Kollokationsplans erhoben werden!

liche Konkursdividende sogar Null, riskieren Sie, dass das Gericht auf Ihre Kollokationsklage gar nicht eintritt, weil Ihnen das rechtlich geschützte Interesse an der Behandlung fehlt.

Beispiel *Ihre Firma entsorgt für die Fototechnik AG in Regensdorf Altöl. Doch Ihre Aufwendungen in der Höhe von 12 500 Franken werden nie bezahlt. Als die Fototechnik AG Konkurs geht, melden Sie Ihre Forderung beim Konkursamt Regensdorf an. Dieses lässt 5500 Franken zu und weist die restlichen 7000 Franken aufgrund fehlender Belege ab. Laut Auskunft des Konkursamts beträgt die mutmassliche Konkursdividende in der dritten Klasse 2,5 Prozent. Für den abgewiesenen Teil der Forderung würden Ihnen also spärliche 175 Franken zustehen – vorausgesetzt, Sie obsiegen. Ist der Prozessgewinn so gering, verzichten Sie besser auf eine Klage und sparen sich die Zeit, die Sie für das Gerichtsverfahren aufwenden müssten.*

Negative Kollokationsklage

Sind Sie mit der Zulassung einer anderen Gläubigerin oder mit deren Rang nicht einverstanden, können Sie den Kollokationsplan mit einer Klage beim gleichen Gericht und ebenfalls innert 20 Tagen anfechten. Diese negative Kollokationsklage richtet sich nicht gegen die Konkursmasse, sondern gegen die Gläubigerin, deren Forderung nach Ihrer Meinung zu Unrecht zugelassen oder privilegiert wurde. Eine solche Klage bringt unter Umständen finanziell viel mehr ein als die positive Kollokationklage. Denn wenn Sie den Prozess gewinnen, steht Ihnen die Konkursdividende im Umfang der abgewiesenen Forderung der beklagten Gläubigerin zu. Diese können Sie für die Deckung Ihrer eigenen Forderung einschliesslich Prozesskosten verwenden.

Beispiel *Ihre Forderung von 12 500 Franken gegen die Fototechnik AG (siehe oben) wird vollumfänglich zugelassen. In der dritten Klasse beträgt die Konkursdividende jedoch Null. In der ersten Klasse, in der eine Dividende von 60 Prozent erwartet wird, meldet Thomas K., der ehemalige CEO der Fototechnik AG, einen ausstehenden Monatslohn von 21 000 Franken an. Diese Forderung wird vom Konkursamt zugelassen. Sie sind der Meinung, Herrn K. stehe das Arbeitnehmerprivileg* *wegen seiner Stellung nicht zu, und klagen daher gegen ihn beim zuständigen Bezirksgericht Dielsdorf. Die Richterin folgt Ihrer Argumentation und heisst die Klage gut. Herrn K. wird das Lohnprivileg verweigert und seine Forderung wird in die dritte Klasse verwiesen. Mit der frei gewordenen Konkursdividende von 12 600 Franken (60 Prozent von 21 000 Franken) können Sie Ihre Prozesskosten und den grössten Teil Ihrer Forderung bezahlen.*

Checkliste: negative Kollokationsklage

- Nach der Publikation des Kollokationsplans im SHAB gehen Sie zum Konkursamt und nehmen Einsicht in den Plan. Prüfen Sie, ob Forderungen, die Ihrem Rang vorgehen, unter Umständen zu Unrecht zugelassen wurden.
- Ist dies nach Ihrer Ansicht der Fall, fragen Sie das Konkursamt nach dem Grund der Zulassung.
- Sind Sie mit der Antwort nicht zufrieden oder bekommen Sie keine Auskunft, erkundigen Sie sich nach der mutmasslichen Konkursdividende für die fragliche Forderung.
- Ist die Dividendenprognose auch für diese Klasse schlecht, verzichten Sie auf eine Klage.
- Rechnet das Konkursamt mit einer hohen Dividende, klären Sie Ihre Prozesschancen bei einem Anwalt ab.
- Bestehen gute Chancen, reichen Sie je nach Streitwert selber Klage gegen den Gläubiger ein oder beauftragen Ihren Anwalt mit der Prozessführung.
- Achtung: Die Klage muss innert 20 Tagen ab der publizierten Auflage des Kollokationsplans erhoben werden!

Geld oder Verlustschein: das Resultat des Konkursverfahrens

Im besten Fall erhalten Sie als Gläubiger am Ende Ihre Konkursdividende – also Ihre ganze Forderung samt Betreibungskosten. Reicht die Konkursmasse nicht für alle Forderungen, erhalten Sie für den nicht gedeckten Teil einen Verlustschein, falls der Konkursite eine Privatperson ist (siehe nebenstehendes Beispiel). Dieser Verlustschein ist unver-

Beispiel: Verlustschein im Konkurs

Konkursamt Zürich (Altstadt)
Talstrasse 11
8001 Zürich

Konkurs Nr. 23

Einschreiben

Herrn Roland S.
Wolkenweg 2
8400 Winterthur

Verlustschein infolge Konkurses

Schuldner: Max P., Bahnhofstrasse 8, 8001 Zürich

Geburtsdatum: 20.12.1950   Heimatort: Zürich

Gläubiger:
(nur ausfüllen, sofern nicht mit dem Adressaten identisch)

Konkurseröffnung vom 3.2.2006; Ordnungs-Nr. 1; Klasse 1

		Franken
Zugelassene Forderung:	Kapital	5782.10
	Zinsen	–.–
	Kosten	–.–
	Zusammen	5782.10
Betreffnis:		4315.90
Ungedeckt bleibender Betrag:		1466.20

Urkunde und deren Datum oder Grund der Forderung:
Löhne Dezember 2005 und Januar 2006

Für den ungedeckt gebliebenen Betrag von (in Worten)

Franken   Eintausendvierhundertsechsundsechzig 20/100

wird hiermit dem Gläubiger im Sinne von Art. 265 SchKG
dieser Verlustschein ausgestellt.
Die Forderung ist vom Gemeinschuldner im Betrage von Fr. 5782.10
anerkannt worden.

Ort und Datum   Konkursamt
Zürich, 12.5.2006   Zürich (Altstadt)

zinslich, verjährt nach 20 Jahren und gilt als Schuldanerkennung. Er berechtigt Sie dazu, die Schuldnerin wieder zu betreiben, wenn diese zu neuem Vermögen gekommen ist.

Ist die Konkursite eine juristische Person, wird diese nach Abschluss des Verfahrens im Handelsregister gelöscht und hört auf zu existieren. Eine inexistente Firma können Sie nicht betreiben, weshalb Ihnen ein Verlustschein nichts mehr nützen würde. Sie erhalten daher einen so genannten Verlustausweis. Diesen können Sie als Beleg dazu verwenden, die in Ihren Büchern aufgeführte Forderung definitiv auszubuchen und beim Bund die allenfalls bereits abgelieferte Mehrwertsteuer zurückzufordern.

Beispiel *Im Konkurs der Einzelfirma von Daniela I. (siehe Seite 235) betragen die Konkurskosten 12 000 Franken. Die Verwertung der Aktiven ergibt insgesamt 58 000 Franken, die folgendermassen verteilt werden:*

Verwertungserlös	*Fr. 58 000.–*
– Pfandgesichertes Bankdarlehen	*– Fr. 28 000.–*
	Fr. 30 000.–
– Konkurskosten	*– Fr. 12 000.–*
	Fr. 18 000.–
– Forderung erster Klasse	*– Fr. 8 000.–*
	Fr. 10 000.–
– Forderung zweiter Klasse	*– Fr. 6 700.–*
	Fr. 3 300.–

An die Gläubiger der dritten Klasse, in der Forderungen im Umfang von 64 700 Franken verbleiben, werden 3300 Franken verteilt. Die Dividende beträgt also 5,1 Prozent Das ergibt für die einzelnen Gläubiger folgende Beträge:

- *Lieferantenforderungen (25 000 Franken)* Fr. 1 275.–
- *Lohnforderung von Daniela I. (24 000 Franken)* Fr. 1 224.–
- *Staats- und Gemeindesteuer (3000 Franken)* Fr.   153.–
- *Alimentenforderung von Eugen I. für einen Monat (700 Franken)* Fr.   36.–
- *Pfandausfallforderung der Bank (12 000 Franken)* Fr.   612.–

Zu guter Letzt

Sie sind am Schluss des Ratgebers angekommen. Hoffentlich nicht, weil Sie das ganze Betreibungsverfahren bis zum bitteren Ende durchgestanden haben und nun einen Verlustschein oder Verlustausweis in den Händen halten. Wenn dies doch der Fall ist, bedenken Sie: Im Leben gibt es Schlimmeres, als Geld zu verlieren. Überlegen Sie zum Abschluss, was Sie das nächste Mal anders machen wollen, um sich besser vor Verlusten zu schützen. Und dann legen Sie das Vorgefallene zur Seite und wenden Sie sich wieder Dingen zu, die Sie in letzter Zeit vielleicht gerade wegen Ihres säumigen Schuldners vernachlässigt haben. Achten Sie besser auf Ihre Gesundheit, widmen Sie sich Ihren Freunden und der Familie oder freuen Sie sich ganz einfach am Leben.

Anhang

- *Muster für Verträge, Klagen und die einzelnen Betreibungsschritte*
- *Tarife*
- *Betreibungs-, Konkurs- und Gerichtsbehörden*
- *Glossar*
- *Nützliche Adressen und Links*
- *Literatur*
- *Stichwortverzeichnis*

Muster für Verträge, Klagen und die einzelnen Betreibungsschritte

Gesuch um einen Betreibungsregisterauszug

Die Architektin Rosemarie V. erhält von Armand D. den Auftrag, eine Villa für sein Grundstück in Herrliberg, hoch über dem Zürichsee, zu entwerfen. Für Frau V. ist dies ein grösserer Auftrag, deshalb will sie sich absichern und verlangt beim zuständigen Betreibungsamt in Zürich, wo Herr D. wohnt, einen Betreibungsregisterauszug.

Architekturbüro Rosemarie V.
Seestrasse 4
8700 Küsnacht

                                        Betreibungsamt Kreis 7
                                        Minervastrasse 40
                                        8032 Zürich

                                        Küsnacht, 2. April 2006

Gesuch um Betreibungsregisterauszug

Sehr geehrte Damen und Herren

Ich bitte Sie, mir über Armand D., Lunastrasse 2, 8032 Zürich, einen summarischen Betreibungsregisterauszug über die letzten drei Jahre zu schicken. Ein frankiertes Rückantwortkuvert liegt bei.

Als Interessennachweis erhalten Sie eine Kopie des Schreibens, mit dem Herr D. mein Architekturbüro um eine Offerte für den Bau einer Villa in Herrliberg anfragt.

Die Gebühr von Fr. 17.– für diese Betreibungsauskunft habe ich heute auf Ihr Postcheckkonto überwiesen.

                                        Besten Dank für Ihre Bemühungen
                                        und freundliche Grüsse

                                        Rosemarie V.

Beilagen:
– Kopie der Offertanfrage von Herrn D.
– Kopie der Postquittung
– Rückantwortkuvert

Darlehensvertrag

Die Inhaberin der Einzelunternehmung Nagelstudio Silvia K., die an der Gottfried-Kellerstrasse 73 in Winterthur ihren Sitz hat, gewährt ihrem Bekannten Michael L., wohnhaft am Berneggweg 20 in Zürich, ein Darlehen zur Finanzierung einer Eigentumswohnung.

Darlehensvertrag

zwischen

Nagelstudio Silvia K., Gottfried-Kellerstrasse 73, 8400 Winterthur
Darlehensgeberin

und

Michael L., Berneggweg 20, 8055 Zürich
Darlehensnehmer

1. Die Darlehensgeberin gewährt dem Darlehensnehmer ein Darlehen von Fr. 100 000.–. Sie verpflichtet sich, den Betrag spätestens bis am 1. März 2006 auf das Konto des Darlehensnehmers (Kontonummer: 12345X) bei der Zürcher Kantonalbank zu überweisen.

2. Der Darlehensnehmer verpflichtet sich, das Darlehen in vier jährlichen Raten von je Fr. 25 000.– bis zum 30. Juni 2009 zurückzuzahlen.
Die Rückzahlung erfolgt jeweils per 30. Juni, erstmals am 30. Juni 2006.

3. Eine vorzeitige Rückzahlung ist jederzeit möglich.

4. Der Darlehensnehmer verpflichtet sich, das Darlehen mit 4 Prozent zu verzinsen. Der Zins ist jeweils jährlich zu zahlen, erstmals am 30. Juni 2006.

5. Kommt der Darlehensnehmer mit der Zahlung einer Rate in Verzug, wird die ganze Restschuld sofort fällig.

6. Gerichtsstand für allfällige Streitigkeiten aus dieser Vereinbarung ist das Bezirksgericht Winterthur.

Winterthur, 10. Februar 2006

Die Darlehensgeberin: Der Darlehensnehmer

Nagelstudio Silvia K.   Michael L.

Aussergerichtlicher Nachlassvertrag

Ludwig W., der in St. Gallen ein Labor für Umweltanalysen führt, ist in einen finanziellen Engpass geraten. Seiner Hauptgläubigerin, der Messgeräte AG in Baar, ist klar, dass bei einem Konkurs von Ludwig W. nicht viel zu holen wäre und nur neue Kosten anfielen. Deshalb stimmt sie einem aussergerichtlichen Nachlassvertrag zu.

Sanierungsvereinbarung

Die unterzeichnete Gläubigerin im aussergerichtlichen Nachlassverfahren von Ludwig W., Bodanstrasse 4, 9000 St. Gallen, stimmt zur teilweisen Deckung ihrer nachgenannten Forderung auf der Basis eines Nachlassvertrags mit 50-prozentiger Dividendenzahlung folgender Sanierungsvereinbarung zu:

1. Die Forderung der unterzeichneten Gläubigerin beträgt, wie von ihr gemeldet, inklusive Zins und Kosten Fr. 20 000.–.

2. Der Schuldner wird 50 Prozent des vorgenannten Betrags innerhalb von 10 Tagen nach Erhalt der gegengezeichneten Vereinbarung auf das von der Gläubigerin genannte Konto bezahlen.

3. Die unterzeichnete Gläubigerin erklärt, nach Erhalt der 50-prozentigen Dividende für ihre unter Ziffer 1 dieser Vereinbarung genannte Forderung vollständig abgefunden zu sein. Sie verzichtet ausdrücklich auf die Nachforderung des nicht gedeckten 50-prozentigen Teils ihrer Forderung.

4. Die unterzeichnete Gläubigerin wird sofort nach Erhalt der Dividendenzahlung dem Schuldner den oder die sich in ihrem Besitz befindlichen Verlustschein/e senden. In Fällen, bei denen lediglich ein Betreibungsverfahren ohne Ausstellung eines Verlustscheins im Gang war oder ist, wird die Gläubigerin die beiliegende Rückzugserklärung zuhanden des Betreibungsamts unterzeichnen und dem Schuldner senden.

5. Zahlt der Schuldner den Betrag gemäss Ziffer 1 und 2 nicht rechtzeitig auf das von der Gläubigerin genannte Konto ein, fällt diese Vereinbarung dahin und die gesamte in Ziffer 1 genannte Forderung (inklusive Zins und Kosten) wird sofort fällig.

Baar, den 15. Januar 2006   St. Gallen, den 13. Januar 2006

Messgeräte AG   Ludwig W.

Klageeinleitung vor dem Friedensrichter (Kanton Zürich)

Monteure der Küchenbau AG (Zwinglistrasse 2, 8004 Zürich) müssen am 21. Februar 2006 die Grossküche des Restaurants «Zur Sonne» kurzfristig reparieren. Das Restaurant wird von der Pacht GmbH (Dufourstrasse 2, 8008 Zürich) betrieben. Die Rechnung vom 25. Februar 2006 über 1800 Franken, die auf dem Service-Rapport beruht, wird trotz Mahnung vom 21. März 2006 nicht bezahlt. Die Küchenbau AG reicht am 10. Mai 2006 Klage beim zuständigen Friedensrichteramt 7+8 der Stadt Zürich ein.

Muster 259

Senden an: Friedensrichteramt der Stadt Zürich
Kreise 7+8
Dufourstrasse 35
8034 Zürich

Zivilklage (Forderung)

Kläger/in:

Name, Vornamen (Firma): Küchenbau AG

Adresse: Zwinglistrasse 2   Plz, Ort: 8004 Zürich

Telefon / Fax Nr.: 044 876 54 32

Beklagte/r:

Name, Vornamen (Firma): Pacht GmbH

Adresse: Dufourstrasse 2   Plz, Ort: 8008 Zürich

Telefon / Fax Nr.: 044 234 56 78

Rechtsbegehren:

Es sei der/die Beklagte zu verpflichten, dem/der Kläger/in zu bezahlen:

Fr. 1800.–   nebst Zins zu 5% seit 23.3.06, und

Fr. ....   Kosten der Betreibung Nr. ....
                    des Betreibungamtes ...., sowie

Fr. ....

Alles unter Kosten- und Entschädigungsfolgen zu Lasten des/der Beklagten.
Nähere Begründung erfolgt an der Sühnverhandlung.
Der/Die Unterzeichnete ersucht um Vorladung zur Sühn-, resp. Prozessverhandlung.

Beilagen:

Zahlungsbefehl: –

weitere Akten: Rechnung vom 25.2.06
Service-Rapport vom 21.2.06
Mahnung vom 21.3.06

Zürich, 10.5.06 (Datum)   **Unterschrift:** ....

Klageschrift für Forderungsprozess

Die Beratungs GmbH in Uster bestellt telefonisch am 1. Februar 2006 bei der Papeterie AG in Winterthur Büromaterial im Wert von 8200 Franken. Das Material wird am nächsten Tag zusammen mit der Rechnung geliefert. Die Zahlungsfrist beträgt 10 Tage ab Rechnungsdatum. Die Beratungs GmbH zahlt die Rechnung nicht, weshalb die Papeterie AG sie am 1. März ein erstes Mal und am 15. März 2006 ein zweites Mal mahnt. Da die Zahlung weiterhin ausbleibt, reicht die Papeterie AG beim Friedensrichter in Uster ein Sühnebegehren ein. An der Sühneverhandlung vom 2. Mai 2006 kommt es zu keiner Einigung zwischen den Parteien, weshalb die Papeterie AG Klage erheben will. Ihr Anwalt hat für sie abgeklärt, dass das Handelsgericht des Kantons Zürich für den Fall zuständig ist, und das Rechtsbegehren formuliert. Die Prozesschancen hat er als gut taxiert. Der mit Prokura im Handelsregister eingetragene Buchhalter Carlo M. soll nun am 2. Juni 2006 für die Papeterie AG Klage gegen die Beratungs GmbH erheben.

Einschreiben
Handelsgericht des Kantons Zürich
Hirschengraben 15
8001 Zürich

Winterthur, 2. Juni 2006

Forderungsklage

Papeterie AG, Bahnhofstrasse 100, 8400 Winterthur (Klägerin)
vertreten durch Carlo M.

gegen

Beratungs GmbH, Hauptstrasse 5, 8610 Uster (Beklagte)

Betreffend Kaufpreisforderung

Rechtsbegehren
1. Es sei die Beklagte zu verpflichten, der Klägerin Fr. 8200.– zuzüglich Zins von 5 Prozent seit dem 12. Februar 2006 zu bezahlen.
2. Unter Kosten- und Entschädigungsfolgen zulasten der Beklagten.

I. Formelles:
Der Unterzeichnete Carlo M. ist als Prokurist der Klägerin zur Vertretung berechtigt.
Beweis: Handelsregisterauszug der Papeterie AG vom 15. April 2006 (Beilage 1)

Die Sühneverhandlung fand am 2. Mai 2006 statt.
Gleichentags stellte der Friedensrichter die Weisung aus.
Beweis: Weisung vom 2. Mai 2006 (Beilage 2)

Die Frist von drei Monaten seit Ausstellung der Weisung für die Einreichung der Klage ist eingehalten.
Beweis: Weisung vom 2. Mai 2006 (Beilage 2)

Der Streitwert beträgt Fr. 8200.–.

Das Handelsgericht des Kantons Zürich ist örtlich zuständig, da die Klage am Sitz der Beklagten erhoben werden darf und diese in Uster ihren Sitz hat.
Beweis: Handelsregisterauszug der Beratungs GmbH vom 10. März 2006 (Beilage 3)

Das Handelsgericht des Kantons Zürich ist für eine Klage sachlich zuständig, wenn die Firmen im schweizerischen Handelsregister eingetragen sind und der Streitwert wenigstens Fr. 8000.– beträgt. Zudem müssen sich die Parteien um das von einer Partei betriebene Gewerbe streiten.

Beide Parteien sind als Firma im Handelsregister eingetragen. Der Streitwert von Fr. 8200.– liegt über der Zuständigkeitsgrenze von Fr. 8000.–. Im Weiteren betrifft die Auseinandersetzung das Gewerbe beider Parteien, da die eine von der anderen Waren gekauft hat. Das Handelsgericht des Kantons Zürich ist daher auch sachlich zuständig.

<u>Beweis</u>: Handelsregisterauszug der Beratungs GmbH vom 10. März 2006 (Beilage 3) und der Papeterie AG vom 15. April 2006 (Beilage 1)

II. Begründung

Martin S. von der Beklagten telefonierte am 1. Februar 2006 und bestellte bei uns Büromaterial. Unser Werner B. nahm die Bestellung entgegen und notierte sie auf einem Zettel. Bestellt wurde Folgendes:

40 x A4-Papier à Fr. 6.–	Fr. 240.–
100 x Toner ZT à Fr. 79.60	Fr. 7960.–
Total	Fr. 8200.–

Die Bezahlung sollte innerhalb von 10 Tagen ab Rechnungsstellung erfolgen.
<u>Beweis</u>: Werner B., wohnhaft in 8400 Winterthur, Sachbearbeiter der Klägerin, als Zeuge

Das Material wurde am 2. Februar 2006 von der Klägerin entgegengenommen.
<u>Beweis</u>: Lieferschein vom 1. Februar 2006 (Beilage 4)

Mit Rechnung vom 1. Februar 2006, welche die Beklagte am nächsten Tag zusammen mit der Lieferung erhielt, verlangte die Klägerin von der Beklagten die Bezahlung des Kaufpreises innert 10 Tagen ab Rechnungsdatum, also bis zum 11. Februar 2006.
<u>Beweis</u>: Rechnung vom 1. Februar 2006 (Beilage 5)

Da die Beklagte nicht zahlte, wurde sie am 1. März 2006 ein erstes Mal und am 15. März 2006 ein zweites Mal gemahnt.
<u>Beweis</u>: Mahnungen vom 1. und 15. März 2006 (Beilagen 6 und 7)

Bis heute ist keine Zahlung erfolgt.

Die Beklagte geriet bereits mit Ablauf der auf der Rechnung angebrachten Zahlungsfrist in Verzug, weshalb der Verzugszins von 5 Prozent seit dem 12. Februar 2006 geschuldet ist.
Beweis: Rechnung vom 1. Februar 2006 (Beilage 5)

Freundliche Grüsse
Papeterie AG

Carlo M., ppa.

4-fach
Beilagen gemäss separatem Beilagenverzeichnis

Beilagenverzeichnis
1 Handelsregisterauszug der Papeterie AG vom 16. April 2006
2 Weisung vom 2. Mai 2006
3 Handelsregisterauszug der Beratungs GmbH vom 10. März 2006
4 Lieferschein vom 1. Februar 2006
5 Rechnung vom 1. Februar 2006
6 Mahnung vom 1. März 2006
7 Mahnung vom 15. März 2006

Betreibungsbegehren

Die Werkzeug AG (Hohlstrasse 3, 8001 Zürich) verkauft der Technik GmbH (Eberstrasse 2, 8157 Dielsdorf, Geschäftsführer Sebastian Z.) mit schriftlichem Vertrag vom 17. Januar 2006 Ersatzteile für 4500 Franken und liefert diese am 19. Januar 2006. Zahlungstermin ist der 31. Januar 2006. Da die Zahlung trotz Mahnung vom 15. Februar 2006 ausbleibt, will die Werkzeug AG die Betreibung einleiten. Sie füllt am 24. Februar 2006 das amtliche Formular aus und zahlt den Kostenvorschuss von 70 Franken auf das Postcheckkonto des Betreibungsamts Dielsdorf ein.

Muster **265**

	Betreibung Nr.
	Eingang am

Betreibungsbegehren

An das Betreibungsamt der Gemeinde 8157 Dielsdorf **Kanton** Zürich

Schuldner (Name, Vorname, genaue Adresse)
Technik GmbH, Eberstrasse 2, 8157 Dielsdorf, vertreten durch
Sebastian Z. (Geschäftsführer)
Ehegatte (Name, Vorname, genaue Adresse, Güterstand[1])

Gläubiger (Name, Vorname und genaue Adresse)
Werkzeug AG, Hohlstrasse 3, 8001 Zürich

Post- ~~oder Bank~~konto: 80-1886-4

Allfälliger Bevollmächtigter des Gläubigers (Name, Vorname, und genaue Adresse)

Post- oder Bankkonto:

Forderungssumme: Fr. 4500.—   nebst Zins zu   5 % seit 1.2.2006

Forderungsurkunde und deren Datum: wenn keine Urkunde vorhanden, Grund der Forderung
Kaufvertrag vom 17. Januar 2006, Lieferschein vom 19. Januar 2006,
Mahnung vom 15. Februar 2006

Allfällige weitere Bemerkungen

Betrag des vom Gläubiger geleisteten Kostenvorschusses Fr. 70.—

Vorschuss geleistet (das Nichtzutreffende ist zu streichen)
- ~~bar bezahlt~~
- durch Überweisung auf das Post- oder Bankkonto des Betreibungsamtes
- ~~via Rechnung~~

Ort und Datum   Unterschrift des Gläubigers oder seines Vertreters

Zürich, 24. Februar 2006

---

[1] Nur ausfuellen im Falle von Ziff. 3 der Erlaeuterungen (Erlaeuterungen siehe Seite 2)

Definitives Rechtsöffnungsbegehren

Die C. Informatik GmbH (Seefeldstrasse 12, 8008 Zürich) installiert im Oktober 2005 bei der Transport GmbH (Badstrasse 2, 5620 Bremgarten) ein neues Buchhaltungssystem. Die Transport GmbH bezahlt die Rechnung von 6000 Franken trotz diverser Mahnungen – die erste vom 12. Dezember 2005 – nicht, weshalb sie schliesslich vor Gericht eingeklagt wird. Das für den Fall zuständige Bezirksgericht Bremgarten verurteilt die Transport GmbH am 3. März 2006 rechtskräftig zur Zahlung von 6000 Franken zuzüglich 5 Prozent Zins ab 1. Dezember 2005. Da die Transport GmbH weiterhin nicht zahlt, wird sie schliesslich betrieben. Gegen den vom Betreibungsamt Bremgarten am 27. April 2006 zugestellten Zahlungsbefehl Nr. 1245 (Kosten: 70 Franken) erhebt sie rechtzeitig Rechtsvorschlag. Die C. Informatik GmbH stellt daher am 18. Mai 2006 beim Präsidenten des Bezirksgerichts Bremgarten ein Gesuch um definitive Rechtsöffnung.

Definitives Rechtsöffnungsbegehren

An den
Präsidenten
des Bezirksgerichts
Bremgarten
Rathausplatz 1
5620 Bremgarten

Gläubiger (Kläger): C. Informatik GmbH, Seefeldstrasse 12, 8008 Zürich

vertreten durch: —

Schuldner (Beklagter): Transport GmbH, Badstrasse 2, 5620 Bremgarten

Gestützt auf beiliegendes Urteil des Bezirksgerichts Bremgarten vom 3. März 2006

stelle(n) ich/wir hiermit im Sinne der Art. 80/82 des SchKG das Rechtsöffnungsbegehren für

Fr. 6000.—	nebst Zins zu	5% seit	1.12.2005
Fr.			
Fr.			
Fr. 70.—	Kosten des Zahlungsbefehls Nr. 1245		
Fr.			

unter Kosten- und Entschädigungsfolgen für den/die Beklagten.

(Ort und Datum) (Unterschrift)

Zürich, 18. Mai 2006

Beilagen:
Zahlungsbefehl Betr. Nr. 1245
Urteil des Bezirksgerichts Bremgarten vom 3. März 2006
mit Rechtskraftbescheinigung

Einschreiben

Provisorisches Rechtsöffnungsbegehren

Die Werkzeug AG (siehe Muster Seite 264) hat am 24. Februar 2006 das Betreibungsbegehren gegen die Technik GmbH gestellt. Gegen den vom Betreibungsamt Dielsdorf am 27. Februar 2006 zugestellten Zahlungsbefehl Nr. 234 (Kosten: 70 Franken) wurde rechtzeitig Rechtsvorschlag erhoben. Die Werkzeug AG stellt daher am 16. März 2006 beim Einzelrichter im summarischen Verfahren des Bezirksgerichts Dielsdorf ein Gesuch um provisorische Rechtsöffnung.

Provisorisches Rechtsöffnungsbegehren

An den
Einzelrichter
im summarischen Verfahren
des Bezirksgerichts Dielsdorf
Spitalstrasse 7
8157 Dielsdorf

Gläubiger (Kläger): Werkzeug AG, Hohlstrasse 3, 8001 Zürich

vertreten durch: —

Schuldner (Beklagter): Technik GmbH, Eberstrasse 2, 8157 Dielsdorf
vertreten durch Sebastian Z. (Geschäftsführer)

Gestützt auf beiliegenden Kaufvertrag vom 17. Januar 2006, Lieferschein vom 19. Januar 2006 und Mahnung vom 15. Februar 2006

stelle(n) ich/wir hiermit im Sinne der Art. 80/82 des SchKG das Rechtsöffnungsbegehren für

Fr. 4500.—	nebst Zins zu	5 % seit	1.2.2006
Fr.			
Fr.			
Fr. 70.—	Kosten des Zahlungsbefehls Nr. 234		
Fr.			

unter Kosten- und Entschädigungsfolgen für den/die Beklagten.

(Ort und Datum) (Unterschrift)
Zürich, 16. März 2006

Beilagen:
Zahlungsbefehl Betr. Nr. 234
Kaufvertrag vom 17. Januar 2006
Lieferschein vom 19. Januar 2006
Mahnung vom 15. Februar 2006

Beschwerdeschrift

Die Gartenbau A. GmbH in Niederglatt richtet im Auftrag von Max M. den Garten seiner Liegenschaft in Dielsdorf (ZH). Als Herr M. die Rechnung von 3500 Franken trotz zweier Mahnungen nicht zahlt, stellt die Gartenbau A. GmbH am 3. Januar 2006 durch ihre Geschäftsführerin Michaela A. beim Betreibungsamt Dielsdorf das Betreibungsbegehren und überweist gleichentags 70 Franken für die Kosten des Zahlungsbefehls. Das Betreibungsamt stellt den Zahlungsbefehl bis Ende März nicht zu, weshalb die Gartenbau A. GmbH gegen das Amt vorgehen will. Frau A. erhebt folgende Beschwerde gegen das Betreibungsamt Dielsdorf.

Einschreiben
Bezirksgericht Dielsdorf
als untere kantonale Aufsichtsbehörde
in Schuldbetreibungs- und Konkurssachen
Spitalstrasse 7
8157 Dielsdorf

Niederglatt, 3. April 2006

Beschwerde

Gartenbau A. GmbH, Waldweg 5, 8172 Niederglatt (Beschwerdeführerin)
vertreten durch Michaela A.

gegen

Betreibungsamt Dielsdorf, Mühlestrasse 4, 8157 Dielsdorf (Beschwerdegegner)

Betreffend Zustellung Zahlungsbefehl

Antrag
Es sei das Betreibungsamt Dielsdorf anzuweisen, dem Schuldner Max M. den Zahlungsbefehl zuzustellen.

I. Formelles
Die Unterzeichnete Michaela A. ist als Geschäftsführerin mit Einzelunterschrift zur Vertretung der Beschwerdeführerin berechtigt.
Beweis: Handelsregisterauszug der Gartenbau A. GmbH vom 10. November 2005
(Beilage 1)

Beschwerden wegen Rechtsverweigerung oder Rechtsverzögerung können jederzeit erhoben werden (SchKG 17).

Das Bezirksgericht Dielsdorf ist die untere kantonale Aufsichtsbehörde des Betreibungsamts Dielsdorf und daher für die Behandlung der vorliegenden Beschwerde zuständig.

II. Begründung

Am 3. Januar 2006 stellte die Beschwerdeführerin beim Beschwerdegegner das Betreibungsbegehren gegen Max M. für eine offene Rechnung von Fr. 3500.– und zahlte Fr. 70.– für die Kosten des Zahlungsbefehls auf das Postkonto des Beschwerdegegners ein.

Beweis: Betreibungsbegehren vom 3. Januar 2006 (Beilage 2)
Postquittung vom 3. Januar 2006 (Beilage 3)

Der Beschwerdegegner unterliess es, den Zahlungsbefehl zuzustellen.

Nach Eingang des Betreibungsbegehrens wird dem Schuldner der Zahlungsbefehl zugestellt (SchKG 71 I). Dagegen kann er innert 10 Tagen nach der Zustellung Rechtsvorschlag erheben (SchKG 74 II). Das Doppel des Zahlungsbefehls ist dem Gläubiger entweder unmittelbar nach dem Rechtsvorschlag oder nach Ablauf der 10-tägigen Bestreitungsfrist zuzustellen.

Das Betreibungsbegehren wurde am 3. Januar 2006 gestellt. Bis Ende März 2006 hat die Beschwerdeführerin kein Doppel des Zahlungsbefehls erhalten.
Der Beschwerdegegner befindet sich also im Rückstand. Die Beschwerde ist daher gutzuheissen.

Freundliche Grüsse
Gartenbau A. GmbH

Michaela A.

2-fach
Beilagen gemäss separatem Beilagenverzeichnis

Beilagenverzeichnis

1 Handelsregisterauszug der Gartenbau A. GmbH
2 Betreibungsbegehren vom 3. Januar 2006
3 Postquittung vom 3. Januar 2006

Fortsetzungsbegehren

Der Einzelrichter im summarischen Verfahren des Bezirksgerichts Dielsdorf bewilligt der Werkzeug AG am 18. April 2006 die provisorische Rechtsöffnung (siehe Muster Seite 268). Er auferlegt der Technik GmbH Gerichtskosten von 300 Franken und spricht der Werkzeug AG eine Entschädigung von 400 Franken zu. Die Technik GmbH erhebt innerhalb der dafür vorgesehenen Frist keine Aberkennungsklage, zahlt aber auch die offene Rechnung nicht. Die Werkzeug AG will daher die Betreibung fortsetzen. Sie füllt am 1. Juni 2006 das amtliche Formular aus und zahlt den Kostenvorschuss von 70 Franken auf das Postcheckkonto des Betreibungsamts Dielsdorf ein.

Muster 273

Betreibung Nr. 234
Eingang am

Begehren um Fortsetzung der Betreibung

An das Betreibungsamt der Gemeinde[1]) 8157 Dielsdorf   **Kanton** Zürich

Schuldner Technik GmbH, Eberstrasse 2, 8157 Dielsdorf, vertreten durch Sebastian Z. (Geschäftsführer)

Gläubiger Werkzeug AG, Hohlstrasse 3, 8001 Zürich

Post- ~~oder Bank~~konto   80-1886-4

Vertreter   —

Post- oder Bankkonto

Forderung	Fr. 4500.—	**nebst Zins zu**	5% seit	1. Februar 2006
Fr. 70.—	Kosten Zahlungsbefehl			
Fr. 300.—	Gerichtskosten Rechtsöffnung			
Fr. 400.—	Parteientschädigung Rechtsöffnung			

Aufgrund des am (Datum) 27.2.2006   zugestellten Zahlungsbefehls[2])Betreibung Nr. 234

Aufgrund des am (Datum)   dem Ehegatten zugestellten Zahlungsbefehls

Aufgrund des am (Datum)   zugestellten Verlustscheins[2]) in Betreibung Nr.

Aufgrund des am (Datum)   zugestellten Pfandausfallscheins[2]) in Betreibung Nr.

werden Sie ersucht, die **Betreibung fortzusetzen**.

Vom Gläubiger geleisteter Kostenvorschuss (siehe Rückseite) Fr. 70.—

Bemerkungen[3])
Der Schuldner besitzt diverse Computer in einem Lager in Regensdorf.

Beilagen

Rechtsöffnungsentscheid des Bezirksgerichts Dielsdorf vom 18. April 2006 inkl. Bescheinigung, dass keine Aberkennungsklage erhoben wurde.

Ort und Datum   Unterschrift des Gläubigers oder Vertreters
Zürich, 1. Juni 2006

Das Fortsetzungsbegehren kann auch während Betreibungsferien und Rechtsstillstand gestellt werden. Bei allen Begehren und Korrespondenzen muss die Betreibungsnummer angegeben werden.

---

1) Gegen einen der Konkursbetreibung unterliegenden Schuldner ist das Fortsetzungsbegehren auch dann am ordentlichen Betreibungsort anzubringen, wenn es sich auf eine in einem anderen Betreibungskreis eingeleitete Arrestbetreibung stuetzt. In einem solchen Falle ist das Doppel des Zahlungsbefehls dem Betreibungsamt zuzusenden.

2) Verlustschein oder Pfandausfallschein sind im Original beizulegen und verbleiben beim Betreibungsamt, ebenso das Doppel des Zahlungsbefehls, wenn sich das Fortsetzungsbegehren auf einen von einem anderen Betreibungsamt erlassenen Zahlungsbefehl stuetzt.

3) Der Glaeubiger, der eine Empfangsbescheinigung fuer das Fortsetzungsbegehren wuenscht oder glaubhaft machen will, dass zu seiner Sicherung die amtliche Verwahrung der gepfaendeten Gegenstaende geboten sei (Art. 98 SchKG), hat dies hier vorzumerken. Ferner koennen hier allfaellige Aktiven des Schuldners namhaft gemacht werden, auf die der Glaeubiger das Betreibungsamt aufmerksam machen moechte.

Gesuch um Eröffnung des Konkurses

Die Werkzeug AG hat am 1. Juni 2006 das Fortsetzungsbegehren gegen die Technik GmbH gestellt. Diese bezahlt innert der zwanzigtägigen Zahlungsfrist nicht. Die Werkzeug AG stellt daher am 5. Juli 2006 beim Bezirksgericht Dielsdorf das Gesuch um Konkurseröffnung.

Gesuch um Eröffnung des Konkurses

An den Einzelrichter
im summarischen Verfahren
des Bezirksgerichts Dielsdorf
Spitalstrasse 7
8157 Dielsdorf

Der unterzeichnete Gläubiger Werkzeug AG, Hohlstrasse 3, 8001 Zürich

vertreten durch

stellt hiermit gestützt auf

* beiliegenden Zahlungsbefehl und Konkursandrohung in der ord. Betreibung	* beiliegenden Zahlungsbefehl und Wechsel in der Wechselbetreibung
Nr. 234 des Betreibungsamtes Dielsdorf	Nr. des Betreibungsamtes
gemäss Art. 166 SchKG	gemäss Art. 188 SchKG

das Gesuch um Eröffnung des Konkurses über den/die Schuldner(in):
Technik GmbH, Eberstrasse 2, 8157 Dielsdorf, vertreten durch
Sebastian Z. (Geschäftsführer)

für den Forderungsbetrag von		Fr. 4500.–	
die Zinsen zu 5 % seit 1.2.2006 bis heute		Fr.	
Betreibungskosten		Fr. 140.–	
Protest- und Wechselspesen		Fr.	
Rechtsöffnungskosten		Fr. 300.–	
Entschädigung im Rechtsöffnungsverfahren		Fr. 400.–	
zusammen			Fr. 5340.–
Abzüglich Teilzahlungen	vom	Fr.	
	vom	Fr.	
	vom	Fr.	Fr.
Total			Fr. 5340.–

Für die Kosten gemäss Art. 169 SchKG wird Gutsprache erteilt. Sollte ein Vorschuss zu leisten sein, so wollen Sie uns diesen bitte bekanntgeben.

Beilagen:

Zahlungsbefehl des Betreibungsamts Dielsdorf Nr. 234
Konkursandrohung oder Wechsel des Betreibungsamts Dielsdorf Nr. 234
Vollmacht bei Vertretung

Ort und Datum   Unterschrift des Gläubigers oder Vertreters
Zürich, 5. Juli 2006
Einschreiben

*Je von Fall zu Fall auszufüllen

Gerichtlicher Nachlassvertrag mit Dividendenvergleich

Die Turnschuh AG in Wollerau hat die Sport AG (Nordstrasse 20, 8006 Zürich) mit Markenschuhen beliefert. Per Ende November 2005 sind Rechnungen in der Höhe von 9000 Franken offen. Am 2. Dezember 2005 bewilligt der Nachlassrichter des Bezirksgerichts in Zürich der Sport AG eine Stundung von sechs Monaten Dauer. In dieser Zeit arbeitet die Sport AG einen Nachlassvertrag mit Prozentvergleich aus und legt diesen an der Gläubigerversammlung vor. Die Turnschuh AG erhält wie alle Gläubiger am 11. Mai 2006 Post von der Sport AG mit der Aufforderung, dem Nachlassvertrag zuzustimmen und auf 85 Prozent ihrer Forderung zu verzichten.

Nachlassvertrag mit Prozentvergleich

zwischen

Sport AG
Nordstrasse 20
8006 Zürich   Schuldnerin

und

dem nachstehend unterzeichneten   Gläubiger

1. Auf den nicht durch ein Pfand gesicherten und nicht privilegierten Forderungen wird eine Nachlassdividende von **15%** ausgerichtet. Die Gläubiger verzichten auf die spätere Geltendmachung des nicht gedeckten Forderungsbetrags.
2. Die Nachlassdividende von **15%** wird wie folgt ausbezahlt:
   - Mit **24 Monatsraten**, erstmals innert **30** Tagen nach Rechtskraft des Bestätigungsurteils durch den Nachlassrichter des Kantons Zürich.
   - Die anerkannten Forderungen von **CHF 1000** und weniger werden aus Kostengründen mit nur einer Rate ausbezahlt. Bei diesen Forderungen wird deshalb die **15%**-Dividende gesamthaft innert **60** Tagen beglichen.
3. Die privilegierten Gläubiger werden innert **60** Tagen nach Rechtskraft des Bestätigungsurteils durch den Nachlassrichter des Kantons Zürich befriedigt. Diese Forderung ist durch Bankguthaben der Schuldnerin sichergestellt.
4. Die pfandgesicherten Forderungen sind durch die Immobilien der Schuldnerin sichergestellt. Mit dem durch die Sachwalterin errechneten Pfandausfall nehmen die Grundpfandgläubiger in der 3. Klasse teil.
5. Die Erfüllung des gesamten Nachlassvertrags wird von der Sachwalterin, Treu AG, Zürich, überwacht.

Zustimmungserklärung

Die unterzeichnete Gläubigerschaft der **Sport AG, Zürich,** stimmt hiermit dem von der Schuldnerin gemäss Zirkular vom **10. Mai 2006** unterbreiteten Nachlassvertrag auf der Basis von **15%**, zahlbar mittels **24 Monatsraten**, erstmals innert 30 Tagen ab Eintritt der Rechtskraft des gerichtlich bestätigten Nachlassvertrags, ausdrücklich zu. Auf die Sicherstellung der Raten wird verzichtet.

_____ , den _____   Der Gläubiger (Stempel / Name):

Forderungsbetrag: CHF _____   _____

Adresse des Gläubigers: _____ Bank- bzw. PC-Verbindung: _____

Gesuch um Eröffnung des Konkurses ohne vorgängige Betreibung

Die Holzbau GmbH in Andelfingen bestellt am 2. Februar 2006 telefonisch bei Hans B., Einzelunternehmung in Winterthur, Holz im Wert von 40 000 Franken. Das Holz wird zwei Wochen später geliefert. Die Rechnung vom 1. März 2006 bezahlt die Holzbau GmbH trotz Mahnung vom 1. April 2006 nicht. Bevor Hans B. die Betreibung einleitet, verlangt er am 25. Mai 2006 vom Betreibungsamt Andelfingen einen Auszug. Daraus geht hervor, dass der Holzbau GmbH anfangs Jahr dreimal der Konkurs angedroht wurde, weil sie insgesamt 35 000 Franken schuldete. Im Dezember 2005 wurde sie zudem von der Eidgenössischen Steuerverwaltung wegen einer Mehrwertsteuerforderung von 30 000 Franken erfolglos gepfändet. Hans B. konsultiert seinen Anwalt und reicht am 28. Mai 2006 ein Gesuch um Konkurseröffnung ohne Betreibung ein.

Einschreiben
Bezirksgericht Andelfingen
Einzelrichter im summarischen Verfahren
Thurtalstrasse 1
8450 Andelfingen

Winterthur, 28. Mai 2006

Gesuch um Konkurseröffnung ohne vorgängige Betreibung

Hans B., Einzelunternehmung, Feldstrasse 3, 8400 Winterthur,
PC 87-899 998-7 (Gläubiger)

gegen

Holzbau GmbH, Torgasse 5, 8450 Andelfingen (Schuldnerin)

Rechtsbegehren
Es sei über die Schuldnerin der Konkurs ohne vorgängige Betreibung zu eröffnen, unter Kosten- und Entschädigungsfolgen zulasten der Schuldnerin.

I. Formelles
Der Unterzeichnete Hans B. ist Inhaber der gleichnamigen Einzelfirma.
Beweis: Handelsregisterauszug vom 26. Mai 2006 (Beilage 1)

Die Schuldnerin hat ihren Sitz und somit Betreibungsort in Andelfingen.
Der Einzelrichter im summarischen Verfahren am Bezirksgericht Andelfingen
ist daher für die Behandlung des vorliegenden Gesuchs zuständig.
Beweis: Handelsregisterauszug vom 20. Mai 2006 (Beilage 2)

II. Begründung

Ein Gläubiger kann ohne vorgängige Betreibung über einen der Konkursbetreibung
unterliegenden Schuldner die Konkurseröffnung verlangen, wenn dieser die
Zahlungen eingestellt hat (SchKG 190 I und II Ziff. 2).

Der Gläubiger verkaufte der Schuldnerin am 2. Februar 2006 Holz im Wert von
Fr. 40 000.- und lieferte dieses zwei Wochen später. Die Rechnung vom 1. März
2006 hat die Schuldnerin trotz Mahnung vom 1. April 2006 nicht bezahlt.
Die Gläubigereigenschaft ist damit nachgewiesen.
Beweis: Rechnung vom 1. März 2006 (Beilage 3)
        Mahnung vom 1. April 2006 (Beilage 4)

Die Schuldnerin ist als GmbH im Handelsregister des Kantons Zürich eingetragen.
Sie unterliegt daher der Konkursbetreibung (SchKG 39 I Ziff. 9).
Beweis: Handelsregisterauszug vom 20. Mai 2006 (Beilage 2)

Für die im Dezember 2005 vollzogene Pfändung wegen offener Mehrwertsteuern
im Umfang von Fr. 30 000.- musste ein Verlustschein ausgestellt werden.
Zudem wurde der Schuldnerin zu Beginn dieses Jahres aufgrund von Forderungen
im Umfang von insgesamt Fr. 35 000.- bereits dreimal der Konkurs angedroht.
Beweis: Auszug aus dem Betreibungsregister vom 25. Mai 2006 (Beilage 5)

Angesichts dieser Umstände ist klar, dass die Schuldnerin ihre Zahlungen
eingestellt hat. Über sie ist daher der Konkurs zu eröffnen.

Freundliche Grüsse

Hans B.

2-fach
Beilagen gemäss separatem Beilagenverzeichnis

Beilagenverzeichnis
1 Handelsregisterauszug Einzelunternehmung Hans B. vom 26. Mai 2006
2 Handelsregisterauszug der Holzbau GmbH vom 20. Mai 2006
3 Rechnung vom 1. März 2006
4 Mahnung vom 1. April 2006
5 Auszug aus dem Betreibungsregister vom 25. Mai 2006

Forderungsanmeldung im Konkurs

Die Werkzeug AG hat am 5. Juli 2006 das Gesuch um Konkurseröffnung gestellt (siehe Muster Seite 274). Da die Technik GmbH bis zur Verhandlung vom 18. September 2006 die betriebene Forderung inklusive Betreibungskosten nicht bezahlt, eröffnet der Einzelrichter im summarischen Verfahren des Bezirksgerichts Dielsdorf gleichentags den Konkurs. Das Konkursamt Dielsdorf fordert Ende September 2006 die Gläubiger der Technik GmbH auf, ihre Forderungen innert eines Monats beim Konkursamt schriftlich anzumelden. Die Werkzeug AG gibt ihre Forderung am 3. Oktober 2006 ein.

Muster **281**

Forderungseingabe

<u>Einschreiben</u>
Konkursamt Dielsdorf
Wehntalerstrasse 40
8157 Dielsdorf

Schuldner: Technik GmbH, Eberstrasse 2, 8157 Dielsdorf

Gläubiger: Werkzeug AG, Hohlstrasse 3, 8001 Zürich

Sachbearbeiter:
☏: 0 44 543 21 98   PC / Kto.   80-1886-4
(Einzahlungsschein beilegen)

vertreten durch:
(Vollmacht beilegen)   ☏:   PC / Kto.
(Einzahlungsschein beilegen)

Forderungszusammenstellung:

Kapitalbetrag / Grundforderung	CHF	4500.–
Verzugszins vom 1.2.06 bis 18.9.06 (Konkurseröffnung) zu 5.00 %	CHF	136.90
(vgl. Art. 104 OR; Nachweis für Mahnung beilegen, vgl. Art. 102 Abs. 1 OR)		
Betreibungskosten	CHF	840.–
Totalbetrag per Konkurseröffnung	CHF	5476.90

Forderungsgrund:
Kaufvertrag vom 17. Januar 2006

Evtl. Vorrechte / beanspruchte Klasse: 3. Klasse („normale" Forderung: 3. Klasse)
(vgl. Art. 219 Abs. 4 SchKG)

Als Beweismittel (zwingend) liegen bei:
Kaufvertrag vom 17. Januar 2006, Lieferschein vom 19. Januar 2006,
Mahnung vom 15. Februar 2006

Ort und Datum   **Firmenstempel / rechtsgültige Unterschrift**
Zürich, 3. Oktober 2006

Tarife

Die Gebühren für das Betreibungsverfahren vom Einreichen des Begehrens bis hin zur Konkurseröffnung sind für die ganze Schweiz einheitlich geregelt in der Gebührenverordnung zum SchKG.

Vom Betreibungsregisterauszug bis zur Konkurseröffnung	
Betreibungsregisterauszug – Summarische Auskunft – Detaillierte Auskunft	Fr. 17.– zuzügl. Porto Fr. 17.– + Fr. 8.– pro Seite, zuzügl. Porto
Eigentumsvorbehalt Die Gebühr für die Eintragung des Eigentumsvorbehalts bemisst sich nach der Restschuld und beträgt: – bis Fr. 1000.– – über Fr. 1000.– bis Fr. 5000.– – über Fr. 5000.– bis Fr. 10 000.– – über Fr. 10 000.–	 Fr. 25.– Fr. 50.– Fr. 60.– 6‰, höchstens Fr. 150.–
Zahlungsbefehl und Konkursandrohung Die Gebühr für Erlass, doppelte Ausfertigung, Eintragung und Zustellung des Zahlungsbefehls oder der Konkursandrohung bemisst sich nach der Forderung und beträgt (inkl. Porto von Fr. 10.–): – bis Fr. 100.– – über Fr. 100.– bis Fr. 500.– – über Fr. 500.– bis Fr. 1000.– – über Fr. 1000.– bis Fr. 10 000.– – über Fr. 10 000.– bis Fr. 100 000.– – über Fr. 100 000.– bis Fr. 1 000 000.– – über Fr. 1 000 000.– Gebühr für jeden Zustellungsversuch Die Gebühr für jede weitere doppelte Ausfertigung beträgt die Hälfte der oben genannten Beträge.	 Fr. 17.– Fr. 30.– Fr. 50.– Fr. 70.– Fr. 100.– Fr. 200.– Fr. 410.– Fr. 7.–

Rechtsvorschlag	Gebührenfrei
Einzahlung und Überweisung Die Gebühr für die Entgegennahme einer Zahlung des Schuldners durch das Betreibungsamt und die Überweisung an den Gläubiger bemisst sich nach der Höhe der Summe: – bis Fr. 1000.– – über Fr. 1000.–	 Fr. 5.– 5‰, höchstens Fr. 500.–
Rechtsöffnungsverfahren Die Pauschalgebühr für den Entscheid des Rechtsöffnungsrichters bemisst sich nach dem Streitwert und beträgt: – bis Fr. 1000.– – über Fr. 1000.– bis Fr. 10 000.– – über Fr. 10 000.– bis Fr. 100 000.– – über Fr. 100 000.– bis Fr. 1 000 000.– – über Fr. 1 000 000.–	 Fr. 40.– bis Fr. 150.– Fr. 50.– bis Fr. 300.– Fr. 60.– bis Fr. 500.– Fr. 70.– bis Fr. 1000.– Fr. 120.– bis Fr. 2000.–
Güterverzeichnis – Pauschalgebühr für die Anordnung des Güterverzeichnisses durch den Konkursrichter – Gebühr für die Erstellung des Güterverzeichnisses durch das Betreibungsamt	 Fr. 40.– bis Fr. 200.– Fr. 40.– pro halbe aufgewendete Stunde
Konkurseröffnungsverfahren Pauschalgebühr für den Entscheid des Konkursrichters	 Fr. 40.– bis Fr. 500.–

Kostenvorschuss für die Konkurseröffnung

Ob der Gläubiger vor Konkurseröffnung einen Kostenvorschuss zahlen muss und wie hoch der sein soll, bestimmen die Kantone autonom. Zum Teil gilt für den ganzen Kanton eine einheitliche und verbindliche Regelung oder Praxis, zum Teil liegt die Festsetzung des Kostenvorschusses im Ermessen des zuständigen Konkursrichters. Im zweiten Fall kann die Höhe des Vorschusses abhängen vom Sitz des Gläubigers (im Kanton Basel-Stadt müssen Gläubiger aus dem Ausland mehr vorschiessen als einheimische Gläubiger), von der Höhe der betriebenen Forderung (zum Beispiel Bezirksgericht Plessur/GR), von der Zahlungsbereitschaft des Gläubigers (etwa Bezirksgericht March/SZ), von der Art der Konkursbetreibung (wie im Kanton Zug) oder ganz einfach vom Gutdünken des Richters. Fragen Sie vor der Stellung des Konkursbegehrens beim zuständigen Konkursgericht nach.

Kostenvorschuss

Kanton	Betrag
Aargau	Fr. 150.– bis Fr. 350.– **
Appenzell Ausserrhoden	Fr. 3000.– *
Appenzell Innerrhoden	Fr. 2000.– *
Basel-Land	Fr. 1000.– bis Fr. 1500.– **
Basel-Stadt	Fr. 150.– bis Fr. 1500.– */**
Bern	Fr. 1000.– bis Fr. 1500.– **
Freiburg	Fr. 50.– bis Fr. 1000.– **
Genf	Fr. 160.– bis Fr. 2900.– */**
Glarus	Fr. 2000.– *
Graubünden	Fr. 2000.– bis Fr. 5000.– **
Jura	Fr. 90.– *
Luzern	Fr. 2000.– *
Neuenburg	Fr. 1000.– bis Fr. 2000.– **
Nidwalden	Fr. 2000.– *
Obwalden	Fr. 2000.– *
St. Gallen	Fr. 1800.– *
Schaffhausen	Fr. 1500.– *
Schwyz	Fr. 0.– bis Fr. 6000.– **
Solothurn	Fr. 1700.– *
Tessin	Fr. 60.– bis Fr. 1500.– **
Thurgau	Fr. 1500.– bis Fr. 2000.– **
Uri	Fr. 3000.– *
Waadt	Fr. 0.– *
Wallis	Fr. 0.– bis Fr. 3000.– **
Zug	Fr. 0.– bis Fr. 100.– */**
Zürich	Fr. 1800.– *

* verbindliche Regelung für den ganzen Kanton
** Ermessen des zuständigen Konkursrichters
*/** nur ein Gericht für den ganzen Kanton, aber Ermessensspielraum für die Richterin

Kostenvorschuss	
Kanton	**Betrag**
Aargau	Fr. 150.− bis Fr. 350.− **
Appenzell Ausserrhoden	Fr. 3000.− *
Appenzell Innerrhoden	Fr. 2000.− *
Basel-Land	Fr. 1000.− bis Fr. 1500.− **
Basel-Stadt	Fr. 150.− bis Fr. 1500.− */**
Bern	Fr. 1000.− bis Fr. 1500.− **
Freiburg	Fr. 50.− bis Fr. 1000.− **
Genf	Fr. 160.− bis Fr. 2900.− */**
Glarus	Fr. 2000.− *
Graubünden	Fr. 2000.− bis Fr. 5000.− **
Jura	Fr. 90.− *
Luzern	Fr. 2000.− *
Neuenburg	Fr. 1000.− bis Fr. 2000.− **
Nidwalden	Fr. 2000.− *
Obwalden	Fr. 2000.− *
St. Gallen	Fr. 1800.− *
Schaffhausen	Fr. 1500.− *
Schwyz	Fr. 0.− bis Fr. 6000.− **
Solothurn	Fr. 1700.− *
Tessin	Fr. 60.− bis Fr. 1500.− **
Thurgau	Fr. 1500.− bis Fr. 2000.− **
Uri	Fr. 3000.− *
Waadt	Fr. 0.− *
Wallis	Fr. 0.− bis Fr. 3000.− **
Zug	Fr. 0.− bis Fr. 100.− */**
Zürich	Fr. 1800.− *

* verbindliche Regelung für den ganzen Kanton
** Ermessen des zuständigen Konkursrichters
*/** nur ein Gericht für den ganzen Kanton, aber Ermessensspielraum für die Richterin

Betreibungs-, Konkurs- und Gerichtsbehörden

In der folgenden Tabelle – die auf einem Verzeichnis der Schatzmann Inkasso + Treuhand AG (www.schatzmann-inkasso.ch) beruht – finden Sie für jeden Kanton eine Auflistung der Behörden, die bei der Durchsetzung Ihrer Forderung eine Rolle spielen können. Bei den kleinen Kantonen wie Glarus, in denen oft nur wenige Behörden für das ganze Kantonsgebiet zuständig sind, wird das jeweilige Amt oder Gericht genau bezeichnet. In grösseren Kantonen darf eine Behörde jeweils nur für ein bestimmtes Gebiet entscheiden – Graubünden beispielsweise hat 11 Konkursämter und 39 Betreibungsämter. Eine solche Vielzahl von Ämtern und Gerichten kann nicht aufgezählt werden; deshalb ist bei diesen Kantonen in der Tabelle nur angegeben, für welche kantonale Organisationseinheit die gesuchte Behörde zuständig ist, also für welche Gemeinde, welchen Kreis, welchen Bezirk etc.

Nicht in allen Kantonen gibt es eine untere und obere Aufsichtsbehörde für das Betreibungs- und Konkurswesen. Wenn in der Tabelle nur eine Aufsichtsbehörde genannt wird, bedeutet dies, dass der betreffende Kanton keine zweistufige Aufsicht kennt. Da jeder Kanton die Organisation seiner Gerichte selber bestimmt, unterscheiden sich auch die Benennungen der jeweilgen Gerichtsinstanzen. Unterschiede gibt es zudem bei den Entscheidungskompetenzen.

Zum besseren Verständnis wird bei jedem Kanton ein konkretes Beispiel durchgespielt: Welches Amt oder Gericht wäre zuständig, wenn Ihr Kunde in dieser Gemeinde seinen Sitz oder Wohnsitz hätte und Sie gegen ihn betreibungsrechtlich oder gerichtlich vorgehen wollten?

Aargau

Sitz des Kunden: *Meisterschwanden*

Behörde	Zuständige Stelle
Betreibungsamt	Betreibungsamt der Einwohnergemeinde *Betreibungsamt Meisterschwanden*

Konkursamt	– Bezirke Baden und Bremgarten:
	  Amtsstelle Baden, Oberstadtstrasse 9, 5400 Baden
	– Bezirke Brugg, Laufenburg, Muri, Rheinfelden
	  und Zurzach:
	  Amtsstelle Brugg, Hauptstrasse 8, 5201 Brugg
	– Bezirke Aarau, Kulm, Lenzburg und Zofingen:
	  Amtsstelle Oberentfelden, Gemeindehaus,
	  5036 Oberentfelden
	
	Amtsstelle Oberentfelden

Untere Aufsichtsbehörde	Bezirksgerichtspräsident des Bezirks *Präsident des Bezirksgerichts Lenzburg*
Obere Aufsichtsbehörde	Schuldbetreibungs- und Konkurskommission des Obergerichts, Obere Vorstadt 37, 5000 Aarau *Schuldbetreibungs- und Konkurskommission des Obergerichts*
Friedensrichter (Vermittlung und Forderungsprozess bis Fr. 2000.–)	Friedensrichter des Kreises *Friedensrichter Kreis Seengen*
Zivilrichter (Forderungsprozess über Fr. 2000.– bis Fr. 20 000.–)	Bezirksgerichtspräsident des Bezirks *Präsident des Bezirksgerichts Lenzburg*
Zivilrichter (Forderungsprozess über Fr. 20 000.–)	Bezirksgericht des Bezirks *Bezirksgericht Lenzburg*
Handelsgericht (Handelsstreitigkeiten über Fr. 8000.–)	Handelsgericht des Kantons Aargau, Obere Vorstadt 37, 5000 Aarau *Handelsgericht des Kantons Aargau*
Rechtsöffnungsrichter	Bezirksgerichtspräsident des Bezirks *Präsident des Bezirksgerichts Lenzburg*
Konkursrichter	Bezirksgerichtspräsident des Bezirks *Präsident des Bezirksgerichts Lenzburg*

Appenzell Ausserrhoden

Sitz des Kunden: *Gais*

Behörde	Zuständige Stelle
Betreibungsamt	– Gemeinden Rehetobel, Wald, Grub, Heiden, Wolfhalden, Lutzenberg, Walzenhausen und Reute: Betreibungsamt Appenzeller Vorderland, Kirchplatz 4, 9410 Heiden – Gemeinden Teufen, Bühler, Gais, Speicher, Trogen und Stein: Betreibungsamt Appenzeller Mittelland, Dorf 7, 9053 Teufen – Gemeinden Schönengrund, Schwellbrunn, Waldstatt, Urnäsch und Hundwil: Betreibungsamt Appenzeller Hinterland, Poststrasse 6, 9102 Herisau – Herisau: Betreibungsamt Herisau, Poststrasse 6, 9102 Herisau *Betreibungsamt Appenzeller Mittelland*
Konkursamt	– Gemeinden Rehetobel, Wald, Grub, Heiden, Wolfhalden, Lutzenberg, Walzenhausen, Reute und Herisau: Konkursamt des Kantons Appenzell Ausserrhoden, Zweigstelle Heiden, Kirchplatz 4, 9410 Heiden – alle anderen Gemeinden: Konkursamt des Kantons Appenzell Ausserrhoden, Zweigstelle Teufen, Dorf 7, 9053 Teufen *Konkursamt Appenzell Ausserrhoden, Zweigstelle Teufen*
Aufsichtsbehörde	Aufsichtsbehörde für Schuldbetreibung und Konkurs des Kantons Appenzell Ausserrhoden, c/o Obergerichtskanzlei, Fünfeckpalast, 9043 Trogen *Aufsichtsbehörde für Schuldbetreibung und Konkurs des Kantons Appenzell Ausserrhoden*
Friedensrichter (Vermittlung)	Vermittleramt der Gemeinde *Vermittleramt Gais*
Zivilrichter (Forderungsprozess bis Fr. 5000.–)	Kantonsgerichtspräsidium von Appenzell Ausserrhoden, Fünfeckpalast, 9043 Trogen *Kantonsgerichtspräsidium von Appenzell Ausserrhoden*
Zivilrichter (Forderungsprozess über Fr. 5000.–)	Kantonsgericht von Appenzell Ausserrhoden, Fünfeckpalast, 9043 Trogen *Kantonsgericht von Appenzell Ausserrhoden*
Rechtsöffnungsrichter	Kantonsgerichtspräsidium von Appenzell Ausserrhoden *Kantonsgerichtspräsidium von Appenzell Ausserrhoden*
Konkursrichter	Kantonsgerichtspräsidium von Appenzell Ausserrhoden *Kantonsgerichtspräsidium von Appenzell Ausserrhoden*

Appenzell Innerrhoden

Sitz des Kunden: *Schwendi*

Behörde	Zuständige Stelle
Betreibungsamt	– Bezirke Appenzell, Schwende, Rüte, Schlatt-Haslen und Gonten: Betreibungsamt Appenzell, Marktgassse 2, 9050 Appenzell – Bezirk Oberegg: Betreibungsamt Oberegg, Dorfstrasse 13, 9413 Oberegg *Betreibungsamt Appenzell*
Konkursamt	Konkursamt Appenzell, Marktgasse 2, 9050 Appenzell *Konkursamt Appenzell*
Aufsichtsbehörde	Aufsichtsbehörde SchKG, Unteres Ziel 20, 9050 Appenzell *Aufsichtsbehörde SchKG*
Friedensrichter (Vermittlung ab Fr. 5000.–)	Vermittleramt des Bezirks *Vermittleramt Schwende*
Zivilrichter (Forderungsprozess bis Fr. 5000.–)	– Bezirke Appenzell, Schwende, Rüte, Schlatt-Haslen und Gonten: Präsident des Bezirksgerichts Appenzell, Unteres Ziel 20, 9050 Appenzell – Bezirk Oberegg: Präsident des Bezirksgerichts Oberegg, Unteres Ziel 20, 9050 Appenzell *Präsident des Bezirksgerichts Appenzell*
Zivilrichter (Forderungsprozess über Fr. 5000.–)	– Bezirke Appenzell, Schwende, Rüte, Schlatt-Haslen und Gonten: Bezirksgericht Appenzell, Unteres Ziel 20, 9050 Appenzell – Bezirk Oberegg: Bezirksgericht Oberegg, Unteres Ziel 20, 9050 Appenzell *Bezirksgericht Appenzell*
Rechtsöffnungsrichter	– Bezirke Appenzell, Schwende, Rüte, Schlatt-Haslen und Gonten: Präsident des Bezirksgerichts Appenzell, Unteres Ziel 20, 9050 Appenzell – Bezirk Oberegg: Präsident des Bezirksgerichts Oberegg, Unteres Ziel 20, 9050 Appenzell *Präsident des Bezirksgerichts Appenzell*
Konkursrichter	– Bezirke Appenzell, Schwende, Rüte, Schlatt-Haslen und Gonten: Präsident des Bezirksgerichts Appenzell, Unteres Ziel 20, 9050 Appenzell – Bezirk Oberegg: Präsident des Bezirksgerichts Oberegg, Unteres Ziel 20, 9050 Appenzell *Präsident des Bezirksgerichts Appenzell*

Basel-Landschaft

Sitz des Kunden: *Liestal*

Behörde	Zuständige Stelle
Betreibungsamt	Betreibungsamt (als Abteilung der Bezirksschreiberei) des Bezirksschreibereibezirks *Betreibungsamt Liestal*
Konkursamt	Konkursamt (als Abteilung der Bezirksschreiberei) des Bezirksschreibereibezirks *Konkursamt Liestal*
Aufsichtsbehörde	Kantonsgericht Basel-Landschaft, 4410 Liestal *Kantonsgericht Basel-Landschaft*
Friedensrichter (Vermittlung und Forderungsprozess bis Fr. 500.–)	Friedensrichter des Friedensrichterkreises *Friedensrichter des 11. Kreises Liestal-Lausen-Seltisberg*
Zivilrichter (Forderungsprozess über Fr. 500.– bis Fr. 10 000.–)	Bezirksgerichtspräsident des Bezirks *Präsident des Bezirksgerichts Liestal*
Zivilrichter (Forderungsprozess über Fr. 10 000.– bis Fr. 30 000.–)	Dreierkammer des Bezirksgerichts des Bezirks *Dreierkammer des Bezirksgerichts Liestal*
Zivilrichter (Forderungsprozess über Fr. 30 000.–)	Fünferkammer des Bezirksgerichts des Bezirks *Fünferkammer des Bezirksgerichts Liestal*
Rechtsöffnungsrichter	Bezirksgerichtspräsident des Bezirks *Präsident des Bezirksgerichts Liestal*
Konkursrichter	Bezirksgerichtspräsident des Bezirks *Präsident des Bezirksgerichts Liestal*

Basel-Stadt

Sitz des Kunden: *Basel*

Behörde	Zuständige Stelle
Betreibungsamt	Betreibungsamt Basel-Stadt, Bäumleingasse 1, 4051 Basel *Betreibungsamt Basel-Stadt*
Konkursamt	Konkursamt Basel-Stadt, Bäumleingasse 5, 4051 Basel *Konkursamt Basel-Stadt*
Aufsichtsbehörde	Aufsichtsbehörde über das Betreibungs- und Konkursamt Basel-Stadt, Bäumleingasse 5, 4051 Basel *Aufsichtsbehörde über das Betreibungs- und Konkursamt Basel-Stadt*
Zivilrichter (Forderungsprozess bis Fr. 5000.–)	Einzelgericht in Zivilsachen des Zivilgerichts Basel-Stadt, Bäumleingasse 5, 4051 Basel *Einzelgericht in Zivilsachen des Zivilgerichts Basel-Stadt*
Zivilrichter (Forderungsprozess über Fr. 5000.– bis Fr. 8000.–)	Dreiergericht des Zivilgerichts Basel-Stadt, Bäumleingasse 5, 4051 Basel *Dreiergericht des Zivilgerichts Basel-Stadt*
Zivilrichter (Forderungsprozess über Fr. 8000.–)	Kammer des Zivilgerichts Basel-Stadt, Bäumleingasse 5, 4051 Basel *Kammer des Zivilgerichts Basel-Stadt*
Rechtsöffnungsrichter (bis Fr. 20 000.–)	Einzelgericht in Zivilsachen des Zivilgerichts Basel-Stadt, Bäumleingasse 5, 4051 Basel *Einzelgericht in Zivilsachen des Zivilgerichts Basel-Stadt*
Rechtsöffnungsrichter (über Fr. 20 000.–)	Dreiergericht des Zivilgerichts Basel-Stadt, Bäumleingasse 5, 4051 Basel *Dreiergericht des Zivilgerichts Basel-Stadt*
Konkursrichter (ordentliche Konkursbetreibung)	Einzelgericht in Zivilsachen des Zivilgerichts Basel-Stadt, Bäumleingasse 5, 4051 Basel *Einzelgericht in Zivilsachen des Zivilgerichts Basel-Stadt*
Konkursrichter (Konkursbegehren ohne vorgängige Betreibung)	Dreiergericht des Zivilgerichts Basel-Stadt, Bäumleingasse 5, 4051 Basel *Dreiergericht des Zivilgerichts Basel-Stadt*

Bern

Sitz des Kunden: *Grindelwald*

Behörde	Zuständige Stelle
Betreibungsamt	Dienststelle des Betreibungs- und Konkursamts der Region *Betreibungs- und Konkursamt Berner Oberland, Dienststelle Interlaken*
Konkursamt	Dienststelle des Betreibungs- und Konkursamts der Region *Betreibungs- und Konkursamt Berner Oberland, Dienststelle Interlaken*
Aufsichtsbehörde	Aufsichtsbehörde SchKG des Obergerichts des Kantons Bern, Hochschulstrasse 17, 3001 Bern *Aufsichtsbehörde SchKG des Obergerichts des Kantons Bern*
Aussöhnungsbeamter (Vermittlung ab Fr. 8000.–)	Gerichtspräsident des Gerichtskreises *Gerichtspräsident des Gerichtskreises XI Interlaken Oberhasli*
Zivilrichter (Forderungsprozess)	Gerichtspräsident des Gerichtskreises *Gerichtspräsident des Gerichtskreises XI Interlaken Oberhasli*
Handelsgericht (Handelsstreitigkeiten ab Fr. 30 000.–)	Obergericht des Kantons Bern, Hochschulstrasse 17, 3001 Bern *Obergericht des Kantons Bern*
Rechtsöffnungsrichter	Gerichtspräsident des Gerichtskreises *Gerichtspräsident des Gerichtskreises XI Interlaken Oberhasli*
Konkursrichter	Gerichtspräsident des Gerichtskreises *Gerichtspräsident des Gerichtskreises XI Interlaken Oberhasli*

Freiburg

Sitz des Kunden: *Plaffeien*

Behörde	Zuständige Stelle
Betreibungsamt	Betreibungsamt des Bezirks *Betreibungsamt des Sensebezirks Tafers*
Konkursamt	Konkursamt des Kantons Freiburg, Avenue Beauregard 13, 1700 Freiburg *Konkursamt des Kantons Freiburg*
Aufsichtsbehörde	Kantonsgericht des Kantons Freiburg, Place de l'Hôtel-de-Ville 2A, 1702 Freiburg *Kantonsgericht des Kantons Freiburg*
Friedensrichter (Vermittlung ab Fr. 8000.–)	Friedensgericht des Kreises *Friedensgericht des 1. Sensekreises*
Zivilrichter (Forderungsprozess bis Fr. 8000.–)	Bezirksgerichtspräsident des Bezirks *Präsident des Bezirksgerichts Sense*
Zivilrichter (Forderungsprozess über Fr. 8000.–)	Bezirksgericht des Bezirks *Bezirksgericht Sense*
Rechtsöffnungsrichter	Bezirksgerichtspräsident des Bezirks *Präsident des Bezirksgerichts Sense*
Konkursrichter	Bezirksgerichtspräsident des Bezirks *Präsident des Bezirksgerichts Sense*

Genf

Sitz des Kunden: *Versoix*

Behörde	Zuständige Stelle
Betreibungsamt	Office de Poursuite de Genève, Rue de l'Hôtel-de-Ville 11, 1211 Genève *Office de Poursuite de Genève*
Konkursamt	Office des Faillites de Genève, 13, chemin de la Marbrerie, 1227 Carouge *Office des Faillites de Genève*
Aufsichtsbehörde	Commission de surrveillance des offices des poursuites et des faillites, Rue Arni-Lulli 4, 1211 Genève *Commission de surrveillance des offices des poursuites et des faillites*
Friedensrichter (Vermittlung und Forderungsprozess bis Fr. 8000.–)	Justice de paix de Genève, Rue de Chaudronniers 3/5, 1211 Genève *Justice de paix de Genève*
Zivilrichter (Forderungsprozess über Fr. 8000.–)	Tribunal de première instance de Genève, Place du Bourg-de-Four 1, 1211 Genève *Tribunal de première instance de Genève*
Rechtsöffnungsrichter	Tribunal de première instance de Genève, Place du Bourg-de-Four 1, 1211 Genève *Tribunal de première instance de Genève*
Konkursrichter	Tribunal de première instance de Genève, Place du Bourg-de-Four 1, 1211 Genève *Tribunal de première instance de Genève*

Glarus

Sitz des Kunden: *Braunwald*

Behörde	Zuständige Stelle
Betreibungsamt	Betreibungs- und Konkursamt des Kantons Glarus, Zwinglistrasse 8, 8750 Glarus *Betreibungs- und Konkursamt des Kantons Glarus*
Konkursamt	Betreibungs- und Konkursamt des Kantons Glarus, Zwinglistrasse 8, 8750 Glarus *Betreibungs- und Konkursamt des Kantons Glarus*
Aufsichtsbehörde	Direktion des Innern, Zwinglistrasse 6, 8750 Glarus *Direktion des Innern*
Friedensrichter (Vermittlung)	Vermittleramt des Landratswahlkreises *Vermittleramt Wahlkreis 13, Oberennetlinth, 8783 Linthal*
Zivilrichter (Forderungsprozess bis Fr. 8000.–)	Präsident des Kantonsgerichts Glarus, Spielhof 6, 8750 Glarus *Präsident des Kantonsgerichts Glarus*
Zivilrichter (Forderungsprozess über Fr. 8000.–)	Kantonsgericht Glarus, Spielhof 6, 8750 Glarus *Kantonsgericht Glarus*
Rechtsöffnungsrichter	Präsident des Kantonsgerichts Glarus, Spielhof 6, 8750 Glarus *Präsident des Kantonsgerichts Glarus*
Konkursrichter	Präsident des Kantonsgerichts Glarus, Spielhof 6, 8750 Glarus *Präsident des Kantonsgerichts Glarus*

Graubünden

Sitz des Kunden: *Lüen*

Behörde	Zuständige Stelle
Betreibungsamt	Betreibungsamt des Kreises *Betreibungsamt Kreis Schanfigg*
Konkursamt	Konkursamt des Bezirks *Konkursamt Bezirk Plessur*
Aufsichtsbehörde	Kantonsgerichtsausschuss des Kantonsgerichts von Graubünden, Altes Gebäu, Poststrasse 14, 7002 Chur *Kantonsgerichtsausschuss des Kantonsgerichts Graubünden*
Friedensrichter (Vermittlung und Forderungsprozess bis Fr. 1000.–)	Kreispräsident des Kreises *Kreispräsident des Kreises Schanfigg*
Zivilrichter (Forderungsprozess über Fr. 1000.– bis Fr. 5000.–)	Bezirksgerichtspräsident des Bezirks *Präsident des Bezirksgerichts Plessur*
Zivilrichter (Forderungsprozess über Fr. 5000.– bis Fr. 8000.–)	Bezirksgerichtsausschuss des Bezirks *Ausschuss des Bezirksgerichts Plessur*
Zivilrichter (Forderungsprozess über Fr. 8000.–)	Bezirksgericht des Bezirks *Bezirksgericht Plessur*
Rechtsöffnungsrichter	Bezirksgerichtspräsident des Bezirks *Präsident des Bezirksgerichts Plessur*
Konkursrichter	Bezirksgerichtspräsident des Bezirks *Präsident des Bezirksgerichts Plessur*

Jura

Sitz des Kunden: *Goumois*

Behörde	Zuständige Stelle
Betreibungsamt	– Bezirk Franches-Montagnes: Office des poursuites et faillites des Franches-Montagnes, Place du 23-Juin 6, 2350 Saignelégier – Bezirk Porrentruy: Office des poursuites et faillites de Porrentruy, Rue Auguste-Cuenin 15, 2900 Porrentruy – Bezirk Delémont: Office des poursuites et faillites de Delémont, Rue du 24-September 3, 2800 Delémont *Office des poursuites et faillites des Franches-Montagnes*
Konkursamt	– Bezirk Franches-Montagnes: Office des poursuites et faillites des Franches-Montagnes, Place du 23-Juin 6, 2350 Saignelégier – Bezirk Porrentruy: Office des poursuites et faillites de Porrentruy, Rue Auguste-Cuenin 15, 2900 Porrentruy – Bezirk Delémont: Office des poursuites et faillites de Delémont, Rue du 24-September 3, 2800 Delémont *Office des poursuites et faillites des Franches-Montagnes*
Untere Aufsichtsbehörde	Juge civil du tribunal de première instance, Le Château, 2900 Porrentruy *Juge civil du tribunal de première instance*
Obere Aufsichtsbehörde	Cour des poursuites et faillites du tribunal cantonal, Le Château, 2900 Porrentruy *Cour des poursuites et faillites du tribunal cantonal*
Zivilrichter (Forderungsprozess bis Fr. 20 000.–)	Juge civil du tribunal de première instance, Le Château, 2900 Porrentruy *Juge civil du tribunal de première instance*
Zivilrichter (Forderungsprozess über Fr. 20 000.–)	Cour civile du tribunal cantonal, Le Château, 2900 Porrentruy *Cour civile du tribunal cantonal*
Rechtsöffnungsrichter	Juge civil du tribunal de première instance, Le Château, 2900 Porrentruy *Juge civil du tribunal de première instance*
Konkursrichter	Juge civil du tribunal de première instance, Le Château, 2900 Porrentruy *Juge civil du tribunal de première instance*

Luzern

Sitz des Kunden: *Vitznau*

Behörde	Zuständige Stelle
Betreibungsamt	Betreibungsamt der Einwohnergemeinde *Betreibungsamt Vitznau*
Konkursamt	Konkursamt des Amtsgerichtsbezirks *Konkursamt Luzern-Land*
Untere Aufsichtsbehörde	Amtsgerichtspräsident des Amtsgerichtsbezirks *Präsident des Amtsgerichts Luzern-Land*
Obere Aufsichtsbehörde	Schuldbetreibungs- und Konkurskommission des Obergerichts des Kantons Luzern, Hirschengraben 16, 6002 Luzern *Schuldbetreibungs- und Konkurskommission des Obergerichts des Kantons Luzern*
Friedensrichter (Vermittlung)	Friedensrichter des Kreises *Friedensrichteramt Vitznau*
Zivilrichter (Forderungsprozess bis Fr. 8000.–)	Amtsgerichtspräsident des Amtsgerichtsbezirks *Präsident des Amtsgerichts Luzern-Land*
Zivilrichter (Forderungsprozess über Fr. 8000.–)	Amtsgericht des Amtsgerichtsbezirks *Amtsgericht Luzern-Land*
Rechtsöffnungsrichter	Amtsgerichtspräsident des Amtsgerichtsbezirks *Präsident des Amtsgerichts Luzern-Land*
Konkursrichter	Amtsgerichtspräsident des Amtsgerichtsbezirks *Präsident des Amtsgerichts Luzern-Land*

Neuenburg

Sitz des Kunden: *Neuchâtel*

Behörde	Zuständige Stelle
Betreibungsamt	– Bezirke Neuenburg, Boudry und Val-de-Travers: Office des Poursuites du Littoral et du Val-de-Travers, Rue de Tivoli 5, 2001 Neuchâtel – Bezirke La Chaux-de-Fonds, Le Locle und Val-de-Ruz: Office des Poursuites des Montagnes et du Val-de-Ruz, Avenue Léopold-Robert 63, 2300 La Chaux-de-Fonds *Office des Poursuites du Littoral et du Val-de-Travers*
Konkursamt	Office des Faillites, Rue de l'Epervier 4, 2053 Cernier *Office des Faillites*
Untere Aufsichtsbehörde	Département de la justice, de la sécurité et des finances, Le Château, 2001 Neuchâtel *Département de la justice, de la sécurité et des finances*
Obere Aufsichtsbehörde	Autorité cantonale supérieure de surveillance des offices des poursuites et des faillites du Tribunal cantonal, Rue du pommier 1, 2001 Neuchâtel *Autorité cantonale supérieure de surveillance des offices des poursuites et des faillites du Tribunal cantonal*
Zivilrichter (Forderungsprozess bis Fr. 20 000.–)	Bezirksgerichtspräsident des jeweiligen Bezirks *Président du Tribunal du district de Neuchâtel*
Zivilrichter (Forderungsprozess über Fr. 20 000.–)	Cours civiles du Tribunal cantonal, Rue du pommier 1, 2001 Neuchâtel *Cours civiles du Tribunal cantonal*
Rechtsöffnungsrichter	Bezirksgerichtspräsident des jeweiligen Bezirks *Président du Tribunal du district de Neuchâtel*
Konkursrichter	Bezirksgerichtspräsident des jeweiligen Bezirks *Président du Tribunal du district de Neuchâtel*

Nidwalden

Sitz des Kunden: *Stans*

Behörde	Zuständige Stelle
Betreibungsamt	Betreibungs- und Konkursamt Nidwalden, Engelbergstrasse 34, 6371 Stans *Betreibungs- und Konkursamt Nidwalden*
Konkursamt	Betreibungs- und Konkursamt Nidwalden, Engelbergstrasse 34, 6371 Stans *Betreibungs- und Konkursamt Nidwalden*
Aufsichtsbehörde	Einzelrichter in Schuldbetreibung und Konkurs, Kreuzstrasse 2, 6371 Stans *Einzelrichter in Schuldbetreibung und Konkurs*
Friedensrichter (Vermittlung und Forderungsprozess bis Fr. 300.–)	Friedensrichter der Einwohnergemeinde *Friedensrichteramt Stans*
Zivilrichter (Forderungsprozess über Fr. 300.– bis Fr. 5000.–)	Kantonsgericht, Zivilabteilung, Einzelrichter, Rathausplatz 1, 6371 Stans *Kantonsgericht, Zivilabteilung, Einzelrichter*
Zivilrichter (Forderungsprozess über Fr. 5000.– bis Fr. 20 000.–)	Kantonsgericht, Zivilabteilung, Kleine Kammer, Rathausplatz 1, 6371 Stans *Kantonsgericht, Zivilabteilung, Kleine Kammer*
Zivilrichter (Forderungsprozess über Fr. 20 000.–)	Kantonsgericht, Zivilabteilung, Grosse Kammer, Rathausplatz 1, 6371 Stans *Kantonsgericht, Zivilabteilung, Grosse Kammer*
Rechtsöffnungsrichter	Einzelrichter in Schuldbetreibung und Konkurs, Kreuzstrasse 2, 6371 Stans *Einzelrichter in Schuldbetreibung und Konkurs*
Konkursrichter	Einzelrichter in Schuldbetreibung und Konkurs, Kreuzstrasse 2, 6371 Stans *Einzelrichter in Schuldbetreibung und Konkurs*

Obwalden

Sitz des Kunden: *Sarnen*

Behörde	Zuständige Stelle
Betreibungsamt	– Gemeinde Engelberg: Sicherheits- und Gesundheitsdepartement, Abteilung Betreibung und Konkurs, Zweigstelle Engelberg, Dorfstrasse 1, 6390 Engelberg – Übrige Gemeinden: Sicherheits- und Gesundheitsdepartement, Abteilung Betreibung und Konkurs, Polizeigebäude Foribach, 6060 Sarnen
	Sicherheits- und Gesundheitsdepartement, *Abteilung Betreibung und Konkurs*
Konkursamt	Sicherheits- und Gesundheitsdepartement, Abteilung Betreibung und Konkurs, Polizeigebäude Foribach, 6060 Sarnen
	Sicherheits- und Gesundheitsdepartement, *Abteilung Betreibung und Konkurs*
Aufsichtsbehörde	Obergerichtskommission, Poststrasse 6, 6061 Obwalden
	Obergerichtskommission
Friedensrichter (Vermittlung und Forderungs- prozess bis Fr. 500.–)	Friedensrichter der jeweiligen Einwohnergemeinde
	Friedensrichter Sarnen
Zivilrichter (Forderungsprozess über Fr. 500.– bis Fr. 10 000.–)	Präsident II des Kantonsgerichts Obwalden, Poststrasse 6, 6061 Sarnen
	Präsident II des Kantonsgerichts Obwalden
Zivilrichter (Forderungsprozess über Fr. 10 000.–)	Kantonsgericht Obwalden, Poststrasse 6, 6061 Sarnen
	Kantonsgericht Obwalden
Rechtsöffnungsrichter	Präsident II des Kantonsgerichts Obwalden, Poststrasse 6, 6061 Sarnen
	Präsident II des Kantonsgerichts Obwalden
Konkursrichter	Präsident II des Kantonsgerichts Obwalden, Poststrasse 6, 6061 Sarnen
	Präsident II des Kantonsgerichts Obwalden

St. Gallen

Sitz des Kunden: *Wildhaus*

Behörde	Zuständige Stelle
Betreibungsamt	Betreibungsamt der Einwohnergemeinde
	Betreibungsamt Wildhaus-Alt St. Johann
Konkursamt	Konkursamt des Kantons St. Gallen, Moosbruggstrasse 11, 9001 St. Gallen
	Konkursamt des Kantons St. Gallen
Untere Aufsichtsbehörde	Kreisgerichtspräsident des Kreises
	Präsident des Kreisgerichts Obertoggenburg-Neutoggenburg
Obere Aufsichtsbehörde	Aufsichtsbehörde über Schuldbetreibung und Konkurs des Kantonsgerichts St. Gallen, Klosterhof 1, 9000 St. Gallen
	Aufsichtsbehörde über Schuldbetreibung und Konkurs des Kantonsgerichts St. Gallen
Friedensrichter (Vermittlung)	Vermittleramt der Einwohnergemeinde
	Vermittleramt Wildhaus
Zivilrichter (Forderungsprozess bis Fr. 20 000.–)	Kreisgerichtspräsident des Kreises
	Präsident des Kreisgerichts Obertoggenburg-Neutoggenburg
Zivilrichter (Forderungsprozess über Fr. 20 000.–)	Kreisgericht des Kreises
	Kreisgericht Obertoggenburg-Neutoggenburg
Handelsgericht (Handelsstreitigkeiten über Fr. 30 000.–)	Handelsgericht des Kantons St. Gallen, Klosterhof 1, 9000 St. Gallen
	Handelsgericht des Kantons St. Gallen
Rechtsöffnungsrichter	Kreisgerichtspräsident des Kreises
	Präsident des Kreisgerichts Obertoggenburg-Neutoggenburg
Konkursrichter	Kreisgerichtspräsident des Kreises
	Präsident des Kreisgerichts Obertoggenburg-Neutoggenburg

Schaffhausen

Sitz des Kunden: *Stein am Rhein*

Behörde	Zuständige Stelle
Betreibungsamt	Betreibungsamt des Bezirks *Betreibungsamt Bezirk Stein*
Konkursamt	Konkursamt Schaffhausen, Vordere Gasse 26, 8200 Schaffhausen *Konkursamt Schaffhausen*
Aufsichtsbehörde	Aufsichtsbehörde über Schuldbetreibungs- und Konkurswesen des Obergerichts, Frauengasse 17, 8201 Schaffhausen *Aufsichtsbehörde über Schuldbetreibungs- und Konkurswesen des Obergerichts*
Friedensrichter (Vermittlung)	Friedensrichteramt der Einwohnergemeinde *Friedensrichteramt Stein am Rhein*
Zivilrichter (Forderungsprozess bis Fr. 20 000.–)	Einzelrichter des Kantonsgerichts Schaffhausen, Herrenacker 26, 8201 Schaffhausen *Einzelrichter des Kantonsgerichts Schaffhausen*
Zivilrichter (Forderungsprozess über Fr. 20 000.–)	Kantonsgericht Schaffhausen, Herrenacker 26, 8201 Schaffhausen *Kantonsgericht Schaffhausen*
Rechtsöffnungsrichter	Einzelrichter des Kantonsgerichts Schaffhausen, Herrenacker 26, 8201 Schaffhausen *Einzelrichter des Kantonsgerichts Schaffhausen*
Konkursrichter	Einzelrichter des Kantonsgerichts Schaffhausen, Herrenacker 26, 8201 Schaffhausen *Einzelrichter des Kantonsgerichts Schaffhausen*

Schwyz

Sitz des Kunden: *Lachen*

Behörde	Zuständige Stelle
Betreibungsamt	Betreibungsamt der Gemeinde
	Betreibungsamt Lachen
Konkursamt	Konkursamt des Notariatskreises
	Konkursamt March
Untere Aufsichtsbehörde	Bezirksgerichtspräsident des Bezirks
	Präsident des Bezirksgerichts March
Obere Aufsichtsbehörde	Kantonsgericht Schwyz, Kollegiumstrasse 28, 6430 Schwyz
	Kantonsgericht Schwyz
Vermittler (Vermittlung und Forderungsprozess bis Fr. 2000.–)	Vermittleramt der Gemeinde
	Vermittleramt Lachen
Zivilrichter (Forderungsprozess über Fr. 2000.– bis Fr. 8000.–)	Einzelrichter des Bezirksgerichts des Bezirks
	Einzelrichter des Bezirksgerichts March
Zivilrichter (Forderungsprozess über Fr. 8000.–)	Bezirksgericht des Bezirks
	Bezirksgericht March
Rechtsöffnungsrichter	Einzelrichter des Bezirksgerichts des Bezirks
	Einzelrichter des Bezirksgerichts March
Konkursrichter	Einzelrichter des Bezirksgerichts des Bezirks
	Einzelrichter des Bezirksgerichts March

Solothurn

Sitz des Kunden: *Grenchen*

Behörde	Zuständige Stelle
Betreibungsamt	Betreibungsamt (als Abteilung der Amtsschreiberei) des Bezirks *Amtsschreiberei Region Solothurn,* *Filiale Grenchen-Bettlach*
Konkursamt	- Bezirke Solothurn, Bucheggberg, Wasseramt, Leben und Filiale Grenchen-Bettlach: Konkursamt Solothurn, Rötistrasse 4, 4501 Solothurn - Bezirk Dorneck und Thierstein: Konkursamt Dorneck, Amtshaus, 4143 Dorneck - Bezirke Olten, Gösgen, Thal und Gäu: Betreibungs- und Konkursamt Olten, Amtshaus, 4600 Olten *Konkursamt Solothurn*
Aufsichtsbehörde	Aufsichtsbehörde für Schuldbetreibung und Konkurs des Obergerichts, Amtshaus I, 4502 Solothurn *Aufsichtsbehörde für Schuldbetreibung und Konkurs des Obergerichts*
Friedensrichter (Vermittlung und Forderungsprozess bis Fr. 300.–)	Friedensrichter der Gemeinde *Friedensrichteramt Grenchen*
Zivilrichter (Forderungsprozess über Fr. 300.– bis Fr. 20 000.–)	Amtsgerichtspräsident des Amtsgerichtsbezirks *Amtsgerichtspräsident des Richteramts Solothurn-Lebern*
Zivilrichter (Forderungsprozess über Fr. 20 000.–)	Amtsgericht des Amtsgerichtsbezirks *Amtsgericht des Richteramts Solothurn-Lebern*
Rechtsöffnungsrichter	Amtsgerichtspräsident des Amtsgerichtsbezirks *Amtsgerichtspräsident des Richteramts Solothurn-Lebern*
Konkursrichter	Amtsgerichtspräsident des Amtsgerichtsbezirks *Amtsgerichtspräsident des Richteramts Solothurn-Lebern*

Tessin

Sitz des Kunden: *Balerna*

Behörde	Zuständige Stelle
Betreibungsamt	Betreibungs- und Konkursamt des Bezirks *Ufficio di esecuzione e fallimenti di Mendrisio*
Konkursamt	Betreibungs- und Konkursamt des Bezirks *Ufficio di esecuzione e fallimenti di Mendrisio*
Aufsichtsbehörde	Camera di esecuzione e fallimenti del Tribunale d'appello, Via Pretori 16, 6901 Lugano *Camera di esecuzione e fallimenti del Tribunale d'appello*
Friedensrichter (Forderungsprozess bis Fr. 2000.–)	Friedensrichter des Kreises *Giudicatura di Pace del Circolo di Balerna*
Zivilrichter (Forderungsprozess über Fr. 2000.–)	Bezirksrichter des Bezirks *Pretura del distretto di Mendrisio sud*
Rechtsöffnungsrichter (bis Fr. 2000.–)	Friedensrichter des Kreises *Giudicatura di Pace del Circolo di Balerna*
Rechtsöffnungsrichter (über Fr. 2000.–)	Bezirksrichter des Bezirks *Pretura del distretto di Mendrisio sud*
Konkursrichter	Bezirksrichter des Bezirks *Pretura del distretto di Mendrisio sud*

Thurgau

Sitz des Kunden: *Mammern*

Behörde	Zuständige Stelle
Betreibungsamt	Betreibungsamt des Betreibungskreises
	Betreibungsamt Steckborn
Konkursamt	Konkursamt des Kantons Thurgau, Bahnhofstrasse 53, 8510 Frauenfeld
	Konkursamt des Kantons Thurgau
Untere Aufsichtsbehörde	Bezirksgerichtspräsident des Bezirks
	Präsident des Bezirksgerichts Steckborn
Obere Aufsichtsbehörde	Obergericht des Kantons Thurgau, Promenadenstrasse 12A, 8510 Frauenfeld
	Obergericht des Kantons Thurgau
Friedensrichter (Vermittlung und Forderungsprozess bis Fr. 500.–)	Friedensrichter des Friedensrichterkreises
	Friedensrichteramt Steckborn
Zivilrichter (Forderungsprozess über Fr. 500.– bis Fr. 8000.–)	Bezirksgerichtspräsident des Bezirks
	Präsident des Bezirksgerichts Steckborn
Zivilrichter (Forderungsprozess über Fr. 8000.– bis Fr. 30 000.–)	Bezirksgerichtliche Kommission des Bezirks
	Kommission des Bezirksgerichts Steckborn
Zivilrichter (Forderungsprozess über Fr. 30 000.–)	Bezirksgericht des jeweiligen Bezirks
	Bezirksgericht Steckborn
Rechtsöffnungsrichter	Bezirksgerichtspräsident des Bezirks
	Präsident des Bezirksgerichts Steckborn
Konkursrichter	Bezirksgerichtspräsident des Bezirks
	Präsident des Bezirksgerichts Steckborn

Uri

Sitz des Kunden: *Göschenen*

Behörde	Zuständige Stelle
Betreibungsamt	Betreibungsamt der Gemeinde *Betreibungsamt Göschenen*
Konkursamt	Konkursamt des Kantons Uri, Marktgasse 7, 6460 Altdorf *Konkursamt des Kantons Uri*
Aufsichtsbehörde	Aufsichtsbehörde über Schuldbetreibung und Konkurs, Rathausplatz 2, 6460 Altdorf *Aufsichtsbehörde über Schuldbetreibung und Konkurs*
Vermittler (Vermittlung ab Fr. 10 000.–)	Vermittleramt der Gemeinde *Vermittleramt Göschenen*
Zivilrichter (Forderungsprozess bis Fr. 10 000.–)	– Kanton Uri ohne Gemeinden Andermatt, Hospental und Realp: Landgerichtspräsidium Uri, Rathausplatz 2, 6460 Altdorf – Gemeinden Andermatt, Hospental und Realp: Landgerichtspräsidium Ursern, Kirchgasse 12, 6490 Andermatt *Landgerichtspräsidium Uri*
Zivilrichter (Forderungsprozess über Fr. 10 000.–)	– Kanton Uri ohne Gemeinden Andermatt, Hospental und Realp: Landgericht Uri, Rathausplatz 2, 6460 Altdorf – Gemeinden Andermatt, Hospental und Realp: Landgericht Ursern, Kirchgasse 12, 6490 Andermatt *Landgericht Uri*
Rechtsöffnungsrichter	– Kanton Uri ohne Gemeinden Andermatt, Hospental und Realp: Landgerichtspräsidium Uri, Rathausplatz 2, 6460 Altdorf – Gemeinden Andermatt, Hospental und Realp: Landgerichtspräsidium Ursern, Kirchgasse 12, 6490 Andermatt *Landgerichtspräsidium Uri*
Konkursrichter	– Kanton Uri ohne Gemeinden Andermatt, Hospental und Realp: Landgerichtspräsidium Uri, Rathausplatz 2, 6460 Altdorf – Gemeinden Andermatt, Hospental und Realp: Landgerichtspräsidium Ursern, Kirchgasse 12, 6490 Andermatt *Landgerichtspräsidium Uri*

Waadt

Sitz des Kunden: *Yvonand*

Behörde	Zuständige Stelle
Betreibungsamt	Betreibungs- und Konkursamt des Kreises *Office des poursuites et faillites d'Yverdon-Orbe*
Konkursamt	Das Betreibungs- und Konkursamt des Kreises *Office des poursuites et faillites d'Yverdon-Orbe*
Untere Aufsichtsbehörde	Kreisgerichtspräsident des Kreises *Président du Tribunal d'arrondissement de la Broye et du Nord vaudois*
Obere Aufsichtsbehörde	Tribunal Cantonal, Palais de justice de l'Hermitage, Route du Signal 8, 1014 Lausanne *Tribunal Cantonal*
Friedensrichter (Vermittlung und Forderungsprozess bis Fr. 8000.–)	Friedensrichter des Bezirks *Justice de Paix des districts d'Yverdon, Echallens et Grandson*
Zivilrichter (Forderungsprozess über Fr. 8000.– bis Fr. 30 000.–)	Kreisgerichtspräsident des Kreises *Président du Tribunal d'arrondissement de la Broye et du Nord vaudois*
Zivilrichter (Forderungsprozess über Fr. 30 000.– bis Fr. 100 000.–)	Kreisgericht des Kreises *Tribunal d'arrondissement de la Broye et du Nord vaudois*
Zivilrichter (Forderungsprozess über Fr. 100 000.–)	Tribunal Cantonal, Palais de justice de l'Hermitage, Route du Signal 8, 1014 Lausanne *Tribunal Cantonal*
Rechtsöffnungsrichter	Friedensrichter des Bezirks *Justice de Paix des districts d'Yverdon, Echallens et Grandson*
Konkursrichter	Kreisgerichtspräsident des Kreises *Président du Tribunal d'arrondissement de la Broye et du Nord vaudois*

Wallis

Sitz des Kunden: *Ernen*

Behörde	Zuständige Stelle
Betreibungsamt	Betreibungs- und Konkursamt des Bezirks
Konkursamt	Betreibungs- und Konkursamt des Bezirks Goms Betreibungs- und Konkursamt des Bezirks
Untere Aufsichtsbehörde	Betreibungs- und Konkursamt des Bezirks Goms Bezirksgericht des Bezirks
Obere Aufsichtsbehörde	*Bezirksgericht Brig, Östlich Raron und Goms* Kantonsgericht, Rue Mathieu-Schiner 1, 1950 Sitten *Kantonsgericht*
Friedensrichter (Vermittlung und Forderungsprozess bis Fr. 5000.–)	Gemeinderichter der Gemeinde *Gemeinderichter Ernen*
Zivilrichter (Forderungsprozess über Fr. 5000.– bis Fr. 8000.–)	Bezirksrichter des Bezirksgerichts des Bezirks *Bezirksrichter des Bezirksgerichts Brig, Östlich Raron und Goms*
Zivilrichter (Forderungsprozess über Fr. 8000.–)	Kantonsgericht, Rue Mathieu-Schiner 1, 1950 Sitten *Kantonsgericht*
Rechtsöffnungsrichter	Bezirksrichter des Bezirksgerichts des Bezirks *Bezirksrichter des Bezirksgerichts Brig, Östlich Raron und Goms*
Konkursrichter	Bezirksrichter des Bezirksgerichts des Bezirks *Bezirksrichter des Bezirksgerichts Brig, Östlich Raron und Goms*

Zug

Sitz des Kunden: *Zugerberg*

Behörde	Zuständige Stelle
Betreibungsamt	Betreibungsamt der Gemeinde
	Betreibungsamt der Stadt Zug
Konkursamt	Konkursamt des Kantons Zug, Aabachstrasse 5, 6300 Zug
	Konkursamt des Kantons Zug
Aufsichtsbehörde	Justizkommission des Obergerichts des Kantons Zug als Aufsichtsbehörde über Schuldbetreibung und Konkurs, Gerichtsgebäude an der Aa, Aabachstrasse 3, 6300 Zug
	Justizkommission des Obergerichts des Kantons Zug als Aufsichtsbehörde über Schuldbetreibung und Konkurs
Friedensrichter (Vermittlung und Forderungsprozess bis Fr. 300.–)	Friedensrichteramt der Einwohnergemeinde
	Friedensrichteramt der Stadt Zug
Zivilrichter (Forderungsprozess über Fr. 300.– bis Fr. 8000.–)	Präsident des Kantonsgerichts Zug, Gerichtsgebäude an der Aa, Aabachstrasse 3, 6300 Zug
	Präsident des Kantonsgerichts Zug
Zivilrichter (Forderungsprozess über Fr. 8000.–)	Kantonsgericht Zug, Gerichtsgebäude an der Aa, Aabachstrasse 3, 6300 Zug
	Kantonsgericht Zug
Rechtsöffnungsrichter	Präsident des Kantonsgerichts Zug, Gerichtsgebäude an der Aa, Aabachstrasse 3, 6300 Zug
	Präsident des Kantonsgerichts Zug
Konkursrichter	Präsident des Kantonsgerichts Zug, Gerichtsgebäude an der Aa, Aabachstrasse 3, 6300 Zug
	Präsident des Kantonsgerichts Zug

Zürich

Sitz des Kunden: *Elgg*

Behörde	Zuständige Stelle
Betreibungsamt	Betreibungsamt der Einwohnergemeinde *Betreibungsamt Elgg*
Konkursamt	Konkursamt des Notariatskreises *Konkursamt Elgg*
Untere Aufsichtsbehörde	Bezirksgericht des Bezirks *Bezirksgericht Winterthur*
Obere Aufsichtsbehörde	Obergericht des Kantons Zürich, Hirschengraben 15, 8001 Zürich *Obergericht des Kantons Zürich*
Friedensrichter (Vermittlung und Forderungsprozess bis Fr. 500.–)	Friedensrichter der Einwohnergemeinde *Friedensrichteramt Elgg*
Zivilrichter (Forderungsprozess über Fr. 500.– bis Fr. 20 000.–)	Einzelrichter des Bezirksgerichts des Bezirks *Einzelrichter des Bezirksgerichts Winterthur*
Zivilrichter (Forderungsprozess über Fr. 20 000.–)	Bezirksgericht des Bezirks *Bezirksgericht Winterthur*
Handelsgericht (Handelsstreitigkeiten über Fr. 8000.–)	Handelsgericht des Kantons Zürich, Hirschengraben 15, 8001 Zürich *Handelsgericht des Kantons Zürich*
Rechtsöffnungsrichter	Einzelrichter des Bezirksgerichts des Bezirks *Einzelrichter des Bezirksgerichts Winterthur*
Konkursrichter	Einzelrichter des Bezirksgerichts des Bezirks *Einzelrichter des Bezirksgerichts Winterthur*

Glossar

Im Folgenden finden Sie Erklärungen zu den wichtigsten Begriffen, mit denen Sie sowohl in diesem Ratgeber als auch bei der Durchsetzung Ihrer Forderung auf dem Gerichtsweg oder über eine Betreibung immer wieder konfrontiert werden.
Die Pfeile → verweisen auf weitere Fachausdrücke im Glossar.

Aberkennungsklage: Mit dieser Klage wehrt sich der Schuldner gegen die vom Gericht bewilligte → provisorische Rechtsöffnung.

Abtretung von Rechtsansprüchen: Gläubiger können sich zweifelhafte oder schwer einbringliche Forderungen des Schuldners von der Konkursmasse abtreten lassen und selber auf eigene Kosten einfordern oder einklagen, wenn das → Konkursamt auf die Verfolgung verzichtet.

Allgemeine Geschäftsbedingungen (AGB): Sie werden für eine Vielzahl von Verträgen vorformuliert und gelten, wenn sie von den Parteien bei Vertragsabschluss übernommen wurden.

Anerkennungsklage: Mit dieser Klage versucht der Gläubiger, den → Rechtsvorschlag des Schuldners zu beseitigen, wenn er weder einen definitiven noch einen provisorischen Rechtsöffnungstitel besitzt oder wenn ihm im → Rechtsöffnungsverfahren vom Gericht die Rechtsöffnung verweigert wurde.

Aufsichtsbehörde: Die Aufsichtsbehörde entscheidet über → betreibungsrechtliche Beschwerden.

Ausseramtliche Konkursverwaltung: Sie führt im → ordentlichen Konkursverfahren an Stelle des Konkursamts das Konkursverfahren durch, wenn sie von den Gläubigern an der → Gläubigerversammlung dafür gewählt wurde.

Aussergerichtlicher Nachlassvertrag: In einem solchen Vertrag, der – im Gegensatz zum → gerichtlichen Nachlassvertrag – ohne Mitwirkung eines Gerichts zwischen dem Schuldner und seinen Gläubigern abgeschlossen wird, stunden oder erlassen die Gläubiger ihre Forderungen ganz oder teilweise.

Betreibung auf Konkurs (Konkursverfahren): Sie kommt bei Personen zur Anwendung, die in einer bestimmten Eigenschaft im Handelsregister eingetragen sind. Im → Konkursverfahren wird das ganze Vermögen des Schuldners verwertet und unter alle Gläubiger verteilt.

Betreibung auf Pfändung (Pfändungsverfahren): Sie kommt zur Anwendung, wenn die → Betreibung auf Konkurs und die → Betreibung auf Pfandverwertung nicht anwendbar sind. Im Pfändungsverfahren wird nur so viel Vermögen gepfändet und verwertet, wie zur Bezahlung des betreibenden Gläubigers erforderlich ist.

Betreibung auf Pfandverwertung (Pfandverwertungsverfahren): Sie kommt zur Anwendung, wenn die Forderung durch ein → Pfand gesichert ist. Im Pfandverwertungsverfahren wird der Pfandgegenstand verwertet und aus dem Erlös die Forderung des betreibenden Pfandgläubigers bezahlt.

Betreibungsbegehren: Der Gläubiger verlangt vom Betreibungsamt, dass dem Schuldner der → Zahlungsbefehl zugestellt wird. Damit beginnt das → Einleitungsverfahren, die erste Phase des Betreibungsverfahrens.

Betreibungsamt: Das Betreibungsamt führt in einer Betreibung das → Einleitungsverfahren durch. Bei der → Betreibung auf Pfändung und der → Betreibung auf Pfandverwertung ist es auch zuständig für die zweite Phase des Betreibungsverfahrens, das eigentliche → Zwangsvollstreckungsverfahren.

Betreibungshandlungen: Handlungen der Behörden, die den Gläubiger näher an sein Ziel bringen und in die Rechte des Schuldners eingreifen. Während der → Schonzeiten dürfen keine Betreibungshandlungen vorgenommen werden.

Betreibungskosten: Sämtliche Gebühren und Auslagen der Behörden, die während eines Betreibungsverfahrens anfallen und deren Höhe in der → Gebührenverordnung zum → SchKG festgelegt ist. Die Gebühren und die Entschädigung in einem ordentlichen Zivilprozess fallen nicht darunter.

Betreibungsrechtliche Beschwerde: Mit einer Beschwerde wehren sich der Gläubiger, der Schuldner oder Dritte bei der → Aufsichtsbehörde, wenn Betreibungsbehörden unangemessene oder rechtswidrige Verfügungen erlassen oder wenn sie zu Unrecht untätig bleiben.

Betreibungsrechtliches Existenzminimum: Wenn dem Schuldner der Lohn gepfändet wird, muss ihm das Existenzminimum belassen werden, also so viel, wie er für sich und seine Familie zum Leben braucht.

Beweisverfahren und Beweismittel: Das Beweisverfahren, der zweite Teil eines Gerichtsverfahrens, wird durchgeführt, wenn im → Hauptverfahren relevante Behauptungen bestritten wurden. Beweismittel sind zum Beispiel Urkunden, Zeugen oder Gutachten von Experten.

Duplik: Damit nimmt der Beklagte im Gerichtsverfahren zu den Argumenten und Einwänden des Klägers in dessen → Replik Stellung.

Eigentumsvorbehalt und Eigentumsvorbehaltsregister: Verkäufer und Käufer vereinbaren, dass das Eigentum an einem Kaufgegenstand erst mit der vollständigen Bezahlung des Kaufpreises auf den Käufer übergeht. Damit der Eigentumsvorbehalt auch gegenüber Dritten oder im Konkurs wirksam ist, muss er ins Eigentumsvorbehaltsregister am Wohnort des Käufers eingetragen werden.

Einleitungsverfahren: In dieser ersten Phase des Betreibungsverfahrens, die mit dem → Betreibungsbegehren beginnt, wird abgeklärt, ob der betreibende Gläubiger eine vollstreckbare Forderung gegen den Schuldner hat.

Forderungseingabe: Damit meldet der Gläubiger seine Forderung mit den Beweismitteln beim Konkursamt an.

Forderungsprozess: In diesem Gerichtsverfahren wird um eine Geldforderung gestritten und verbindlich festgestellt, ob sie besteht oder nicht.

Fortsetzungsbegehren: Je nach Person des Schuldners oder Art der Forderung stellt der Gläubiger beim Betreibungsamt das Verwertungsbegehren, das Pfändungsbegehren oder verlangt die Zustellung der Konkursandrohung. Damit beginnt die zweite Phase des Betreibungsverfahrens, das eigentliche → Zwangsvollstreckungsverfahren, das als → Betreibung auf Pfandverwertung, → Betreibung auf Pfändung oder → Betreibung auf Konkurs fortgesetzt wird.

Gebührenverordnung zum → SchKG: Sie regelt die Gebühren und Auslagen der Behörden, die während eines Betreibungsverfahrens anfallen (→ Betreibungskosten).

Gerichtskosten: Die Kosten eines ordentlichen Zivilprozesses umfassen die Gebühr für die Tätigkeit des Gerichts und die verschiedenen Auslagen (zum Beispiel für Vorladungen oder für Gutachten).

Gläubigerversammlung und Gläubigerausschuss: Im ordentlichen → Konkursverfahren finden mindestens zwei Versammlungen statt, an denen die Gläubiger teilnehmen können. Die anwesenden Gläubiger entscheiden unter anderem, ob das Verfahren vom → Konkursamt oder von einer → ausseramtlichen Konkursverwaltung durchgeführt werden soll, und wählen in der Regel einen Ausschuss aus ihrer Mitte (Gläubigerausschuss), der das Konkursamt oder die ausseramtliche Konkursverwaltung überwacht.

Güterverzeichnis: Diese Aufstellung sämtlicher Vermögenswerte des Schuldners ordnet das Konkursgericht auf Antrag des Gläubigers an, wenn Gefahr besteht, dass der Schuldner nach der Zustellung der → Konkursandrohung Vermögen beiseite schafft oder unter dem tatsächlichen Wert verkauft.

Hauptverfahren: In diesem ersten Teil eines Gerichtsverfahrens bringen die Parteien ihre Standpunkte vor und nehmen zu den Ausführungen der Gegenpartei Stellung.

Insolvenzverfahren → Konkursverfahren.

Inventar: Darin nimmt das → Konkursamt das gesamte Vermögen des Konkursiten auf.

Klageantwort: Darin antwortet der Beklagte im Gerichtsverfahren auf die → Klageschrift des Klägers.

Klageschrift: Darin begründet der Kläger seine Forderung und leitet den → Forderungsprozess beim Gericht ein.

Kollokationsplan und Kollokationsklage: Der Kollokationsplan ist eine Aufstellung sämtlicher Forderungen, die im Konkurs eingegeben wurden (→ Forderungseingabe), nachdem das → Konkursamt über deren Zulassung oder Abweisung entschieden hat. Der Gläubiger ficht den Kollokationsplan an, wenn er mit der Zulassung eines anderen Gläubigers nicht einverstanden ist (negative Kollokationsklage) oder wenn das Konkursamt seine Forderung nicht oder nur teilweise berücksichtigt hat (positive Kollokationsklage).

Kompetenzstücke: Gegenstände, die dem Schuldner gehören und die in der → Betreibung auf Pfändung aus wirtschaftlichen, sozialen oder ethischen Gründen nicht gepfändet und verwertet werden dürfen.

Konkursamt: Das Konkursamt führt das → Konkursverfahren durch. Ausnahme: Die Gläubiger haben im ordentlichen → Konkursverfahren an seiner Stelle eine → ausseramtliche Konkursverwaltung gewählt.

Konkursandrohung: Mit diesem amtlichen Formular droht das → Betreibungsamt dem Schuldner an, dass – sollte er die betriebene Forderung inklusive → Betreibungskosten nicht innert 20 Tagen bezahlen – der Gläubiger die Konkurseröffnung beantragen kann.

Konkursbegehren ohne vorgängige Betreibung: Der Gläubiger verlangt ohne → Einleitungsverfahren direkt beim Konkursrichter die Konkurseröffnung, beispielsweise wenn der Schuldner seine Zahlungen eingestellt hat (→ Zahlungseinstellung).

Konkursdividende: Prozentualer Anteil der Forderung, den die Gläubiger erhalten, wenn im → Konkursverfahren der Verwertungserlös nicht ausreicht, um alle Forderungen vollumfänglich zu bezahlen.

Konkursklassen: Im Konkursverfahren werden die nicht pfandgesicherten Forderungen aus sozialpolitischen oder anderen Gründen in drei Klassen eingeteilt. Gläubiger einer nachfolgenden Klasse erhalten erst etwas, wenn alle Forderungen der vorausgehenden Klasse bezahlt sind.

Konkursmasse: Das gesamte verwertbare Vermögen des Konkursiten.

Konkursverfahren: Nach der Konkurseröffnung beginnt das Konkursverfahren. Es wird vom → Konkursamt oder allenfalls von einer → ausseramtlichen Konkursverwaltung im ordentlichen oder im summarischen Verfahren durchgeführt. Die zweite, in der Praxis häufige Variante ist einfacher, schneller und günstiger und kommt dann zum Zug, wenn die Kosten des ordentlichen Verfahrens voraussichtlich nicht gedeckt werden können oder die Verhältnisse nicht kompliziert sind.

Massakosten und Massaschulden: Massakosten sind die Kosten für die Eröffnung und Durchführung des Konkurses (Verfahrenskosten) sowie für die Aufnahme eines → Güterverzeichnisses. Massaschulden sind die seit der Konkurseröffnung neu zulasten der Konkursmasse eingegangenen Verbindlichkeiten.

Nachlassverfahren: Der Schuldner kann den Konkurs vermeiden, wenn er ein Gesuch um Nachlassstundung stellt. Bewilligt sie der Nachlassrichter, wird ein Nachlassverfahren durchgeführt. Ziel dieses Verfahrens ist der Abschluss eines Nachlassvertrags, in dem der Schuldner den Gläubigern zum Beispiel eine teilweise Erfüllung der Forderungen anbietet.

Parteientschädigung: Eine solche Entschädigung muss der Gegenpartei bezahlen, wer den Prozess verliert.

Paulianische Anfechtung: Sie bezweckt, Rechtshandlungen rückgängig zu machen, die der Schuldner während einer gewissen Zeit vor der Konkurseröffnung oder Pfändung zum Nachteil von Gläubigern vorgenommen hat.

Pfand (Faustpfand, Grundpfand, Bauhandwerkerpfand): Es sichert eine Forderung und kann, wenn diese nicht bezahlt wird, auf dem Weg der → Betreibung auf Pfandverwertung durch das → Betreibungsamt verwertet werden.

Pfandausfallschein: Reicht der Erlös aus der Verwertung des Pfandgegenstands in der → Betreibung auf Pfandverwertung nicht aus, um die Schuld vollumfänglich zu tilgen, erhält der betreibende Gläubiger einen Pfandausfallschein. Damit kann er den Rest der Forderung auf dem Weg der Pfändung (→ Betreibung auf Pfändung) oder des Konkurses (→ Betreibung auf Konkurs) betreiben.

Rechtsbegehren: Es steht in der Klageschrift und enthält das, was der Kläger vor Gericht vom Beklagten fordert.

Rechtskraft: Erwächst ein → Urteil in Rechtskraft, weil dagegen kein → Rechtsmittel erhoben oder ein solches später endgültig abgewiesen wurde, ist das Urteil verbindlich. In einem späteren Prozess zwischen denselben Personen darf der gleiche Sachverhalt nicht nochmals überprüft werden (materielle Rechtskraft).

Rechtsmittelverfahren: In diesem Verfahren überprüft die höhere Gerichtsinstanz den Entscheid der unteren Gerichtsinstanz, der mit einem Rechtsmittel angefochten wurde.

Rechtsöffnungsverfahren: In diesem Verfahren beseitigt der Gläubiger gestützt auf einen (definitiven oder provisorischen) Rechtsöffnungstitel den → Rechtsvorschlag des Schuldners. Besitzt er ein rechtskräftiges vollstreckbares Gerichtsurteil gegen den Schuldner, kann er definitive Rechtsöffnung verlangen. Besitzt er eine → Schuldanerkennung des Schuldners, kann er provisorische Rechtsöffnung verlangen.

Rechtsvorschlag: Indem er gegen den → Zahlungsbefehl Rechtsvorschlag erhebt, stoppt der Schuldner die gegen ihn eingeleitete Betreibung.

Referentenaudienz: Sie ist Teil eines Gerichtsverfahrens und findet in der Regel im → Hauptverfahren statt. In einer solchen Verhandlung bemüht sich das Gericht, Unklarheiten zu beseitigen, unvollständige Ausführungen zu ergänzen und die Parteien zu einem → Vergleich zu bewegen.

Replik: Damit nimmt der Kläger im Gerichtsverfahren zu den Argumenten und Einwänden des Beklagten in dessen → Klageantwort Stellung.

SchKG: Das Bundesgesetz über Schuldbetreibung und Konkurs regelt das Eintreiben von Geldforderungen und Sicherheitsleistungen einheitlich für die ganze Schweiz.

Schonzeiten: Dazu gehören unter anderem die Betreibungsferien oder der Rechtsstillstand (zum Beispiel während einer schweren Erkrankung oder Militärdienst des Schuldners). Während dieser Zeiten dürfen die Behörden keine → Betreibungshandlungen gegen den Schuldner vornehmen.

Schuldanerkennung: Darin bestätigt der Schuldner, dass er dem Gläubiger eine bestimmte Geldsumme schuldet. Mit einem solchen Rechtsöffnungstitel kann der Gläubiger die provisorische → Rechtsöffnung verlangen, wenn der Schuldner gegen den → Zahlungsbefehl → Rechtsvorschlag erhoben hat.

Schuldenruf: Damit fordert das → Konkursamt die Gläubiger auf, ihre Forderungen mit den Beweismitteln innert eines Monats schriftlich anzumelden (→ Forderungseingabe).

Streitwert: Der Streitwert ist der Geldbetrag, um den in einem → Forderungsprozess gestritten wird. Vom Streitwert abhängig sind die → Gerichtskosten, die → Parteientschädigung und häufig die sachliche Zuständigkeit des Gerichts.

Stundung: Willigt der Gläubiger in eine Stundung ein, verzichtet er für eine bestimmte Zeit auf die Bezahlung der ausstehenden Forderung durch den Schuldner.

Sühneverfahren: In diesem Verfahren versucht der Sühnebeamte (Friedensrichterin, Vermittler), zwischen den Parteien zu vermitteln. Kommt es zu keiner Einigung, kann der eigentliche Prozess mit Klage beim Gericht eingeleitet werden (→ Klageschrift).

Unentgeltliche Prozessführung und Rechtsvertretung: Der Staat übernimmt bei mittellosen Personen die → Gerichts- und Anwaltskosten, wenn das Verfahren nicht aussichtslos ist und es sich nicht um eine Bagatellstreitigkeit handelt, die ohne den fachkundigen Rat eines Rechtsbeistands geführt werden kann.

Urteilsverfahren und Urteil: In diesem dritten Teil eines Gerichtsverfahrens würdigt das Gericht den Sachverhalt, prüft die → Beweismittel, wendet die entsprechenden Rechtssätze an und entscheidet schliesslich durch Urteil, ob es die Klage ganz oder teilweise gutheisst oder abweist.

Vergleich: Ein Prozess kann anstatt durch → Urteil auch durch einen Vergleich, den die Parteien schliessen, beendet werden. Ein solcher Vergleich setzt voraus, dass beide Parteien nachgeben und zu einem Kompromiss bereit sind.

Verjährung: Mit der Verjährung verliert die Forderung ihre Durchsetzbarkeit. Der Gläubiger kann den Schuldner nicht mehr gerichtlich zwingen, die Forderung zu bezahlen, wenn dieser im Prozess die Einrede der Verjährung erhebt.

Verlustschein und Verlustausweis: Ist der Konkursite eine Privatperson, erhalten die Gläubiger für den nicht gedeckten Teil ihrer Forderung einen Verlustschein. Er berechtigt sie dazu, den Schuldner neu zu betreiben, wenn er zu neuem Vermögen gekommen ist. Ist der Konkursite eine juristische Person, wird diese nach Abschluss des Verfahrens im Handelsregister gelöscht und hört auf zu existieren. Die Gläubiger erhalten nur einen Verlustausweis.

Verteilungsliste: Darin werden aufgeführt: der Erlös aus den verwerteten Pfandgegenständen und der übrigen Konkursmasse, die Konkurskosten, die Beträge, welche die Pfandgläubiger und die Gläubiger der drei → Konkursklassen erhalten, sowie der Umfang des nicht gedeckten Teils der Forderungen, für den ein → Verlustschein bzw. ein Verlustausweis ausgestellt wird.

Verzugszins: Ist der Schuldner mit der Zahlung im Verzug, kann zusätzlich zur Hauptforderung ein Verzugszins von fünf Prozent verlangt werden – ein höherer Zins muss vereinbart sein.

Verzugs- oder Verspätungsschaden: Ein Verzugs- oder Verspätungsschaden kann geltend gemacht werden, wenn er höher ist als der → Verzugszins, was in der Regel bei normalen Geldforderungen nicht der Fall ist.

Wechselbetreibung: Sie ist eine besondere, rasche Art der → Betreibung auf Konkurs und steht für Forderungen zur Verfügung, die auf einem Wechsel oder Check gründen.

Widerrufsvorbehalt: Damit erhalten die Parteien das Recht, einen vor dem Gericht geschlossenen → Vergleich innert der vereinbarten Frist zu widerrufen.

Widerspruchsverfahren: In diesem Verfahren wird geklärt, wer tatsächlich Eigentümer einer gepfändeten Sache ist, wenn geltend gemacht wird, dass die Sache nicht dem Schuldner, sondern einem Dritten gehöre.

Zahlungsbefehl: Mit diesem amtlichen Formular fordert das → Betreibungsamt den Schuldner auf, entweder die betriebene Forderung inklusive → Betreibungskosten innert 20 Tagen zu bezahlen oder innert zehn Tagen → Rechtsvorschlag zu erheben, andernfalls der Gläubiger die Fortsetzung der Betreibung verlangen kann (→ Fortsetzungsbegehren).

Zahlungseinstellung: Hat der Schuldner seine Zahlungen eingestellt, kann der Gläubiger ohne → Einleitungsverfahren direkt beim Konkursrichter die Konkurseröffnung verlangen (→ Konkursbegehren ohne vorgängige Betreibung).

Zession: Mit der Zession tritt der Gläubiger eine eigene Forderung an einen neuen Gläubiger ab, oft zur Sicherung einer Gegenforderung (Sicherungszession). Wird eine Vielzahl von bestehenden oder zukünftigen Forderungen abgetreten, spricht man von einer Globalzession.

Zwangsvollstreckungsverfahren: In dieser zweiten Phase des Betreibungsverfahrens, die mit dem → Fortsetzungsbegehren beginnt, nimmt das → Betreibungs- oder → Konkursamt dem Schuldner seine Vermögenswerte oder Teile davon weg, verwertet sie und verteilt den Erlös an den oder die Gläubiger.

Nützliche Adressen und Links

Betreibungs-, Konkursämter und Gerichtsbehörden
- www.admin.ch: Auf der offiziellen Seite der schweizerischen Behörden finden Sie zum Beispiel den Link zur Abteilung Mehrwertsteuer oder zum Bundesgericht.
- www.betreibung-konkurs.ch: Die Website des Berufsverbands der Betreibungs- und Konkursbeamten in der Schweiz enthält Links auf die Homepages der meisten Kantone. Dort finden Sie die Adressen von Betreibungs- und Konkursämtern, Formulare, Merkblätter und sonst Wissenswertes.
- www.schatzmann-inkasso.ch: Auf der Website der Schatzmann Inkasso + Treuhand AG können Sie für 150 Franken pro Jahr die Adressen sämtlicher Behörden und Gerichte jedes Kantons abfragen, die eine Rolle bei der betreibungsrechtlichen Durchsetzung einer Forderung spielen.
- www.schkg.ch: Die Website des Betreibungsamts Zürich 2 enthält Adressen, Formulare und viel Wissenswertes zum Betreibungsrecht.
- www.weblaw.ch: Auf der Site des Juristenportals Weblaw GmbH finden Sie Links zu den kantonalen Behörden, zu Gesetzes- und Entscheidsammlungen sowie zu den eidgenössischen Behörden.

Alle kantonalen Behörden – vor allem die Gerichte – finden Sie auch unter dem Kantonskürzel (zum Beispiel www.gr.ch).

Handelsregisterämter
- www.shab.ch: Die Seite des schweizerischen Handelsamtsblatts enthält alle von Gesetzes wegen erforderlichen Publikationen über Firmen.
- www.zefix.admin.ch: Firmenindex mit Zugriff auf die Datenbanken der kantonalen Handelsregisterämter.

Verbände
- www.verbaende.ch: Enthält eine Liste mit einer ganzen Reihe von Berufsverbänden.
- www.vsi1941.ch: Website des Verbands Schweizerischer Inkassotreuhand-Institute

Rechtsberatung
Beobachter-Beratungszentrum
Das Wissen und der Rat der Fachleute zu 8 Rechtsgebieten stehen im Internet und am Telefon zur Verfügung.
HelpOnline: rund um die Uhr im Internet unter www.beobachter.ch
Telefon: Montag bis Freitag von 9 bis 13 Uhr.
Direktnummern der Fachbereiche unter Tel. 043 444 54 00; Fachbereich Konsum Tel. 043 444 54 03
Wer den Beobachter abonniert hat, profitiert gratis von der Beratung. Wer kein Abo hat, kann online oder am Telefon eines bestellen und erhält sofort Zugang zu den Dienstleistungen.

Schweizerischer Anwaltsverband
Marktgasse 4
3001 Bern
Tel. 031 313 06 06
www.swisslawyers.com
Die Website des Schweizerischen Anwaltsverbands führt unter der Rubrik «Recht im Alltag» von der Lebenssituation zum spezialisierten Anwalt. Aufgeführt sind auch alle kantonalen Anwaltsverbände und ihre unentgeltlichen Rechtsauskunftsstellen.

Demokratische Juristinnen und Juristen der Schweiz (DJS)
Neuengasse 8
3011 Bern
Telefon 031 312 83 34
www.djs-jds.ch
Auf der Website finden Sie eine Liste der Mitglieder mit Spezialgebieten.

Literatur

Alt-Marín, Alois; Knellwolf, Peggy A.; Senn, Jürg; von Flüe, Karin: ZGB für den Alltag – ausführlich kommentiert und erklärt. 6. Auflage, Beobachter-Buchverlag, Zürich 2006*

Baumgartner, Gaby: Schreiben leicht gemacht – Brief- und Vertragsmuster für den Alltag. Buch und CD-ROM, Beobachter-Buchverlag, Zürich 2006

Freiburghaus, Markus: Finanzen für Selbständige – So haben Kleinfirmen ihr Geld im Griff, Beobachter-Buchverlag, Zürich 2005

Ruedin, Philippe; Christen, Urs; Bräunlich Keller, Irmtraud: OR für den Alltag – ausführlich kommentiert und erklärt. 5. Auflage, Beobachter-Buchverlag, Zürich 2006*

Amonn, Kurt; Walther Fridolin: Grundriss des Schuldbetreibungs- und Konkursrechts. 7. Auflage, Stämpfli Verlag, Bern 2003

Hafter, Peter: Strategie und Technik des Zivilprozesses, Schulthess Verlag, Zürich 2004

Hirt, Thomas; Rudin, Christoph Johan: Schuldbetreibungs- und Konkursrecht. 2. Auflage, Orell Füssli Verlag, Zürich 1999

Streiff, Ullin; Pellegrini, Peter; von Kaenel Adrian: Vertragsvorlagen, 3. Auflage, Schulthess Verlag, Zürich 1999

* Als Set günstiger erhältlich

Stichwortverzeichnis

A

Aberkennungsklage 181, 313
Abklärung der Prozess- und
  Betreibungschancen 102, 117
– Beweismittel 103
– Kosten 107
– Zahlungsfähigkeit des Schuldners 102
– zeitlicher Aufwand 105
Absicherungsklauseln im Vertrag 51
Absichtsanfechtung 94
Abtretung von Rechtsansprüchen
  im Konkurs 240, 313
Abzahlungsplan 86
Aktiengesellschaft, AG 17
– Revisionsstelle 18, 32
Akteneinsicht 241
Allgemeine Geschäftsbedingungen
  AGB 52, 313
Anerkennungsklage 172, 183, 313
Anfechtung, paulianische 92, 316
Anwalt 125, 134
– Beratung 126
– Erstgespräch 136
– Honorar 127, 138, 141
– Probleme mit 141
– Suche nach 134
– unentgeltlicher Rechtsbeistand ... 145, 318
– Zusammenarbeit 139
Aufsichtsbehörde 185, 286, 313
Ausseramtliche Konkurs-
  verwaltung 229, 313
Aussergerichtlicher Nachlassvertrag .. 89, 313
– Muster 256
Aussetzung 211
Aussonderung 239
Auszug aus dem Betreibungsregister 21
Auszug aus dem Handelsregister 28

B

Bankbürgschaft 63
Bankgarantie 62
Barzahlung 60
Beschwerde siehe Betreibungsrechtliche
  Beschwerde

Betreibung 149
– auf Konkurs (siehe auch
  Konkursbetreibung) 150, 201, 313
– auf Pfändung (siehe auch
  Pfändung) 150, 194, 200, 313
– auf Pfandverwertung 150, 190, 313
– Rückzug 168, 170
Betreibungsamt 152, 161, 314
– Zuständigkeit 161, 286
Betreibungsbegehren 158, 314
– Muster 264
Betreibungsbehörden 152, 286
Betreibungsferien 155
Betreibungsgegenstand 153
Betreibungshandlungen 314
Betreibungskosten 108, 192, 282, 314
Betreibungsrechtliche
  Beschwerde 167, 185, 204, 314
– Inhalt 186
– Konkurs 242
– Muster 270
Betreibungsregister 23, 168
– Eintrag 168
Betreibungsregisterauszug 21
– Gesuch um 22
– Interpretation 26
– Muster für Gesuch 252
Betreibungsverfahren 149, 189
– Aberkennungsklage 181
– Anerkennungsklage 183, 313
– Betreibung auf Konkurs 201
– Betreibung auf Pfändung ... 194, 200, 313
– Betreibung auf Pfandverwertung .. 190, 313
– Betreibungsbegehren 158, 314
– Einleitungsverfahren 150, 157, 314
– Fortsetzungsbegehren 191, 314
– Fristen 154
– Kosten 108, 156, 282
– Parteientschädigung 112
– Rechtsöffnung 173, 317
– Rechtsvorschlag 170, 317
– Überblick 151
– und Inkassobüro 162
– Zahlungsbefehl 165, 319

Stichwortverzeichnis

– Zwangsvollstreckungs-
  verfahren 150, 189, 319
Betriebsrechtsschutz 143
Betrüger 18
Beweismittel für Forderung 103, 314
Beweisverfahren 124, 132, 314
Bonitätsprüfung 14
– Auskunft von Bank 36
– Betreibungsregisterauszug 21
– Business Investigator 37
– Eigentumsvorbehaltsregister 40, 314
– Handelsregisterauszug 28
– Internet 39
– Konkursauskunft 34
– Presse 39
– Steuerauskunft 33
– Verbandsauskunft 25
– Wirtschaftsauskunfteien 37
Bundesgesetz über Schuldbetreibung
  und Konkurs siehe SchKG
Bürgschaft 63
Business Investigator 37

D
Darlehen 59
– Mustervertrag 254
Definitive Rechtsöffnung 172, 173
– Muster für Gesuch 266
Dividendenvergleich 213
Dokumentenakkreditiv 68
Duplik 132, 314

E
Eigentumsvorbehalt 40, 65, 314
Einleitungsverfahren 150, 157, 314
Einstellung des Konkursverfahrens 227
Eintrag im Betreibungsregister 168
Einzelfirma 16
– und Handelsregister 29
Elektronische Signatur 44
Erkenntnisverfahren 119
Existenzminimum 195, 314
Exportgeschäfte 67

F
Fälligkeitsdatum 72
Faustpfand 65, 91

Forderungseingabe im Konkurs 237, 314
– Muster 280
Forderungsprozess 121, 314
– Anerkennungsklage 183, 313
– Beispiel für Ablauf 131, 133
– Kosten 110
– Regeln 122
Fortsetzungsbegehren 191, 314
– Fristen 193
– Muster 272
Friedensrichter siehe Sühneverfahren
Fristen, Betreibung 154

G
Garantie 62
Gebührenverordnung SchKG 315
Gemeinschuldner 223
Genossenschaft 17
Gericht, zuständiges 123, 286
Gerichtlicher Nachlassvertrag 212
– Bestätigung 216
– Muster 276
Gerichtsferien 105
Gerichtskosten 110, 124, 315
– abwälzen 143
– unentgeltliche Prozessführung ... 145, 318
Gerichtsstand 123
Gerichtsverfahren 121
– Beispiel für Ablauf 131, 133
Geschäftsbeziehung richtig führen 69
– Gespräch mit Kunden 83
– Kunden beobachten 73
– Mahnwesen 78
– Rechnungsstellung 71
– Schriftlichkeit 69
Gesellschaft mit beschränkter
  Haftung GmbH 17
Gestaffelte Zahlung 61
Gläubigerausschuss 242, 315
Gläubigerversammlung 228, 242, 315
Globalzession 91
Grundpfand 66
Güterverzeichnis 205, 315

H
Handelsregister 28
– und Einzelfirma 29
– und Konkursbetreibung 202

Handelsregisterauszug 28
- Interpretation 31
Hauptverfahren 124, 132, 315

I / J
Informationen über Kunden 15
Inkassobüro 162
Insolvenzverfahren siehe Konkursverfahren
Inventar 226, 315
Juristische Personen 16, 161

K
Kaufmännisches Bestätigungsschreiben ... 46
Kaution 65
Kinder und Jugendliche als Kunden 55
Klage 123
- gegen Kollokationsplan 242, 315
Klageantwort 132, 315
Klageeinleitung 128
- Muster 258
Klageschrift 128, 315
- Muster 260
Klassen im Konkursverfahren .. 233, 234, 316
Kollektivgesellschaft 16
Kollokationsklage 242, 315
- negative 245
- positive 244
Kollokationsplan 231, 315
- Beispiel 235
Kommanditgesellschaft 16
Kompetenzstücke 194, 315
Konkursamt 224, 315
- Zuständigkeit 224, 286
Konkursandrohung 203, 316
Konkursauskunft 34
Konkursbegehren 207
- Abweisung 211
- Muster 274
- ohne vorgängige Betreibung 201, 217, 316
- Rückzug 209
Konkursbehörden 286
Konkursbetreibung 150, 201, 314
- und Handelsregister 202
- Wechselbetreibung 201, 318
Konkursbetreibung, ordentliche 201
- Ablauf 202
- Güterverzeichnis 205, 315

- Konkursandrohung 203
- Konkursbegehren 207
Konkursdividende 232, 235, 316
Konkurseröffnung 209, 211
- Abweisung 211
- Gesuch um 207
- Muster für Gesuch 274
- Nachlassverfahren 212, 316
- Parteientschädigung 115
- Rechtsmittel 212
- Verfahren 209
Konkurseröffnung ohne vorgängige
   Betreibung 201, 217, 316
- Muster für Gesuch 278
- Verfahren 219
Konkursit 223
Konkursklassen 233, 234, 316
Konkursmasse 224, 316
Konkursverfahren 223, 313, 316
- Abtretung von Rechtsansprüchen 240, 313
- ausseramtliche
   Konkursverwaltung 229, 313
- Aussonderung 239
- Einstellung 227
- Forderungseingabe 237, 314
- Gläubigerversammlung 228, 242, 315
- Inventar 226, 315
- Kollokationsplan 231, 315
- ordentliches 225, 227
- Rangordnung 233, 234
- Rechte des Gläubigers 238
- summarisches 225, 227
- Verlustschein oder -ausweis 246, 318
- Verteilungsliste 232, 318
Konventionalstrafe 64
Kosten 107
- Berechnungsbeispiel 116
- Betreibungskosten 108, 156, 314
- Gerichtskosten 110, 315
- Parteientschädigung 112
- Rechtsöffnungsverfahren 181
- Tarifliste 282
Kostenvorschuss 109, 112, 160, 192, 207, 227
- Konkurseröffnung 284
Kreditversicherung 68
Kunden, bestehende 69
Kunden, neue 14

L

Liquidationsvergleich 213
Lohnpfändung 196

M

Mahnwesen 78
- Fristen 80
- Organisation 81
Mängelrüge 73
Massakosten 206, 235, 316
Massaschulden 235, 316
Mündigkeit 55

N

Nachlassverfahren 212, 316
- Stundung 213
Nachlassvertrag, aussergerichtlicher . . 89, 313
Nachlassvertrag, gerichtlicher 212, 316
Nachnahme 61, 68
Natürliche Personen 15, 161
Neue Kunden (siehe auch
   Bonitätsprüfung) 13
- Betrüger 18

O

Ordentliche Konkursbetreibung 201
Ordentlicher Prozess siehe Forderungsprozess

P

Parteientschädigung 112, 124, 316
- Betreibungsverfahren 114
Paulianische Anfechtung 92, 316
Personalsicherheit 61
Pfand 65, 66, 316
Pfandausfallschein 233, 316
Pfandgesicherte Forderungen
   im Konkurs 233
Pfändung 194
- Kompetenzstücke 194
- Lohnpfändung 196
- und Existenzminimum 195
- Verlustschein 199, 318
- Widerspruchsverfahren 195, 319
Pfändungsverfahren siehe Betreibung
   auf Pfändung
Pfandverwertungsverfahren siehe Betreibung
   auf Pfandverwertung

Privatdarlehen siehe Darlehen
Provisorische Rechtsöffnung 172, 176
- Aberkennungsklage 181
- Abwehr des Schuldners 178
- Muster Gesuch 268
- provisorische Rechtsöffnungstitel 176
Prozessfinanzierung 144
Prozessmanagement 140

R

Realsicherheit 61
Rechnungsstellung 70
- Zahlungstermin 72
Rechtsbegehren 124, 317
Rechtsform 15
Rechtskraft 134, 317
Rechtsmittel 125
Rechtsmittelverfahren ... 134, 172, 211, 317
Rechtsöffnungsverfahren 173
- Ablauf 180
- definitive Rechtsöffnung 173
- Parteientschädigung 115
- provisorische Rechtsöffnung 176
- Rechtsmittel 176, 180
Rechtsschutzversicherung 143
Rechtsstillstand 155
Rechtsvorschlag 170, 317
- Beseitigung 172
- Rückzug durch Schuldner 184
Referentenaudienz 124, 132, 317
Replik 132, 317
Retentionsrecht 66
Reuegeld 64
Rückzug der Betreibung 168, 170
Rückzug des Konkursbegehrens 209
Rückzug des Rechtsvorschlags 184

S

Schenkungsanfechtung 93
SchKG 151, 317
- Gebührenordnung 282, 315
Schonzeiten 105, 155, 317
Schuldanerkennung 46, 317
- nachträgliche 104
- und Rechtsöffnung 176
Schuldenruf 228, 317
Sicherungsmittel im Vertrag 61

Sicherungszession 63, 90
Steuerauskunft 33
Streitwert 110, 112, 124, 317
Stundung 88, 318
– bei Nachlassverfahren 213
Sühneverfahren 124, 127, 318

T

Taktische Mängelrüge 73
Teilzahlung 86

U

Überschuldungsanfechtung 93
Unentgeltliche Prozessführung 145, 318
Unentgeltlicher Rechtsbeistand 145, 318
Urteilsfähigkeit 55
Urteilsverfahren 124, 134, 318

V

Verbandsauskunft 35
Verfahrensdauer 105
Verfahrenskosten 107, 282
Vergleich vor Gericht 125, 129, 318
Verjährung 96, 318
– Unterbruch 98
– Verjährungsfristen 96
– Verjährungsverzicht 98
Verlustausweis 247, 318
Verlustschein aus Betreibung 199, 318
Verlustschein aus Konkurs 246, 318
Verspätungsschaden siehe Verzugsschaden
Verteilungsliste im Konkurs-
  verfahren 232, 318
Verträge 44
– Absicherungsklauseln 51
– AGB 52, 313
– Beweissicherung 45
– für Exportgeschäfte 67
– Inhalt 48
– mit Freunden und Verwandten 58
– mit Kindern und Jugendlichen 55
– Sicherungsmittel 59, 61
Verzugsschaden 159, 163, 318
Verzugszins 159, 318
Vorauszahlung 60
Vorlage der Beweismittel 167
Vorläufige Konkursanzeige 226

W

Wechselbetreibung 150, 201, 318
Widerrufsvorbehalt 130, 318
Widerspruchsverfahren 195, 319
WIR-Geld 87, 154
Wirtschaftsauskunfteien 37

Z

Zahlungsarten 60
Zahlungsbefehl 165, 319
– Anfechtung 167
– Gültigkeit 173
– Vorlage der Beweismittel 167
– Zustellung 165
Zahlungseinstellung und
  Konkurseröffnung 217, 319
Zahlungsfähigkeit des Schuldners prüfen . . 102
Zahlungsmodalitäten 49
Zahlungstermin 72
Zahlungsverzug 77
– Angebote des Kunden 85
– Chancen abklären 102
– Gespräch mit Kunden 83
– Verjährung 96
Zeitlichen Aufwand prüfen 105
Zentraler Firmenindex 30
Zession 63, 90, 319
Zuständige Behörden, Zusammen-
  stellung 286
Zwangsvollstreckungs-
  verfahren 119, 150, 189, 319

GUT BERATEN

BUCHSET OR UND ZGB FÜR DEN ALLTAG 2006

Das Schweizerische Obligationenrecht und das Zivilgesetzbuch des Beobachters sind die einzigen Gesetzbücher, die ausführliche Kommentare und Erläuterungen enthalten: ideal für Alltag, Studium und Beruf. Mit neuem Stiftungsrecht, dem Partnerschaftsgesetz und Änderungen im Sachenrecht sowie aktualisierten Texten zum Kauf- und Arbeitsvertrag, Bürgschaften und Kulturgütertransfergesetz.

ISBN 3 85569 339 0
2 Bände im Set

STEUERN LEICHT GEMACHT

Ob Eigenheimbesitzer, Selbständige oder Angestellte – alle finden hier nützliche Ratschläge und Spartipps zum Thema Steuern. Weniger Aufwand und eine tiefere Steuerrechnung – dieses Buch hilft doppelt optimieren. Jetzt inklusive Beiblatt mit allen Neuerungen für das Jahr 2006.

ISBN 3 85569 308 0
240 Seiten

UNSER VEREIN

Dieses Handbuch informiert über die vielfältigen Facetten des Vereinslebens: Statuten verfassen, den Verein gründen, Mitglieder werben, Sitzungen leiten, Geld beschaffen, Marketing betreiben oder Haftungsfragen und Finanzen regeln. Hier sind alle Fragen ausführlich behandelt und mit zahlreichen praktischen Beispielen illustriert. Hilfreich sind die vielen Checklisten und Mustervorlagen.

ISBN 3 85569 346 3
288 Seiten

www.beobachter.ch/buchshop **Beobachter**

Gut beraten – mit dem Beobachter

brisante Berichte

aktuelle Reportagen

alle 14 Tage neu

1 Jahresabonnement für Fr. 76.-

26 Ausgaben (plus 2 Monate gratis) mit den Sonderbeilagen «Extra» und «Kompakt».
Inkl. Zugriff auf das Beobachter-Beratungszentrum via Telefon oder Internet.

1 Schnupperabo für Fr. 20.-

8 Ausgaben zum Ausprobieren.

jetzt bestellen unter:
www.beobachter.ch